청소년 미래세대의 고민 2
어떻게 할까요?

이상원기독교윤리
Christian Ethics Practice 03
청소년 미래세대의 고민 2 어떻게 할까요?

지은이	이상원
펴낸이	조혜경
디자인	김이연
발행처	지혜의언덕
초판발행	2023년 2월 20일
2쇄발행	2023년 11월 25일
출판등록	제2022-000024호 (2022.03.11)
주소	성남시 분당구 운중로 242 리버스토리 501호
문의	전화 070-7655-7739 팩스 0504-264-7739
	이메일 hkcho7739@naver.com

ISBN 979-11-979845-3-2 (04230)
     979-11-979845-0-1 (세트)

ⓒ2023 이상원
이 책은 저작권 법에 따라 보호받는 저작물이므로 무단전제와 복제를 금지하며, 이 책의 내용의 전부 또는 일부를 이용하려면 반드시 저작권자와 출판사 지혜의언덕의 서면 동의를 받아야 합니다.

※ 잘못된 책은 구입하신 곳에서 교환하여 드립니다.
※ 책 가격은 뒤 표지 뒷면에 있습니다.

이상원 기독교윤리
Christian
Ethics
Practice 03

청소년
미래세대의
고민 2

어떻게 할까요?

이상원 지음

지혜의언덕

서문

　급격한 신체의 변화를 겪으면서 기대와 불안이 번갈아 나타나는 청소년기에 접어들면 단순하게 생각하던 인간과 세계의 여러 가지 문제들이 복잡하고 깊이 있게 다가옵니다. 세상이 기독교인의 신앙생활에 항상 호의적인 것만은 아니며, 많은 도전을 해온다는 사실도 피부로 느끼게 됩니다. 그래서 유초등부 시절에는 순수하게 믿음을 지켜오던 청소년들 마음속에 많은 궁금증이 솟아오르기 시작합니다.

　　제가 왜 죄인인가요?
　　제 강아지도 죽으면 천국 가나요?
　　졸리기만 한 예배 꼭 참석해야 하나요?
　　작정기도, 조건을 건 기도, 안수기도, 방언기도 등 기도는 어떻게
　　하는 건가요?
　　문신, 헤나, 성형수술, 운세·타로·점, 록 음악, 판타지 소설, 핸드폰
　　중독에 대해 성경은 뭐라고 말씀하시나요?

　기독교의 기본 교리에서 교회생활, 취미생활, 이성교제, 친구문제, 진로의 문제까지 몽글몽글 솟는 궁금증이 끝이 없습니다. 이 모든 의문은 생활 속에서 하나님의 자녀로 살아가고자 할 때 부딪치는 문제이며, 우리 믿는 청소년들이 붙들고 고민하고 씨름하는 문제입니다. 궁금증들이 해소되지 않으면 청소년기의 믿음이 성장하지 못한 채 정체될 수 있습니다.
　그러나 이런 궁금증과 고민에 대하여 성실하고 명쾌하게 답변해주면 청소년들의 믿음이 대나무 크듯이 쑥쑥 자라나고 경쾌한 발걸음으로 신앙의 길을 걸을 수 있습니다. 막힌 하수구를 뻥 뚫어주는 것 같은 효과가 있어 앞으로 어떤 어려운 순간이 닥쳐도 힘 있고 사려 깊은 하나님의 자녀로 우뚝 설 수 있습니다.

그러므로 이 책은 학생들을 가르치며 이런 질문에 직면하는 주일학교 선생님들께도 많은 도움이 되리라고 생각합니다.

초신자들도 마찬가지입니다. 믿음이 어린 신자들은 처음 신앙생활을 정서적인 데서부터 시작하는 경우가 많습니다. 구원의 감격, 선배 신앙인들의 따뜻한 돌봄과 정이 넘치는 교회환경 등에 매료되어 신앙고백을 하고 신앙생활의 첫발을 떼어 놓습니다. 그러나 일정한 시간이 지나면 기독교신앙에 대하여 이성적으로 따져보기 시작합니다. 이때 많은 신앙난제에 직면하게 되는데, 이 질문들이 해결되지 않으면 믿음이 정체되고 심지어 시험에 들 수도 있습니다.

〈청소년 미래세대의 고민, 어떻게 할까요?〉는 청소년들이 신앙생활을 하면서 품게 되는 궁금증과 고민, 초신자들이 만나게 되는 어려운 질문들에 대하여 개혁신학적 입장에서 성경에 근거하여 답하였습니다. 흥미 있는 질문이 많아서 1, 2 두 권으로 나누어 엮었습니다. 청소년 잡지인 〈새벽나라〉 '교수님 질문 있어요' 코너에서 우리 청소년들의 질문에 답변하며 12년 동안 연재한 글을 찾아 모아 치밀하게 교정하여 재편집해 주신 김종원, 이희순, 지형주 지혜의언덕 편집위원들께 깊이 감사드립니다. 저의 신앙의 오랜 동역자이신 이분들 덕에 이렇게 귀한 책이 세상에 나오게 되었습니다. 개인적인 어려움 속에서도 책을 예쁘게 디자인해주신 김이연 선생님께 특별히 감사드립니다.

아울러 〈목회자와 성도의 고민, 어떻게 할까요?〉에 이어서 이 두 권의 책을 출간할 수 있도록 허락하신 하나님께 감사드리며, 출간의 기쁨을 사랑하는 아내 혜경과 진희, 윤희, 현희 세 딸과 함께 하고자 합니다.

2023년 1월 판교 연구실에서
이 상 원

목차

1부 죄, 구원

1. 선악과를 따먹은 게 아담과 하와만의 잘못은 아니잖아요?   12
2. 제가 왜 죄인이라는 건지 모르겠어요   19
3. 하나님을 믿고 영접했는데도 삶이 엉망일 수 있나요?   25
4. 반복되는 죄, 용서받을 수 있나요?   32
5. 선의의 거짓말도 죄가 되나요?   38
6. 영원히 용서받지 못하는 죄가 있다고요?   44
7. 흉악범도 회개하면 구원받나요?   50
8. 예수님을 모르고 죽은 사람은 지옥에 가나요?   56
9. 구원받을 사람이 정해져 있다면 나머지는 뭔가요?   62
10. 정죄와 권면을 어떻게 구분하죠?   68

2부 친구, 연애, 결혼

11. 학생 때는 연애를 하지 않는 게 좋은 건가요?   76
12. 믿지 않는 이성 친구와 사귀면 안 되나요?   82
13. 정말 좋은 친구인데 이단이에요, 어떻게 할까요?   88
14. 결혼은 꼭 해야 하는 건가요?   95
15. 나를 왕따 시킨 친구까지 용서해야 하나요?   100
16. 성경을 무시하는 친구들에게 동성애에 대해 어떻게 반박하죠?   106

3부 외모, 성, 생명

17. 제 외모를 보면 하나님은 불공평하신 것 같아요 — 114
18. 성형수술을 하면 안 되나요? — 120
19. 문신이나 헤나를 하면 안 되나요? — 126
20. 안락사를 어떻게 봐야 하나요? — 132
21. 존엄사를 성경적으로 어떻게 봐야 할까요? — 138
22. 유전자조작기술을 어떻게 봐야 하나요? — 144

4부 죽음, 차별, 교리

23. 세상에 왜 악한 사람이 존재하나요? — 152
24. 아직 할 일이 많은데도 죽는 이유는 뭔가요? — 158
25. 영적 꿈인지 의미 없는 꿈인지 어떻게 분별하죠? — 164
26. 노아의 홍수 후에 동물들은 다른 섬으로 어떻게 이동했나요? — 171
27. 하나님은 이스라엘 편만 드시는 것 같아요 — 177
28. 왜 예수님의 어린 시절 이야기는 없나요? — 183
29. 남녀 차별적인 성경 말씀을 볼 때 마음이 불편해요 — 190
30. 성경에는 왜 버전이 많나요? — 198
31. 하나님은 왕자병에 걸리신 건가요? — 204

5부 악성 댓글, 기독교를 욕하는 사람들

32. 크리스천은 억울해도 무조건 참아야 하나요? — 212
33. 기독교를 욕하는 악성 댓글에 어떻게 반응해야 하나요? — 218
34. 교회를 싫어하는 선생님 때문에 너무 힘들어요 — 224
35. 수업시간마다 기독교를 비판하시는 선생님, 어떡하죠? — 230
36. 이유 없이 무시하고 욕하는 친구를 크리스천으로서 어떻게 대해야 하죠? — 236

6부 수련회, 교회생활

37. 교회에 막 다니기 시작했는데 사람들에게 다가가기가 어려워요 — 244
38. 교회에서 맡은 일이 많아서 힘들어요 — 250
39. 부모님과 같은 교회에 다니기 싫어요 — 256
40. 다른 교회로 옮기고 싶어요 — 262
41. 졸립기만 한 예배, 꼭 참석해야 할까요? — 268
42. 예배드릴 때, 편한 옷차림을 하면 안 되나요? — 274
43. 스마트폰에도 성경이 있는데 꼭 성경책을 가지고 다녀야 할까요? — 280
44. 교회 수련회, 꼭 가야 하나요? — 286
45. 교회 수련회와 학원 특강, 어디로 가야 할까요? — 292

46. 수련회 때 분위기에 휩쓸려 서원했는데 어쩌죠? 298
47. 교회 전도사님과 잘 맞지 않는 것 같아요 305
48. 유명한 목사님들이 무너지는 걸 보면
　　신앙에 회의가 느껴져요 311
49. 두 얼굴의 리더를 대하기가 힘들어요 316

7부 우상숭배, 타종교, 이단

50. 제사음식을 먹어도 되는 건가요? 324
51. 템플스테이에 가도 되나요? 330
52. 물건들에 담긴 상징을 믿는 것도 우상숭배인가요? 336
53. 좋아하는 것과 우상숭배의 차이는 뭔가요? 342
54. 성당에서 영세를 받았는데
　　다시 세례받아야 하나요? 348
55. 개신교와 천주교는 어떻게 다른가요? 354
56. 교단은 왜 이리 많은 건가요? 360
57. 자유주의 신학이 뭔가요? 367
58. 애국가에 나오는 '하느님'이 '하나님'인가요? 374
59. 다른 종교에도 십계명과 비슷한 법이 있다는데요? 381
60. 이단인지 아닌지 어떻게 구분하죠? 387
61. 이단기업의 제품을 이용하면 안 되나요? 394

1부

죄, 구원

1. 선악과를 따먹은 게 아담과 하와만의 잘못은 아니잖아요?
2. 제가 왜 죄인이라는 건지 모르겠어요
3. 하나님을 믿고 영접했는데도 삶이 엉망일 수 있나요?
4. 반복되는 죄, 용서받을 수 있나요?
5. 선의의 거짓말도 죄가 되나요?
6. 영원히 용서받지 못하는 죄가 있다고요?
7. 흉악범도 회개하면 구원받나요?
8. 예수님을 모르고 죽은 사람은 지옥에 가나요?
9. 구원받을 사람이 정해져 있다면 나머지는 뭔가요?
10. 정죄와 권면을 어떻게 구분하죠?

1
선악과를 따먹은 게 아담과 하와만의 잘못은 아니잖아요?

Q 하나님께서는 아담과 하와가 선악과를 따먹을 거라는 걸 모르셨을까요? 저는 아담과 하와가 선악과를 따 먹은 것이 아담과 하와의 잘못만이 아니라 하나님에게도 책임이 있다고 생각해요. 하나님께서 아담과 하와에게 그러한 성격을 주시고 호기심을 주신 거니까요. 그리고 바로 앞에 일어날 일을 하나님께서 예견하지 못하셨다는 건 너무 이상해요.

A 아주 중요한 질문을 했네요. 맞아요. 하나님은 아담과 하와가 선악과를 따먹을 것을 미리 아셨어요. 모두 아셨으면서도 일부러 선악과를 따먹도록 허용하셨죠.

물론 하나님께서 처음에 인간을 창조하실 때, 아담과 하와가 선악과에 대한 호기심을 갖지 못하도록 하실 수도 있었고, 선악과를 따먹으려는 생각을 아예 하지 못하도록 만드실 수도 있었어요. 그렇지만 하나님은 일부러 그렇게 하지 않으셨어요. 왜 그랬을까요?

여러분! 이런 질문을 한번 해보죠. 여러분은 모두 컴퓨터를 사용하고 있죠? 컴퓨터는 인간이 하지 못하는 엄청난 일을 할 수 있어요. 천문학적인 숫자계산도 단숨에 처리하고 어마어마한 양의 정보도 단숨에 전달해요. 여러분은 이렇게 놀라운 능력을 갖춘 컴퓨터가 너무나 부럽지요? 그런데 여러분이 컴퓨터를 부러워하는 모습을 보시고 하나님이 "네가 컴퓨터를 그토록 부러워하는 것을 보니 너를 컴퓨터로 변신시켜 주어야겠구나"라고 생각하고 여러분을 컴퓨터로 변신시켜 주시겠다고 하면 여러분은 기쁘게 받아들일 수 있겠어요? 아마도 여러분은 고개를 절레절레 내저으면서 사양할 거예요. 그 이유가 무엇일까요?

또 한 가지 예를 더 들어볼까요? 여러분은 아름다운 저택에서 강아지로 사는 편을 택하겠어요? 아니면 고생스럽고 어려운 일이 많아도 셋방에서 사람으로 살아가는 편을 택하겠어요? 아마도 강아지로 살라고 하면 기겁을 하고 달아나겠지요? 왜 그럴까요?

그래요. 우리는 컴퓨터가 아무리 놀라운 능력을 갖추고 있어도, 저택에서 사는 강아지의 삶이 아무리 편해도, 사람으로 사는 편을 선택해요. 그 이유는 컴퓨터나 강아지는 자유가 없는 반면에 인간에게는 자유가 있기 때문이죠. 컴퓨터나 강아지가 자유가 없다는 것은 무슨 뜻일까요? 컴퓨터는 사람이 입력시켜 준 프로그램에 의해서만 작동해요. 프로그램에 없는 것은 컴퓨터 혼자 전혀 감당할 수가 없죠. 컴퓨터는 아무리 성능이 탁월해도 근본적으로는 깡통에 지나지 않아요. 강아지도 마찬가지죠. 동물들은 모두 본능 안에 입력된 정보에 따라서 그대로 행동해요. 컴퓨터는 입력된 프로그램의 노예이고, 동물들은 본능에 입력된 정보의 노예예요.

여러분이 컴퓨터나 강아지가 되기를 원하지 않는 이유는 자유를 빼앗긴 존재가 되고 싶지 않기 때문이에요. 자유가 없는 삶을 상상해 보셨나요? 생각할 자유도 없고, 선택할 자유도 없고, 행동할 자유도 없다고 생각해 보세요. 얼마나 끔찍할까요?

바로 그거예요. 하나님은 아담과 하와가 선악과를 따먹을 것을 아셨지만 아담과 하와를 자유를 지닌 인간으로 존중하신 거예요. 하나님은 아담과 하와의 두뇌를 조작하여 선악과를 절대로 따먹을 수 없도록 프로그램화시켜 놓으실 수도 있었지만 그렇게 되면 그들은 컴퓨터나 강아지와 다를 바가 없죠. 하나님은 아담과 하와를 기계나 짐승처럼 대하기를 원하지 않으셨어요. 하나님은 그들을 자유롭게 선택할 수 있는 인간으로 존중하고 대우해 주신 거죠.

'배부른 돼지보다 배고픈 소크라테스가 낫다'라는 말이 있어요. 여러분은 사료를 빵빵하게 먹고 태평하게 노는 돼지가 되는 편을 선택하겠어요? 아니면 고민과 고통을 피해갈 수 없는 인간이 되는 편을 선택하겠어요? 만일, 하나님이 아담과 하와가 선악과를 절대로 따먹을 수 없도록 프로그램화하셨고, 그래서 아담과 하와가 선악과를 따먹지 않고 에덴동산에서 영원히 살 수 있었다면, 그것은 강아지가 에덴동산에서 배부르게 먹으면서 행복하게 지내는 것과 다를 바가 없겠죠. 그러나 아담과 하와는 선악과를 따먹을 수도 있고, 따먹지 않을 수도 있는 두 가지 가능성이 주어져 있는 상황에서 자유로운 선택으로 선악과를 따먹었고, 그 결과로 벌을 받아서 고통을 겪고 있는 것을 보면, 그들은 짐승이나 컴퓨터와 같은 수준으로 떨어지지는 않은 거예요. 죄를 범하여 죄인이 되었지만 여전히 '인간'으로 남아 있는 것이죠. 하나님이 아담과 하와가 선악과를 따먹을 것이라는 사실을 아셨으면서도 그냥 놔두신 것은 아담과 하와를 끝까지 자유를 가진 인간으로 대우하고 싶으셨기 때문이랍니다.

하나님은 우리가 죄를 범할 것을 다 아시지만 그렇다고 우리를 죄를 범하지 못하도록 강제하시지는 않아요. 하나님은 어떤 길이 바른길이고, 어떤 길이 잘못된 길인가를 우리에게 보여주시고, 바른길을 선택하면 복을 받고 잘못된 길을 선택하면 벌을 받는다는 것을 분명하게 보여주시죠. 그리고 선택은 우리 스스로가 하도록 하신답니다. 예수 믿고 구원받는 길이 제아무리 축복의 길이라도 본인이 싫어서 선택하지 않으면 그만이죠.

하나님은 왜 그렇게 하실까요? 하나님은 우리가 컴퓨터나 강아지처럼 하나님을 따르는 것을 원하지 않으시기 때문이에요. 어디까지나 자유로운 선택의 능력을 갖춘 인간으로서 자유로운 선택으로 하나님을 따르기를 원하고 계시죠.

그러면 하나님은 왜 인간을 그렇게 특별하게 대우하실까요? 그것은 바로, 인간과 사랑의 교제를 나누기 원하시기 때문이에요. 자유는 곧 사랑이에요. 자유가 사랑이라는 말이 이해되지 않는다고요? 그럼, 예를 들어보지요. 어떤 학생이 많은 이성 친구 중 한 명을 마음속으로 사랑하고 있어요. 이 친구에게 이성 친구 중 한 명을 선택하여 사랑할 기회가 주어진다면 이 친구는 누굴 선택할까요? 당연히 마음속으로 사랑하는 그 친구를 선택하겠죠. 이 친구의 자유로운 선택이 곧 사랑이죠. 이처럼 하나님이 인간에게 자유로운 선택의 능력을 주신 이유는 인간이 하나님을 사랑하여 선택하기를 원하시기 때문이에요.

성경은 '인간이 하나님의 형상대로 창조되었다' 창 1:26 라고 말하고 있어요. 하나님의 형상으로 창조되었다는 말은 닮은 점이 있다는 뜻이죠. 하나님은 인간을 하나님을 닮은 존재로 창조하셨어요. 그러면 어떤 점에서 하나님과 인간이 서로 닮았을까요? 바로 자유로운 선택을 할 수 있다는 점이에요. 이제 하나님이 원하시는 뜻이 무엇인지 분명해지나요?

"하나님이 자유로운 선택으로 인간을 사랑하신 것을 본받아서 하나님을 닮은 너희도 나 곧 하나님을 사랑하는 편을 자유 안에서 선택하라! 그러나 나는 너희에게 강요하진 않겠다. 그것은 너희를 기계나 동물로 전락시키는 길이기 때문에!"

인간이 죄를 지었음에도 하나님을 사랑할 수 있는 것은 자유로운 선택을 할 수 있는 존재이기 때문이랍니다. 그리고 많은 죄인이 하나님이 얼마나 자신을 사랑하셨는가를 알고는 자유로운 선택으로 하나님께 돌아오게 됩니다. 아브라함이 그랬고, 야곱이 그랬고, 다윗이 그랬고, 베드로가 그랬고, 사도 바울이 그랬죠. 교회의 역사는, 죄를 범했으나 여전히 자유로운 선택의 능력을 상실하지 않은 인간들이 많은 우여곡절을 겪으면서도 하나님을 사랑하고 선택한 것에 관한 이야기랍니다.

자유는 하나님이 주신 아주 값진 선물이에요. 자유가 없는 삶은 끔찍한 삶이라 할 수 있죠. 그런데 자유는 매우 좋은 선물이지만 잘못 이용될 수도 있어요. 예를 들어서 어떤 사람이 컴퓨터를 선물로 받았다고 가정해 보세요. 컴퓨터를 잘 활용하면 엄청난 유익을 얻을 수 있지만 잘못 활용하여 자살사이트에 들어가든지, 도박 사이트에 들어가게 되면 엄청난 피해를 가져올 수 있겠죠.

이처럼 자유라는 선물을 바르게 이용하면 하나님이나 우리 자신이나 사회에 엄청난 기쁨을 선사하지만, 이 선물을 잘못 이용하면 엄청난 피해를 보게 되는 거예요. 그러므로 우리는 하나님을 사랑하고 이웃을 사랑하는 올바른 선택을 하는데 이 자유라는 선물을 사용해야 하죠. 그것이 하나님이 자유를 주신 목적이에요.

우리는 자유라는 선물을 잘못 사용하여 하나님의 마음을 슬프게 하고 이웃에게 고통을 안겨주는 일을 저지르지 않아야 해요. 그러나 우리가 한 가지 잊어서는 안 될 것이 있어요. 비록 자유를 잘못 활용하여 고통스러운 자리에 들어가는 경우라 할지라도 인간으로서의 우리는 컴퓨터나 강아지와는 비교할 수 없이 '존엄한' 존재라는 사실을!

2
제가 왜 죄인이라는 건지 모르겠어요

Q 교회에 다닌 지 일 년 정도 되었는데요. 이해할 수 없는 게 하나 있어요. 바로 제가 왜 죄인이라는 건지 모르겠다는 거예요. 저는 특별히 연예인이나 게임에 빠지지도 않고, 부모님과 사이도 좋은 편이거든요. 게다가 남한테 피해 안 끼치고 평범하게 사는 편이라서 죄인이라는 설교를 듣거나 저 때문에 예수님이 돌아가셨다는 찬양을 할 때는 마음에 잘 와닿지 않아요. 죄인이라는 게 뭘 말하는 건지 정확하게 알려주세요.

A 친구가 한 질문은 간단해 보이지만 아주 중요한 질문이에요. 이런 의문이 생기는 이유는 죄에 대한 우리 친구의 생각과 하나님의 생각이 다르기 때문인데요. 처음에 신앙생활 할 때는 우리가 생각하는 기준으로 모든 것을 이해하려고 하지요. 그러나 믿음이 성장하기 위해서는 우리의 생각을 떠나 하나님

의 관점에서 생각하는 훈련을 할 필요가 있어요. 하나님의 관점에서 생각하는 훈련을 통해 친구가 느낀 한계를 뛰어넘기 시작하면 아마 믿음이 새로운 차원으로 훌쩍 성장하게 될 거예요.

친구가 궁금해하는 '죄'에 대해서 이야기해 볼까요? 성경에서 말하는 죄는 크게 두 가지로 나눠진답니다. 하나는 '원죄'이고, 다른 하나는 '자범죄'예요. 원죄는 나의 의지와 상관없이 이미 내 안에 들어와 있는 죄를 가리키고, 자범죄는 내가 행한 죄를 말하지요.

먼저 원죄에 대하여 알아보도록 하죠. 원죄를 이해하기 위해서 저와 함께 잠깐 인간세계를 돌아봐야 해요. 이 세상에 있는 사람은 누구든지 죽음을 맞이하지요. 어떤 사람은 늙어서 죽고, 어떤 사람은 병에 걸려서 죽고, 또 어떤 사람은 사고로 죽죠. 어떤 방법으로 죽든 죽지 않는 사람은 이 세상에 하나도 없어요. 그런데 성경말씀에서는 죽음의 원인을 이 세상의 어떤 것 때문이 아닌 '죄' 때문이라고 분명히 말하고 있어요. "죄의 삯은 사망"롬 6:23이라고 말이죠. 이 말씀에서 이야기하는 죄는 자기가 범한 죄, 즉 '자범죄'를 말하는 걸까요? 만약 그렇게 해석한다면 풀 수 없는 문제가 발생해요. 예를 들어 엄마 자궁 속에 있는 태아가 죽는 경우나 아니면 갓 태어난 신생아들이 죽는 경우가 있잖아요. 이런 경우, 태어나지도 않은 아이, 혹은 신생아가 뭘 안다고 스스로 죄를 지으며, 그로 인해 죽게 된 것이라고 말할 수 있겠어요? 자범죄 때문에 죽는다고 말할 수 없어요. 그렇다면 로마서 6장 23절에서 말씀하는

'죽음의 원인이 되는 죄'란 어떤 것일까요? 이것을 가리켜 '원죄'라고 해요. 이 죄는 사람의 의지와는 상관없이 모든 사람 안에 들어와 있는 죄를 말해요. 막 태어난 신생아이건 뱃속에 있는 아기이건 모두 다 해당되죠. 바로 이 원죄 때문에 모든 인간은 자기 스스로 죄를 범하기 전에 이미 죄인이 된 거랍니다. 그런데 내가 범하지도 않은 죄 때문에 죽어야 한다니, 너무 억울하지 않나요? 그러면 도대체 태어나기도 전에 우리를 죄인으로 만들어버린 이 죄는 어디에서 온 걸까요? 그리고 어떻게 우리 안에 들어오게 된 걸까요?

이 죄는 아담과 하와가 하나님의 명령에 불순종하여 선악과를 따 먹은 것에서부터 시작됐어요. 로마서 5장 12절 말씀에 보면 "그러므로 한 사람으로 말미암아 죄가 세상에 들어오고 죄로 말미암아 사망이 들어왔나니 이와 같이 모든 사람이 죄를 지었으므로 사망이 모든 사람에게 이르렀느니라"라고 기록되어 있죠. 그 한 사람이 바로 온 인류의 조상이자 대표인 '아담'을 가리킨답니다.

하나님은 맨 처음 아담을 지으실 때, 그를 하나님의 형상을 따라 완벽하게 지으셨어요. 또 여느 피조물과 다르게 영을 불어넣어 주셨죠. 사람은 영을 통해 하나님과 교제하며 살아가는 완벽한 존재로 창조되었답니다. 하지만 선악과를 따 먹는 최초의 불순종 사건이 벌어지게 되었죠. 사실 선악과를 먹지 않기로 약속한 것은 하나님과 아담이었지만, 이것은 하나님과 모든 인류가 맺은 약속이랍니다. 인류의 조상이자 대표인 아담과 하나님 사이에 맺은 약속이기 때문이에요. 하지만 그 약속을 깨뜨린 사건으로 인해 세상에 죄가 들어오게 되었고, 하나님과 사람의 영적인 관계는 끊어지고 말았죠. 그 결과로 "선악을 알게 하는 나무의 열매는 먹지 말라 네가 먹는 날에는 반드시 죽으리라" 창 2:17라는 약속대로 '사망'이 우리에게 들어오게 되었답니다. 그래서 '죄의 결과'는 '사망'이라고 하는 거예요. 여기서 말하는 '사망'이란 우리의 몸이 죽는 사망뿐만 아니라 하나님과의 관계가 끊어지는 '영적인 죽음'을 말한답니다.

 이 이야기가 이해되시나요? 죄와 사망은 하나님의 말씀에 불순종한 사건으로부터 나왔다는 사실 말이에요. 하나님은 빛이신 분이고 죄와는 거리가 먼 분이세요. 그래서 어두움인 죄와 함께할 수 없으시죠. 첫 사람의 죄로 인해 오염되어 버린 인간과 하나님은 교제할 수 없으신 거예요. 이것이 바로 '원죄'죠. 이 원죄 때문에 우리는 세상에 태어나는 시점부터 이미 죄인으로서 죄의 삯인 죽음의 벌을 받아야 하는 존재가 되었답니다. 그런데 이 죽음의 문제를 해결하신 분이 바로 '예수님'이세요. 예수님께서 우리가 치러야 할 죗값을 모두 치르시고, 하나님과 단절된 관계를 다시 회복시켜 주셨죠. '예수님의 보혈'로요. 그래서 우리가 생명의 은인이신 예수님을 믿고 영접할 때, 사망에서 생명으로 옮겨질 수 있는 것이랍니다. "내 말을 듣고 또 나 보내신 이를 믿는 자는 영생을 얻었고 심판에 이르지 아니하나니 사망에서 생명으로 옮겼느니라"라는 요한복음 5장 24절 말씀처럼요.

그런데 우리 친구가 말하는 죄는 이 원죄가 아닌 '자범죄'예요. 자범죄는 우리 스스로가 저지른 죄를 뜻하죠. 세상 사람들은 자신이 죄인이라는 말을 들으면 기분 나빠하며, 그 사실을 인정하지 않으려고 해요. 우리는 '원죄'를 얘기하는 것이지만 사람들은 '자범죄'를 지적하는 것으로 오해하기 때문이에요. 친구 역시 질문에서 연예인이나 게임에 빠지지 않았다고 했는데, 이 말은 세상의 문화나 가치관을 따라 하지 않았다는 이야기죠? 부모님 말씀도 잘 듣고, 다른 사람들에게도 피해를 주지 않는 모범적인 생활을 한 것 같아요. 하나님을 믿는 자녀로서 이처럼 바르게 행동한 친구는 '내가 죄인이다'라고 인정하기는 어려울 수 있겠네요.

우리 친구를 비롯한 모든 사람이 자기 자신을 평가할 때, 한 가지 한계가 있어요. 겉으로 드러나는 행동을 기준으로 자신을 평가한다는 것이죠. 그러나 하나님은 그렇게 생각하지 않으세요. 사무엘상 16장 7절 말씀을 볼까요? "내가 보는 것은 사람과 같지 아니하니 사람은 외모를 보거니와 나 여호와는 중심을 보느니라." 수많은 사람이 겉으로 보이는 행동만을 보고 선악을 결정하지만, 하나님은 그 행동 이면에 자리 잡은 마음을 읽고 판단하신다는 말씀이에요.

하나님의 판단 방법을 잘 보여주는 말씀이 산상수훈에도 있어요. 많은 예시가 있지만 한 군데의 본문을 인용할게요. 마태복음 5장 21-22절 말씀이에요. "옛 사람에게 말한 바 살인하지 말라 누구든지 살인하면 심판을 받게 되리라 하였다는 것을 너희가 들었으나"21절, 그리고 이어서 22절에 "나는 너희에게 이르노니 형제에게 노하는 자마다 심판을 받게 되고 형제를 대하여 라가라 하는 자는 공회에 잡혀가게 되고, 미련한 놈이라 하는 자는 지옥 불에 들어가게 되리라"라고 말씀하시죠. 당시 사람들은 21절의 말씀처럼 실제로 사람을 죽이는 살인만 하지 않으면 '살인하지 말라'라는 명령을 지켰으므로 죄인이 아니라고 생각했는데, 예수님은 그게 아니라고 반박하셨어요. 22절처럼 형제에 대해 마음속으로 화를 내고, 바보라고 놀리고, 업신여기는 마음을 품은 것도 이미 살인을 저지른 것과 똑같다고 하셨죠. 우리 친구는 누군가를 미워하거나 싫어하는 마음을 가진 적이 한 번도 없나요?

　이처럼 마음속을 살피시는 하나님의 눈앞에 설 때, 우리는 자범죄 차원에서도 죄인이라고 판명될 수밖에 없어요. 온 인류를 짓누르고 있는 원죄는 너무나 무겁고, 또 행동뿐만 아니라 마음의 차원에서 범하는 죄들은 셀 수 없이 많아서 우리는 자범죄에서도 자유로울 수 없지요. 오직 하나님의 아들이시자 하나님이신 예수님만이 그 문제에서 우리를 자유롭게 만들어 주실 수 있어요. 바로 내가 감당해야 할 그 죄의 무게를 해결하시기 위해 예수님이 이 땅에 오셔서 고난과 죽음, 그리고 부활을 완성하신 것이랍니다. 죄로부터 자유롭게 될 수 있는 길이 열린 것이죠. 이제 이해되시나요? 죄인일 수밖에 없는 나를 묵상하고, 나의 죄를 대신 담당하신 예수님의 깊은 사랑을 깨닫게 되길 바랍니다.

3

하나님을 믿고 영접했는데도 삶이 엉망일 수 있나요?

저는 교회도 다니고 하나님도 믿는데요, 제 생활은 '거룩'과는 거리가 먼 것 같아요. 저처럼 생활이 엉망인 크리스천도 예수님을 믿으면 천국에 갈 수 있는 건가요? 저는 그래도 노력을 하기는 하는데, 제 친구는 예수님을 깊이 만나고, 영접했고, 교회생활도 잘하는데 평소에는 자기 마음대로 살고 하나님이 기뻐하시지 않는 일도 하거든요. 그래도 예수님을 믿으니까 천국에 갈 수 있는 건가요?

우리 친구처럼 '하나님을 믿고 교회생활을 하면서도 바른 생활이 뒤따르지 않는 기독교인도 천국에 갈 수 있을까'라는 고민을 많은 크리스천이 해요. 사실 우리 친구가 했던 고민을 저도 오랫동안 했었답니다. 저는 19살 때부터 교회를 다니기 시작했는데, 주님을 영접해야 구원받는다는 이야기를 듣고 예수님을 구주로 영접하는 기도를 드렸었죠. 그리고 구원받은 하나님의 자녀가 되었다고 믿었어요. 그런데 한두 달쯤 지났을 때 하나님이 원하시는 삶을 제대로 살지 못한 나 자신의 모습을 보고 마음에 '내가 하나님의 자녀가 되었다면 내 생활이 이렇게 형편없이 될 리가 없어. 내가 지난번에 했던 영접기도를 하나님이 받으시지 않은 건 아닐까?'라는 의심이 들었어요. 그런 생각을 한 후부터는 마음이 아주 불안해지기 시작했어요. 아무래도 내가 구원받지 못한 것 같다는 생각을 떨쳐 버릴 수가 없었거든요. 그때 제가 선택한 방법이 무엇인지 아세요? 예수님을 영접하는 기도를 다시 드리는 거였어요. '이번에는 진짜 진실한 기도를 드리는 거다!'라고 마음먹고 진실한 마음으로 영접 기도를 드렸죠. 그러자 마음이 조금 안정되었어요. 그런데 한두 달 지나면 똑같은 상황이 벌어지는 거예요. 그러면 다시 예수님을 영접하는 기도를 하곤 했죠. 이런 일을 거의 십 년이 넘게 반복했어요. 그러던 중 로마서를 공부하면서 구원의 진리를 깨달은 이후부터는 제가 바르게 살지 못할 때도 구원의 확신이 흔들리지 않게 되었고, 또다시 영접하는 기도를 드리지 않게 되었어요.

성경에는 '우리가 어떻게 구원을 받는가'에 대해서 대답해 주는 말씀들이 많이 있는데, 그중에 오늘은 특별히 두 곳의 말씀을 소개할게요.

하나는 로마서 3장 24절이에요. "그리스도 예수 안에 있는 속량으로 말미암아 하나님의 은혜로 값없이 의롭다 하심을 얻은 자 되었느니라." 이 말씀은 예수님을 구주로 영접하고 신앙생활을 처음 시작할 때 어떻게 하나님의 백성이 되는가에 관해 설명한 말씀이에요. 이 말씀을 보면 우리가 하나님 앞에서 '어떻게 의롭다 하심을 받는가'에 대해 말하고 있어요. 하나님으로부터 의롭다 함을 받는다는 말은 '구원을 받고 천국에 들어갈 자격을 얻는다'라는 뜻이에요. 그런데, 우리가 어떻게 의롭다 함을 받았다고 하나요? 바로 "값없이" 받았다고 말씀해요. "값없이"라는 말은 '인간 자신이 행한 의로움이 없이'라는 뜻이에요. 우리가 예수님을 구주로 영접할 때 우리는 천국에 들어갈 자격을 얻는데, 이때 우리의 의로운 행실은 전혀 조건으로 작용하지 않아요. 왜 그럴까요? 예수님을 구주로 영접하기 전에는 우리가 하나님 앞에 서면 하나님이 우리를 보시고 천국에 들어갈 자격이 있는가를 판단하세요. 그렇게 하면 세상에 단 한 사람도 구원받을 수가 없죠. 그러나 예수님을 구주로 영접하여 우리 안에 예수님이 들어오신 후부터는 우리가 하나님을 직접 상대하지 않아요. 우리를 대신해 예수님께서 하나님을 상대하시는 거죠. 예수님께서 우리를 십자가로 가려 주신 다음, 우리를 대신해 하나님 앞에 서시는 거예요. 그럴 때, 성부 하나님은 예수님의 완전한 의로움을 보시고 우리를 의롭다 여기시고 천국에 들어갈 자격을 주시는 거예요.

또 하나의 말씀은 요한계시록 22장 17절이에요. "또 원하는 자는 값없이 생명수를 받으라 하시더라." 이 말씀은 세상의 마지막 날, 하나님께서 이 세상을 심판하실 때 우리가 천국에 들어가는 조건이 어떤 것인가를 말하고 있어요. 본문에서 "생명수를 받는 것"은 '천국에서 영생을 누리는 것'을 뜻해요. 여기서도 마찬가지로 "값없이"는 '선행이나 의로움 없이'라는 뜻이에요. 마지막 심판 날에 천국에 들어가는 것도 인간의 선행이나 의로움에 전혀 근거하지 않아요. 마지막 날에도 성부 하나님께서는 우리가 살아온 과거의 모습을 보시고 천국에 들여보낼 것인가의 여부를 결정하시는 것이 아니라, 오직 우리 안에 계신 예수 그리스도의 의로움 하나만을 보시고 천국에 들여보내는 여부를 결정하시는 거예요.

이제 제가 왜 두 곳의 본문을 인용했는지 짐작되시죠? 우리는 예수님을 믿고 신앙생활을 시작할 때 "값없이" 시작했어요. 예수님을 구주로 영접할 때 우리는 이미 천국 백성이 된 거예요. 그리고 부분적으로 천국 생활을 시작한 거지요. 이 모든 것이 "값없이" 이루어졌다는 걸 기억해야 해요. 우리의 선행이나 의로움에 근거하여 이루어진 것이 아닌 거죠. 우리의 영혼이 우리 몸을 떠날 때, 영혼은 바로 천국으로 들어가게 돼요. 이때도 "값없이" 오직 예수님의 의로움만을 의지하고 천국에 들어가게 되는 거예요.

사실, 우리 친구의 고민은 이것 같아요. 예수님을 구주로 영접할 때 "값없이" 오직 예수 그리스도를 믿는 믿음만으로 하나님의 백성이 되었잖아요? 그런데 살다 보니까 죄를 자꾸 짓는단 말이에요. 그러면 내가 구원받은 것이 취소된 것이 아닌가, 내가 예수님을 영접한 것이 잘못된 것이 아닌가, 이렇게 살다가 내가 받은 구원이 취소되고 다시 지옥에 가게 되는 것이 아닌가 하는 의심이 자꾸만 드는 거지요? 사실, 이런 의심은 바로 사단이 우리를 데리고 장난을 치고 속이는 거예요. 우리가 바른 생활을 못 하는 걸 꼬투리 삼아서 마귀가 "네가 이런 생활을 하는데 무슨 낯으로 천국에 들어간단 말이냐?"라고 속삭이죠. 그럴 때 우리 친구는 당당하게 외쳐야 해요. "사단아 물러가라!"라고요.

왜 이것이 사단의 음성일까요? 이 음성은 겉으로 보면 죄에 대해 책망하는 말 같지만, 사실은 우리를 구원하신 예수님의 능력을 의심하고 깎아내리는, 아주 교활한 말이에요. 즉, '예수님은 너처럼 바르게 살지 못하는 사람을 구원하실 능력이 없다'라고 말하는 것과 같거든요.

우리는 약속을 했다가도 우리에게 불리하면 약속을 어기는 일이 많지만, 예수님은 그런 분이 아니세요. 예수님은 완전하시고 신실하신 분이에요. 예수님은 한번 하신 약속, 한번 하신 말씀은 100% 완전하게 지키시는 분이죠. 예수님께서 "값없이" 천국에 들어간다고 하면 100% 믿고 신뢰하셔도 돼요. 우리가 예수님을 구주로 영접하는 순간 예수님과 우리는 두 손을 꼭 잡고 길을 걷기 시작해요. 한쪽 손은 '예수님이 손을 내밀어 우리를 잡은 손'이고,

다른 한쪽 손은 '우리가 예수님께 손을 내밀어 잡은 손'이에요. 우리가 예수님께 내밀어 잡은 손은 우리의 연약함 때문에 놓을 수가 있어요. 그러나 예수님이 우리를 향해 내밀어 잡은 손은 결코 놓으시는 법이 없죠. 바로 여기에 구원의 확신이 있는 거예요. 이 놀라운 은혜를 깨달은 바울은 마침내 이렇게 하나님을 찬양하고 있어요. "그러므로 이제 그리스도 예수 안에 있는 자에게는 결코 정죄함이 없나니… 사망이나 생명이나 천사들이나 권세자들이나 현재 일이나 장래 일이나 능력이나 높음이나 깊음이나 다른 어떤 피조물이라도 우리를 우리 주 그리스도 예수 안에 있는 하나님의 사랑에서 끊을 수 없으리라" 롬 8:1, 38-39.

우리가 예수님을 구주로 영접할 때, 우리 영혼의 속사람은 거듭나 새사람이 되었지만, 겉 사람은 여전히 죄 아래 머물러 있어요. 속사람은 우리가 의식할 수 없는 영혼의 깊은 곳을 말하고, 겉 사람은 우리가 의식할 수 있는 정신세계와 우리 생활의 세계를 뜻해요. 이 세상에 사는 동안 우리의 겉 사람은 죄 아래 있기 때문에 생활 속에서 바르지 못한 모습이 나타날 수 있죠. 이것은 우리가 하나님의 자녀가 아니라서가 아니라, 하나님의 자녀 임에도 불구하고 우리 스스로가 바르지 못한 생활을 하기에 나타나는 거예요. 그럴 때, 우리는 마땅히 반성하고 회개한 후 바른 생활을 하기 위해 노력해야 해요. 그러나 우리의 생활이 바르지 못하다고 해서 우리가 하나님의 자녀가 아니라거나 천국에 들어갈 수 없게 되는 건 아니라는 걸 명심하기를 바라요.

다만 기억해야 할 것은, 우리가 바르지 못한 생활을 하면, 사단에게 우리의 믿음과 구원의 확신을 의심하게 하는 문을 열어 주게 된다는 점이에요. 그러므로 사단이 장난치지 못하게 하기 위해서라도 우리는 늘 우리의 삶을 점검하고 바르게 살기 위해 노력해야 해요. 하나님이 우리에게 원하시는 것은 '100% 완전한 삶'보다는 우리가 천국의 소망을 값없이 받았으니, 감사하고 감격하는 마음으로 바른 생활을 하며 살도록 최선을 다하여 노력하는 삶이랍니다.

4
반복되는 죄, 용서받을 수 있나요?

Q 저는 모태신앙이고, 한때 주님을 뜨겁게 사랑했던 소녀입니다. 그런데 언제부턴가 하나님께서 하지 말라고 하신 죄들을 즐기게 되었어요. 그러다 보니 죄책감도 거의 사라졌죠. 하나님께서는 계속 제게 회개하라는 마음을 주시는데, 저는 죄에서 못 떠나고 있어요. 이렇게 죄를 반복해서 짓다가 주님께 버려질까 두려워요. 주님과의 관계를 회복시켜 달라고 기도하지만, 하나님께서 응답을 안 해주시는 것 같아요. 저는 어떻게 해야 할까요?

A 지금 우리 친구는 죄의 문제에서 자유함을 얻고 예수님의 제자 되기를 소망하고 있군요. 한 가지 비유로 이야기를 시작할게요. 우리 친구가 해류를 타고 남쪽으로 떠내려가는 큰 빙산 위에 있다고 가정해 봐요. 사람의 힘으로, 남쪽으로 떠

내려가는 빙산을 북쪽으로 돌려놓을 수 있을까요? 그것은 불가능해요. 이 빙산처럼 우리는 하나님의 구원 빙산 위에 올라타고 마지막 날 우리가 들어가게 될 새 예루살렘이 있는 남쪽으로 가고 있어요. 우리가 죄에 빠지는 것은 남쪽으로 가는 빙산 위에서 북쪽으로 가는 것과도 같죠. 그런데 빙산 위에서 아무리 북쪽으로 간다고 하더라도 남쪽으로 가는 빙산을 벗어날 수 없는 것처럼, 우리가 비록 죄를 범하여 넘어진다고 해도 그것은 우리의 천국행을 막을 수 없어요.

먼저, 우리 친구가 가장 두려워하는 것은 하나님 앞에서 죄를 많이 범했기 때문에 '주님으로부터 버림받지 않을까?' 하는 거군요. 주님으로부터 버림받는다는 것은 구원받지 못하고 지옥에 간다는 뜻인데, 만약 우리 친구가 계속되는 죄 때문에 지옥에 가야 한다면 이건 보통 심각한 문제가 아니에요. 이 문제를 어떻게 풀어야 할까요? 우리 친구는 모태신앙이라고 했는데 그렇다면 부모님이 우리 친구를 뱃속에 가지고 있을 때부터 하나님의 자녀가 되게 해 달라고 많이 기도하셨을 거예요. 부모님의 뜻에 따라 태어나자마자 유아세례도 받았을 거고요. 비록 우리 친구는 어려서 아무것도 몰랐고, 신앙을 고백할 수도 없었겠지만, 부모님께서 하신 기도와 그분들께 물려받은 신앙의 유산을 통해서 하나님께서는 친구를 그분의 자녀로 받아주셨어요. 우리 친구가 한때 주님을 사랑한 것이나, 죄를 범하면서도 한편으로는 죄에서 벗어나 하나님께서 기뻐하시는 삶을 살고자 하는 마음을 가지는 것은 친구가 이미 구원받은 하나님의 자녀라는 증거지요. 그런데요, 하나님은 한 번 자녀로 받아주시면 결코 후회하거나 취소하시는 일이 없어요. 바울 선생님은 "하나님의 은사와 부르심에는 후회하심이 없느니라"롬 11:29라고 말했죠. 이 말은 우리 친구가 죄를 범했다고 해서 주님이 우리 친구를 버리시는 일은 없다는 뜻이에요.

그렇다면, 죄를 범해도 주님이 버리지 않으시니까 계속해서 죄 속에 머물러도 괜찮은 걸까요? 절대로 그렇지 않아요. 우리 친구가 하나님의 자녀가 된 후에도 계속해서 죄를 범하면 이 세상에 사는 날 동안 아주 불안하고 불행한 시간을 보내야 해요. 우리 친구에게 질문해 볼게요. 죄를 계속 범하는 시간이 편안하고 행복하던가요? 아마 항상 불안하고, 초조하고, 깜짝깜짝 놀라고, 하나님과 이야기하고 싶어도 그럴 수 없어서 답답했을 거예요. 그게 바로 죄에 대하여 하나님께서 내리시는 벌이에요. 하나님께서는 우리 친구를 버리지 않으시지만, 죄에 머물러 있는 동안만큼은 외면하실 거예요. '증오보다 무서운 것은 무관심이다'라는 말이 있어요. 하나님께서 우리 친구를 불러서 무섭게 야단치는 것보다 아무 말 없이 외면해 버리는 것이 더 무서운 거예요.

그러면 반복되는 죄에 대해 우리 친구는 어떻게 행동해야 할까요?

가장 중요한 건, 지금까지 알면서 범한 죄들에 대해 회개하고 하나님의 용서를 구하는 거예요. 하나님께서는 당신의 자녀들이 아무리 큰 죄를 범했어도 회개하기만 하면 용서해 주시는 분이에요. 요한일서 1장 9절 말씀을 볼게요. "만일 우리가 우리 죄를 자백하면 그는 미쁘시고 의로우사 우리 죄를 사하시며 우리를 모든 불의에서 깨끗하게 하실 것이요." 그런데 문제는 회개기도를 드렸음에도 계속 같은 죄를 반복한다는 점이에요. 이럴 때는 어떻게 해야 할까요? 방법은 하나뿐이에요. 또 회개해야 해요. 10번 죄를 범하면 10번 회개하고, 100번 죄를 범하면 100번 회개하고 다시 돌아서야 해요. 우리 친구는 주기도문을 몇 번이나 해보았나요? 한 번만 한 친구는 없을 거예요. 예배드릴 때마다, 죽는 날까지 아마도 수천 번 이상은 반복해서 이 기도를 드리겠죠. 이 주기도문 안에는 "우리 죄를 사하여 주옵시고"라는 기도문이 있어요. 우리가 죽는 날까지 반복해서 주기도문을 올려 드린다는 것은, 헤아릴 수 없을 만큼 반복해서 회개한다는 뜻이에요. 우리는 모두 수없이 반복하여 죄를 지으니까요. 하지만 회개기도를 드린 후에 또 죄를 짓게 되고, 그러면 또다시 회개기도를 드리려니까 하나님께 너무 민망하지요? 그렇다고 해서 회개를 중단하는 것은 더 위험한 행동이에요. 회개하려는 마음조차 잃어버리면 우리는 죄의 올무 속에 더 깊고 단단하게 갇히게 되니까요. 회개기도를 한 다음에도 습관을 고치지 못해 하나님 앞에서 낯 뜨겁게 느껴지더라도 거듭 회개하면서 하나님께로 돌아가야 해요. 그래야 죄의 올무 속에 완전히 얽혀 들어가는 것을 피할 수 있어요.

하나님께서는 친구가 하나님을 기쁘시게 할 만한 아무런 일도 하지 않았는데 하나님의 자녀가 되는 큰 선물을 조건 없이 주셨어요. 게다가 하나님의 자녀가 된 후에는 친구가 계속해서 죄를 범해도 돌이켜 회개할 때마다 아무 조건 없이 용서해 주시고요. 이 큰 은혜를 어떻게 갚아야 할까요? 단순히 하나님이라는 든든한 '빽'을 믿고 마음대로 살다가 회개하기를 반복하는 것이 아니라, 그분이 우리를 사랑해주시는 마음을 헤아리고 그분이 보시기에 기뻐하는 모습으로 살아야 해요. 그러기 위해서는 잘못한 일이 있을 때 그저 용서를 비는 단계에서 한 걸음 더 나아가 나를 괴롭히는 죄를 단호하게 끊어버리고, 다시는 같은 잘못을 하지 않기로 다짐하고 실행하는 자세가 필요해요. 아무리 다짐을 한다고 해도 우리 친구의 힘만으로는 실행하기 힘들 거예요. 그래서 기도가 필요해요. 기도할 때 성령님께서 우리에게 죄를 분별하고 또 멀리할 수 있는 마음을 주실 거예요. 성령님에 대해서는 좀 더 자세히 설명해 줄게요.

사람은 속사람과 겉사람으로 되어 있어요 고후 4:16. 속사람은 우리의 의식으로 알 수 없는 영혼의 깊은 영역이고, 겉사람은 우리가 눈으로 보고 의식할 수 있는 생활의 영역이지요. 친구가 유아세례를 받던 날 친구를 대신해 부모님이 기도하셨을 때나, 우리가 예수님을 구주로 영접하고 고백하는 순간, 우리 속사람 안에 성령이 들어오세요. 우리 안에 들어오신 성령님은 결코 우리를 떠나지 않으시고, 우리 안에서 하나님의 마음이 무엇인지 가르쳐 주시고, 하나님이 기뻐하시는 모습으로 살도록 인도하시죠. 이것을 '성령의 세례' 또는 '성령의 내주하심안에 거주하심'이라고 해요. 그리고 우리 속에 계신 성령님을 뜨겁게 느끼면서 겉모습까지 변화하는 상태를 '성령 충만'이라고 하죠. 한 가지 알아야 할 것은, 우리 안에 성령님이 계신다고 해서 누구나 다 거룩하고 성령 충만하게 살아가는 건 아니라는 점이에요. 성령 충만은 그냥 주어지지 않아요. 성령 받기를 간절하게 사모하고, 죄로부터 확실하게 돌이켜서 하나님의 뜻대로 살기로 굳게 결심하는 사람에게 임하는 것이죠.

이제 정리해 볼게요. 우리 친구는 이미 하나님의 자녀이고, 우리 친구 안에 성령님이 계시기 때문에 주님으로부터 영원히 버림받는 일은 없어요. 그러나 우리 친구가 계속해서 죄 속에 머물러 있으면 하나님께서 우리 친구를 외면하실 거예요. 그러면 친구의 마음과 생활은 매우 불행해지겠죠. 그러니 우리 친구가 반드시 죄를 회개하고 돌이켜서 하나님의 용서를 받기를 바랄게요. 한 걸음 더 나아가서 속사람 속에 계시는 성령께서 겉사람에도 충만하게 임하셔서 친구의 마음과 행동을 변화시키도록 간절한 마음으로 구하세요. 우리 친구가 하나님의 뜻대로 살기를 결심하며 반복되는 죄를 단호하게 끊고, 성령의 도움으로 날마다 즐겁고 행복한 신앙생활을 회복하게 되기를 기대합니다.

5

선의의 거짓말도 죄가 되나요?

Q 선의의 거짓말도 죄일까요? 살면서 악의 없이 좋은 의도로 하는 거짓말도 가끔 있잖아요. 칭찬해주거나 기분 좋은 말을 해줄 때도 있고요. 거짓말을 해야겠다고 마음먹고 남을 속이는 의도가 아닌, 선의의 거짓말도 잘못이고 절대로 하면 안 되는 건가요?

A 우리 친구의 질문은 기독교인의 생활 속에서 나타날 수 있는 매우 중요한 윤리적인 문제 중 하나예요. 우리 친구가 궁금해하는 문제는 선의의 거짓말이 "네 이웃에 대하여 거짓 증거 하지 말라"라는 아홉 번째 계명을 범하는 행위인가의 여부라고 생각해요. 따라서 먼저 이 계명의 바른 뜻이 무엇인가를 알아보기로 해요.

이 아홉 번째 계명에서 우리가 주목해야 할 부분은 두 가지예요. 첫째, 이 계명은 이웃과의 관계 안에서 주어진 명령이라는 점, 둘째, "거짓 증거"라는 단어가 사용되었다는 점이에요. 여기서 '증거'라는 말은 법정에 나온 증인이 피고에 대하여 증언하는 것을 말해요. 옛날 이스라엘 사회의 법정에서는 증인의 증언만을 가지고 재판을 했기 때문에 증인의 말이 아주 중요했죠. 증인이 어떤 말을 하느냐에 따라서 피고를 죽일 수도 있었고, 살릴 수도 있었어요. 만약 피고를 궁지에 몰아넣으려는 나쁜 의도로 거짓 증언을 하게 되면 피고에게 심각한 해를 끼치게 되죠. 이 계명은 바로 이런 거짓 증거에 관해 이야기하고 있는 거예요. 따라서 아홉 번째 계명은 이웃에게 해를 가하려는 악한 의도를 가지고 사실과 다르게 말하지 말라는 거예요. 이것이 아홉 번째 계명의 정확한 뜻이에요. 따라서 아홉 번째 계명은 선한 의도를 가지고 사실과 다르게 말하는 것에 관해 어떻게 판단해야 할지에 대한 적당한 기준이나 지침을 주지 않아요. 그렇다면 친구의 질문을 다른 방향으로 살펴보도록 해요.

일반적으로 선한 의도로 하는 거짓말에는 세 가지 유형이 있어요.
첫 번째는 '불가피한 거짓말'이에요. 이는 사람의 생명을 살리기 위해 불가피하게 사실과 다르게 말하는 경우죠. 이 경우는 두 가지 가치가 대립하는데, 하나의 가치는 '인간의 생명을 살려야 한다'라는 것이고, 또 다른 가치는 '사실을 사실대로 말해야 한다'라는 가치예요. 일반적으로는 사실을 사실대로 말하는 것이 사람의 생명을 살리는 경우가 대부분이지만, 타락한 이 세상에서는 '사람의 생명을 살리는 일'과 '사실을 사실대로 말하는 일'이 충돌을 일으킬 때가 있어요. 이때는 어떤 가치가 더 무겁고 중요한지를 생각해 봐야 해요. 사람의 생명을 살리는 일과 사실을 사실대로 말하는 일 중에는 당연히 생명을 살리는 일이 더 중요하겠죠? 따라서 생명을 살리기 위해서는 불가피하게 사실과 다르게 말하는 것이 허용될 수 있어요.

성경을 보면, 이스라엘 백성이 여리고 성을 공격하기 전에 몰래 정탐꾼을 들여보내는 장면이 나오죠. 정탐꾼들은 '라합'이라는 기생의 집에 숨게 되고요. 그런데 여리고 성 사람들이 이스라엘의 정탐꾼이 성안에 들어왔다는 첩보를 입수하고 수색하던 중, 기생 라합의 집에 들이닥쳤어요. 라합은 집 안에 정탐꾼을 숨겨 놓았지만 '정탐꾼들이 내 집에 왔던 것은 사실이지만 밖으로 나갔다'라고 사실과 다르게 말하여수 2:4,5 여리고 성 사람들을 돌려보냈죠. 그리고 정탐꾼들을 살려서 보냈어요. 하나님은 라합을 '믿음으로 행동한 훌륭한 사람'으로 칭찬하셨어요히 11:31; 약 2:25.

성경 밖의 예를 들면, 2차 대전 때 독일군이 유대인들을 잡아다가 가스실에 가두어 죽이는 참혹한 일이 있었어요. 당시 독일군이 점령하고 있던 네덜란드에도 유대인들이 많았죠. 독일군 나치 친위대원들은 네덜란드 집집마다 수색하여 유대인들을 색출해 냈어요. 그런데 당시 많은 네덜란드인이 다락방 속에 유대인들을 숨겨 주었고, 수색하러 온 독일군에게 유대인이 없다고 말하여 많은 유대인들의 생명을 구해 주었답니다.

두 번째는 '예의의 거짓말'이에요. 예의의 거짓말은 내 마음에 들지 않는 누군가와 대화하거나 편지를 쓸 때, 상대방에 대한 불쾌한 마음의 표현을 자제하고 최대한 예의를 지켜서 상대방을 존중하는 호칭을 써주는 어법을 뜻해요. 이것은 거짓말이라기보다는 상대방에 대한 예의 혹은 예절을 지키는 것이죠.

예를 들어 우리 친구가 A를 나쁜 사람이라고 생각하고 있는데, A에게 편지를 쓰게 되었어요. 우리 친구가 편지를 시작할 때 '행실이 못된 A에게'라고 솔직하게 표현해야 할까요? 아니에요. 비록 마음으로는 A를 '행실이 나쁜 사람'이라고 생각하고 있어도 A를 칭찬하는 말로 편지를 시작하라는 거예요. 또 가령, 어떤 친구의 집에 초대받아서 함께 식사하게 되었다고 해 볼까요? 그런데 음식이 우리 친구의 입에 맞지 않아요. 밥은 질고 국은 짜고 말이에요. 식사가 끝난 뒤에 친구 어머니께서 "밥 맛있게 먹었니?"라고 물어보신다면, "아니요, 밥은 질었고요, 국은 짜서 먹기가 힘들었어요"라고 우리 친구의 생각을 솔직하게 말해야 할까요? 비록 맛이 없었어도 "네, 잘 먹었습니다"라고 대답하는 게 예의겠지요? 이런 경우는 거짓말이라기보다는 상대방의 마음이 상처받지 않도록 배려해 주는 작은 이웃사랑의 표현이랍니다.

세 번째는 '유머의 거짓말'이에요. 이것은 어떤 모임에서 분위기를 더 부드럽고 재미있게 하려고 사실을 사실과 다르게 말하는 경우를 말해요. 이 역시 거짓말이라기보다는 '일종의 반어법'이라고 볼 수 있어요. 반어법은 사실과 정반대로 말함으로써 강조 효과를 주거나 위트가 넘치는 표현으로 만들어 주거든요. 예를 들어 아주 인색한 사람이 있는데, 이 사람에게 무엇을 좀 달랬더니 아주 조금밖에는 주지 않았어요. 이때 "정말 많이 주시는 분이시군요"라며 웃으며 말하는 거죠. 유머의 거짓말, 혹은 반어법은 우리의 생활에 윤활유 같은 역할을 해요. 유머의 거짓말을 적절하게 잘 구사하면 우리의 생활이 재미있고 유쾌해지죠. 그러나 기독교인들이 이를 구사할 때는 적절한 선에서 절제하는 것이 필요해요. 유머의 거짓말을 너무 남발하면 반대로 말하는 것이 습관이 될 수가 있거든요. 언제나 사실대로 진실하게 말하는 습관을 유지하면서 꼭 필요한 경우에 가볍게 유머의 거짓말을 사용해야겠죠. 분명한 건, 유머의 거짓말이 어느 정도의 선을 넘어서면 독이 될 수도 있다는 것이에요. 또 어떤 사람들은 이를 받아들일 만한 마음의 준비가 되어있지 않아서 유머의 거짓말을 듣고 실제로 마음에 상처를 받는 경우도 있으니까요.

이외에도 두 가지 경우에 대하여 더 살펴보도록 해요. 어떤 환자가 몸에 병이 심각한 상태여서 병원에 입원했어요. 치료가 어렵긴 하지만 치료를 잘 받으면 병이 나을 가능성이 있어요. 이때 의사가 환자에게 "심각한 정도는 아니고 치료를 잘하면 나을 수 있는 병이니까 용기를 가지세요"라는 정도로만 이야기하는 것이 보통이에요. 그 이유는 환자에게 병의 상태가 심각하다고 말하면 두려움에 사로잡히거나 의지가 약해져 치료가 어려워지기 때문이죠. 그런데 반대로, 병의 치료방법도 없고 오래 살지 못할 것이라는 결과가 나올 경우는 어떻게 해야 할까요? 사실, 옛날에는 환자가 상처받을까 봐 정직하게 말해주지 않는 경우가 대부분이었어요. 그러나 요즘에는 병에 대해 정직하게 알려주는 것이 더 좋은 방법이라고 생각하는 경우가 많아요. 그래야 얼마 남지 않은 시간 동안 자기 인생을 정리하고 준비할 수 있으니까요. 사실 이런 경우는 어느 한쪽이 항상 옳다고 볼 수 없어요. 어떤 방법을 채택해야 하느냐 하는 문제는 환자의 마음과 상태, 환경 등을 고려하여 상황에 맞게 적용하면 될 거예요.

자, 친구의 질문에 대해서 몇 가지 경우를 예로 들어봤는데요. 결론적으로 말한다면 대체로 선의의 거짓말은 허용될 수 있다고 볼 수 있어요. 그러나 선의의 거짓말은 꼭 필요할 때 매우 주의해서 사용해야 한다는 점을 유념해야 하죠. 우리 친구들은 일상생활 속에서 언제나 사실대로 정직하게 말하는 습관을 갖도록 하세요.

6

영원히 용서받지 못하는 죄가 있다고요?

 마태복음 12장 32절 "또 누구든지 말로 인자를 거역하면 사하심을 얻되 누구든지 말로 성령을 거역하면 이 세상과 오는 세상에도 사하심을 얻지 못하리라"라는 말씀이 있잖아요. 성령을 거역하는 게 용서받지 못할 죄라고 하니까 정말 두려워요. 가끔 마음속에 나쁜 생각이나 말이 순간적으로 떠오르면, '안 된다, 안 된다'라고 생각하지만 그런 생각을 아예 안 하면서 살 순 없잖아요? 만약 제가 용서받지 못하면 어쩌죠?

A 자신이 한 행동이나 품은 마음이 성령을 거스르는 것은 아닌가 하는 문제를 두고 고민하고, 나쁜 행동과 나쁜 마음을 물리치기 위해 애쓰는 모습이 너무나 예쁘군요. 이런 모습을 보시고 하나님도 기뻐하실 거예요. 이런 고민과 몸부림이 있

다는 것이 바로 그 마음속에 예수님이 계시고 성령님이 계신다는 증거지요. 마음에 예수님과 성령님이 계시지 않을 때는 아무런 문제도 되지 않을 행동과 마음이, 예수님이 계시고 성령님이 계시면 문젯거리가 되거든요.

먼저 우리는 행동으로 지은 죄든 마음으로 지은 죄든 모든 죄는 성령님을 거스르는 죄라는 사실을 기억해야 해요. 그렇다고 모든 죄가 영원히 용서받지 못하는 '성령훼방죄'라는 뜻은 아니에요. 죄에도 용서받을 수 있는 죄가 있고, 용서받을 수 없는 죄가 있다는 것이죠.

그러면 질문한 학생이 인용한 마태복음 12장 32절에서 말하는 영원히 사함을 받지 못하는 성령을 거스르는 죄란 어떤 죄인지 생각해 볼까요? 이 죄가 어떤 죄인지 알기 위해서는 마태복음의 앞뒤 문맥을 살펴보아야 해요.

본문에 의하면 바리새인들은 예수님이 귀신을 쫓아내시는 것을 보고 예수님이 바알세불이라는 큰 귀신의 힘을 빌려서 귀신을 쫓아낸다고 비판했어요. 이 비판에 대하여 예수님은 귀신의 힘에 의지해서가 아니라 성령의 힘에 의지하여 귀신을 쫓아낸 것이라고 답변하셨어요. 계속해서 예수님은 귀신은 성령의 힘으로 쫓겨나갔기 때문에 귀신을 쫓아낸 일은 하나님 나라의 일이라고 말씀하셨어요 마 12:28. 즉, 예수님은 성령의 능력이 나타나는 하나님 나라의 일을 귀신의 일이라고 비판한 바리새인의 태도를 가리켜서 영원히 용서받지 못할 죄라고 하신 거예요. 즉, 한마디로 말하면 예수님이 하시는 구원사역을 악한 태도로 받아들이고 방해하는 행동은 영원히 용서받지 못하는 죄라는 것이죠.

'성령훼방죄'가 뭔지 궁금하시죠? 히브리서 10장 26절에서 29절까지를 읽어 보면 분명하게 알 수 있어요. 히브리서 10장 26절, 27절은 이렇게 말해요. "우리가 진리를 아는 지식을 받은 후 짐짓 죄를 범한즉 다시 속죄하는 제사가 없고 오직 무서운 마음으로 심판을 기다리는 것과 대적하는 자를 태울 맹렬한 불만 있으리라." 여기에서의 죄는 "진리를 아는 지식을 받은" 사람에게 해당된다고 하고 있는데, 그러면 그 진리는 무엇일까요? 그것에 대해 29절이 이렇게 답변합니다. "하물며 하나님의 아들을 짓밟고 자기를 거룩하게 한 언약의 피를 부정한 것으로 여기고 은혜의 성령을 욕되게 하는 자가 당연히 받을 형벌은 얼마나 더 무겁겠느냐 너희는 생각하라." 한마디로 말해서 예수님이 십자가 위에서 인류를 구원하기 위하여 죽으셨다는 소식이 진리이고, 그 진리를 전해 들었음에도 예수 믿기를 거부하고, 예수 믿는 자를 방해하는 행동을 하면 영원히 용서받지 못할 죄를 짓는 것이라고 말하고 있는 거예요.

지금까지 공부한 마태복음의 본문과 히브리서의 본문이 가르치는 내용은 이렇게 정리할 수 있어요. '예수님이 우리를 위하여 십자가 위에서 돌아가셨고 이 예수님을 믿으면 구원받는다는 소식을 전해 들은 사람이 구원의 소식을 받아들이는 것을 거부하고, 예수 믿는 사람들을 악랄하게 괴롭히는 행동을 하면, 영원히 용서받지 못할 죄를 짓는 것이다.'

그럼, 이런 행동을 하다가 잘못되었다는 사실을 깨닫고 진심으로 뉘우치면 어떻게 될까요? 그 사람은 용서받아요. 그러나 이 사람이 죽을 때까지 고집을 피우고 이 행동을 진심으로 뉘우치지 않은 채 죽으면 이 사람은 어떻게 될까요? 영원히 용서받지 못해요.

이제 분명해졌지요? 여러분, 예수님을 구주로 영접하셨지요? 비록 여러 죄를 짓지만 죄를 지을 때마다 항상 자신을 뉘우치고 어떤 경우에도 예수님이 여러분의 구원자이심을 믿고 계시지요? 그렇다면 여러분은 영원히 용서받지 못하는 죄를 지은 것이 아니므로 걱정하지 않으셔도 돼요.

용서받을 수 있는 죄와 영원히 용서받지 못할 죄의 차이를 갑돌이와 호돌이의 예를 들어 설명할 수 있겠네요. 평소에 예수님을 믿던 갑돌이가 다른 사람의 물건을 훔쳤어요. 그리고는 그 죄를 하나님 앞에서 회개하지 않았는데, 어느 날 차를 타고 가다가 교통사고를 당해서 그만 아무런 말도 하지 못한 채 죽고 말았어요. 유감스럽게도 갑돌이는 다른 사람의 물건을 훔친 죄를 회개하지 못한 채 죽어버린 것이죠. 그러면 갑돌이가 죽어서 하나님 앞에서 용서를 구할 때 갑돌이의 죄는 용서받을 수 있을까요? 네! 확실하게 용서받아요. 그리고 하나님 나라에서 살아가는 데 아무런 문제가 없어요.

그런데 이번에는 갑돌이와 같은 차를 타고 가다가 죽은 호돌이의 경우를 생각해 봅시다. 호돌이는 여러 번 예수 믿고 구원받으라는 초청을 받았어요. 그러나 호돌이는 구원의 초청을 받아들이지 않았어요. 예수님께서 인류를 위해 십자가 위에서 죽으셨다는 진리도 우습게 여기고 받아들이지 않았고요. 그리고는 예수 믿는 친구들을 괴롭혔어요. 호돌이는 끝내 자신의 잘못을 회개하지 않았어요. 이런 상태로 호돌이가 죽어서 하나님 앞에 서면 호돌이는 용서받을 수 있을까요? 용서받지 못해요. 왜냐하면 성령을 훼방하는 죄를 범했기 때문이에요.

이제 성령을 거스르지만 용서받을 수 있는 죄와 영원히 용서받을 수 없는 죄의 차이가 어떤 것인지 아시겠지요?

쉽게 생각하면 영원히 사함을 받지 못하는 죄는 한 가지밖에 없다고 생각하면 돼요. 그게 무엇일까요? 그것은 바로 끝까지 회개하지 않고 고집스럽게 예수 믿지 않는 것이에요. 그 밖에 모든 다른 죄들도 성령을 거스르는 죄임이 분명해요. 이런 죄들을 범하면 하나님이 징계하실 수 있어요. 그러나 그 죄들은 용서받을 수 있어요. 그것은 마치 아이들이 잘못하면 부모님께 매를 맞지만 결국에는 다 용서받는 것과 같아요.

우리가 우리의 마음과 행동으로 짓는 죄들은 다 성령을 거스르는 죄이기 때문에 죄를 범하지 않도록 최선을 다하여 노력해야 해요. 만약 죄를 범했다면 빨리 하나님 앞에 회개하고 그 죄를 용서받고 새 출발을 해야 해요. 그러나 우리는 예수님을 거부하는 죄가 아닌 다른 죄를 범하고 난 후에 영원히 용서를 받지 못한다는 두려움에 사로잡혀서는 안 돼요. 왜냐하면 예수님을 끝까지 믿지 않는 죄를 제외하고는 용서받지 못할 죄가 없기 때문이에요.

7

흉악범도 회개하면 구원받나요?

그 어떤 죄인도 예수님께 나아와 회개하면 죄를 용서받고 구원받는다고 설교시간에 들었어요. 그러면 '어떻게 사람이 그럴 수 있어!'라는 말이 절로 나오게 하는 흉악범까지도 회개만 하면 구원받는 건가요? 단순히 일상에서 거짓말을 하는 거랑 흉악범이 저지른 죄는 차원이 다르잖아요. 만약 흉악범이 회개했다고 해서 구원해주신다면 오히려 피해자나 그 가족에게 더 큰 상처를 주게 되는 꼴 아닌가요?

존 롤즈라는 미국의 유명한 철학자는 모든 사람의 마음속에 '정의의 감각'이 있다고 말했어요. '정의의 감각'이란, 모든 사람은 공정하게 행동해야 한다고 생각하는 마음을 말해요. 그래서 사람들의 공정하지 못한 일을 보면 하나같이 '저러면 안 되는데'라는 생각을 하게 되죠.

우리 친구가 제기하는 질문도 바로 이 정의의 감각에서 나온 거라고 봐요. 우리 친구는 사람에게 끼치는 해가 미미하다면 몰라도 만약 누군가에게 심각한 해를 끼치는 나쁜 행동을 했다면 거기에 상응하는 벌을 받아야 한다고 생각하죠? 그래서 흉악한 죄를 지은 사람까지도 하나님께서 용서해 주시고 똑같이 구원해주신다면, 그건 공정성을 깨뜨리는 일이라고 생각해서 의문이 드는 것이고요. 그런데 하나님의 기준도 그럴까요?

먼저, 사람이 어떤 죄를 범하든지 하나님 앞에서 회개하면 모두 용서받고 구원받아 천국 백성이 된다는 진리는 시간이 흐르고 장소가 바뀌어도 영원히 변하지 않는다는 점을 강조하고 싶어요. 하나님께 용서받지 못할 죄는 없어요. 이것이 바로 우리가 믿는 복음이에요. 사람들은 흉악한 죄를 범한 사람들을 쉽게 용서하거나 구원해주는 것에 대해 의문을 품곤 해요. 그러나 복음은 우리에게 이런 상식을 넘어설 것을 요구하고 있어요. 인간의 죄를 용서하시고 구원하시는 하나님의 인자하심은 사람들이 옳다고 생각하는 상식의 범위를 크게 넘어설 만큼 위대해요. 시편 기자도 하나님의 인자하심은 하늘이 땅에서 높음같이 크다고 말했어요 시 103:11. 하나님은 우리가 복음에 대해 생각할 때 상식이라는 틀을 넘어 새로운 관점에서 바라볼 것을 요구하세요. 그런 경우를 성경에서 하나 예로 들어볼게요.

누가복음 15장 11-32절을 보면 돌아온 탕자의 비유가 등장해요. 한 아버지에게 두 아들이 있었어요. 큰아들은 아버지 속을 썩이지 않고 착하고 모범적인 생활을 했지만, 둘째 아들은 아버지를 졸라서 자신이 받을 유산을 미리 받고는 집을 나가서 방탕한 생활을 했지요. 결국 망한 둘째 아들은 먹고 살길이 막막해지자 방탕한 생활을 청산하고 빈털터리가 되어 집으로 돌아왔어요. 그러자 아버지는 아무런 조건 없이 둘째 아들을 환영하면서 잔치까지 베풀었죠. 이때 첫째 아들이 아버지의 태도에 이의를 제기했어요. 첫째 아들은 자기 동생이 범한 죄에 대해서 적절한 벌을 내리지 않고 무작정 받아 준 아버지의 태도가 공정하지 못하다고 느꼈던 거지요. 그러나 아버지는 잃었다가 얻은 아들을 환영하고 기뻐하는 것은 당연한 일이라고 단호하게 말했어요. 아버지는 첫째 아들의 불평을 받아들이지 않고 오히려 상식을 뛰어넘어 마음을 열고 새로운 관점에서 바라볼 것을 요구한 거예요. 마찬가지로 우리도 하늘처럼 크고 넓은 하나님의 인자하심을 우리의 좁은 상식으로 제한하지 않도록 주의해야 해요. 하나님의 인자하심 앞에서 용서받지 못할 죄인은 없어요.

그러면 흉악한 죄인까지도 용서하시는 하나님의 구원이 정말로 공정성을 깨뜨리는 것일까요? 절대 그렇지 않아요. 사실, 하나님의 용서와 구원 법칙을 잘 살펴보면 철저한 공정성에 근거하고 있다는 걸 알 수 있어요. 하나님은 인간이 행한 모든 악에 대해서 단 1%도 그냥 넘어가시는 법이 없어요. 죄에 대해서는 철저하게 벌하시죠. 하나님께서 베푸신 구원의 은혜가 공정하다고 말할 수 있는 이유를 몇 가지 들어볼게요.

첫째로, 흉악범을 향한 하나님의 용서와 구원이 아무 조건 없이 주어질 수 있는 이유는 흉악범이 받아야 할 형벌을 예수님이 십자가 위에서 대신 받으셨기 때문이에요. 예수님이 우리를 대신해 받으신 형벌의 가치와 무게가 너무나 크고 무겁고 값비싼 것이기 때문에 온 인류가 범한 그 어떤 죄도 다 대신할 수 있어요. 만일 죄가 너무 심각해서 예수님이 받으신 형벌로 대신할 수 없다고 한다면 예수님이 치르신 희생의 가치를 심각하게 깎아내리는 것과 같아요. 즉, 예수님의 값비싼 희생을 통해 아무런 조건 없이 주어진 용서와 구원의 은혜는 모든 믿는 자들에게 동일하고 공정하게 주어지는 것이라 할 수 있어요.

둘째로, "죄의 삯은 사망이요"롬 6:23라는 말씀처럼 하나님이 죄에 대해 내리시는 형벌은 죽음이에요. 이 죽음은 죄악 속에 있는 모든 사람에게 공평하게 적용되는 것이죠. 그런데 우리는 죽음에 '세 가지 죽음'이 있다는 걸 알아야 해요. 하나는 영적인 죽음인데, 이 죽음은 생명의 근원이신 하나님과의 관계가 끊어지는 걸 말해요. 다른 하나는 영원한 죽음인데, 이 죽음은 하나님과의 관계가 돌이킬 수 없이 끊어져서 지옥으로 떨어지는 걸 말해요. 이 두 가지 죽음은 하나님 앞에서 죄를 용서받고 구원받을 때 벗어날 수 있지요. 그런데 또 다른 죽음이 있어요. 바로 육체적 죽음이에요. 죄를 용서받고 구원을 받았더라도 살아생전에 예수님의 재림을 맞이하지 않는 한 누구나 육체적 죽음을 맞을 수밖에 없어요. 이 죽음은 구원의 은혜를 거부한 사람에게는 영원한 형벌에 들어가는 과정이지만, 죄를 용서받고 구원받은 사람에게는 일종의 징계와 같아요. 부모가 사랑하는 자녀의 나쁜 습성을 고치고 바른 자녀가 되게 하려고 드는 회초리 같은 것이죠. 즉, 구원받을 백성에게 육체적 죽음을 겪게 하시는 이유는 이들에게 남아 있는 죄의 습성들을 끊어버리고 하나님 나라에서 영원히 사는 데 적합한 새로운 옷을 입히기 위한 과정이라 할 수 있어요.

셋째로, 구원의 은혜 안으로 들어온 성도라 해도 악을 행한 자는 이 세상에 사는 동안 자신이 행한 악에 대해 징계를 받게 돼요. 사람을 죽인 사람은 하나님으로부터 용서와 구원을 받았어도 세상 법정에서 재판받아야 하고, 재판 결과에 따라서 감옥 생활을 하거나 심지어 사형이라는 무거운 형벌을 받아야 할 때도 있어요. 또한 악을 행한 자에게 따라오는 자연적인 후유증과 상처도 피해갈 수 없는 징계라 할 수 있어요. 사람을 죽인 사람은 감옥에서 나온 이후에도 사회에 적응하기 위해 평생 어려움을 겪어야 하고 마음의 고통을 벗지 못하죠. 욥기 4장 8절 말씀처럼 악을 밭 갈고 독을 뿌리는 자는 그대로 거두게 되어있고, 잠언 23장 21절 말씀처럼 술에 취하고 음식을 탐하는 자는 가난이라는 후유증을 겪게 되며, 잠자기를 즐기는 자는 해어진 옷을 입게 돼요. 또 술을 많이 마시면 간에 이상이 생겨서 간경화증이나 간암으로 혹독한 고통을 겪어야 하죠. 이렇게 사람들은 세상에서 자신들이 지은 악한 행동에 대한 합당한 대가를 치르며 살게 돼요. 이런 것들을 보면, 하나님께서는 죄에 대해서 아무런 조치도 취하지 않으시고 무조건 용서만 하시는 분은 아님을 알 수 있어요.

결론적으로 말해서 하나님은 아무리 흉악한 죄를 범한 사람이라도 회개하면 용서해 주시고 주님을 구주로 영접하면 조건 없이 구원해주세요. 그러나 이 같은 조건 없는 용서와 구원은 예수님이 우리를 대신해서 형벌을 받으시는 값비싼 대가를 치르셨기 때문에 가능해진 일이라는 점을 잊어서는 안 돼요. 또한 하나님은 우리를 한없는 인자하심으로 용서해 주시지만, 악에 대해서는 1%도 그냥 넘어가시는 분이 아니라는 점을 알아야 해요. 하나님은 악한 마음으로 한 일들에 대해서는 그에 합당한 징계를 절대 거두지 않으시는 분이죠. 이제 우리 친구의 고민이 어느 정도 해소되었나요? 어떤 죄인이든 구원의 은혜 안으로 들어오기를 기다리시는 하나님의 사랑이 우리 친구를 살리고, 또 죄에 억눌려 살아가는 많은 사람을 살리는 기쁜 소식이 될 수 있기를 바랍니다.

8

예수님을 모르고 죽은 사람은 지옥에 가나요?

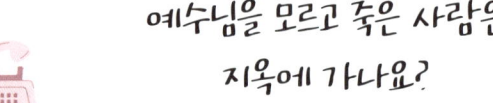

Q 현재 우리나라에서는 하나님을 모르는 사람이 거의 없잖아요. 알지만 안 믿는 거죠. 하지만 우리나라에 기독교가 들어온 것은 조선시대라고 배웠는데요. 그 이전 시대에는 하나님에 대해 알 기회조차 없었다는 거잖아요. 지금도 세계 곳곳에는 하나님에 대해서 한 번도 들어보지 못한 미전도 종족이 꽤 있다고 들었어요. 이렇게 하나님을 몰라서 못 믿은 사람들도 지옥에 가는 건가요?

A 우리 친구들이 종종 이런 질문을 해요. '이순신 장군도 지옥에 갔을까요?'라고요. 아마도 이 질문을 하는 데에는 두 가지 의도가 있는 것 같아요. 첫째로, 이순신 장군은 우리나라에 복음이 전파되기 전에 살았던 인물이니까, 그분이 예수님을 믿지 않은 게 자신의 책임이 아닌데도 지옥에 가야 하는 건지

에 대한 궁금증이 담겨 있을 거예요. 둘째로, 이순신 장군은 위인으로 존경받는 인물 중 하나인데, 그렇게 선하고 훌륭한 사람이 예수님에 대해 듣지 못해서 믿지 못했다는 이유만으로 지옥에 간다는 것은 너무 지나친 게 아닌가 하는 생각도 깔려 있을 거예요.

'이순신 장군처럼 예수님에 관해 듣지 못했어도 정말 훌륭하게 살았던 사람인데 지옥에 가는가?'라는 질문에 가장 분명한 답변을 주는 말씀은 로마서 2장 12절 앞부분이에요. "무릇 율법 없이 범죄한 자는 또한 율법 없이 망하고." 이 말씀이 어떻게 답변이 될 수 있는지 잘 이해가 되지 않을 거예요. 이 본문은 우리 친구에게 어려울 수 있지만, 저와 함께 여기에 담긴 뜻을 알아보면서 궁금증도 해결해보기로 해요.

이 말씀은 재림 때 하나님 앞에 서서 심판받는 한 사람을 묘사하고 있어요. 본문은 이 사람을 "율법 없이 범죄한 자"라고 설명하고 있죠. 그럼 지금부터 이 구절을 차근차근 단계적으로 살펴보기로 해요.

1) 먼저 "율법"이라는 단어가 나오지요? 본문이 말하는 율법은 '성경 안에 기록된 도덕법칙'을 뜻해요. 예를 들어서 사랑의 대강령, 황금률, 십계명 등을 가리키는 거예요.

2) "율법 없이"는 '사랑의 대강령, 황금률, 십계명과 같이 성경 안에 기록된 도덕법칙을 한 번도 읽어본 적 없이'라는 뜻이에요.

3) "율법 없이 범죄한 자"는 성경을 한 번도 읽어본 일이 없는 사람을 뜻해요. 이 사람은 전도되지 못해서 성경을 읽어볼 기회가 없

었던 사람이에요. 이 사람이 마지막 날 하나님의 심판대 앞에 서게 된 것이죠. 본문은 이 사람을 '범죄한 자'로 묘사하고 있어요. 이는 이 사람이 살아온 현세에서의 삶에 대해 하나님께서 내리신 평가라고 할 수 있죠. 여기에는 이순신 장군도 해당이 되겠고요.

이 '범죄한 자'라고 평가받은 사람이 하나님께 질문합니다. "하나님, 저를 범죄한 자로 판단하신 근거가 무엇입니까? 혹시 성경말씀 안에 있는 도덕법칙을 기준으로 나를 평가하셨습니까? 저는 성경말씀을 읽어본 적도 없는데요?" 자, 이 사람이 아주 중요한 질문을 했어요. 성경말씀을 읽을 수 없는 환경에서 살다 온 사람을 성경말씀을 기준으로 평가한다면 그건 공정한 평가가 될 수 없지 않겠어요? 이 질문에 대한 하나님의 답변이 그다음 구절에 암시되어 있어요.

4) "또한 율법 없이 망하고"라는 짧은 구절은 성경을 읽어 볼 기회를 제공받지 못하고 죽게 된 사람에 대한 하나님의 심판 기준을 보여주고 있어요. 성경말씀(율법)에 기록되어 있는 도덕법칙 없이 "율법 없이" 심판을 받게 된다("또한 율법 없이 망하고"), 즉 망한다는 것은 한마디로 '지옥에 간다'라는 뜻이지요. 자, 이 내용을 연결하면 하나님이 이 사람을 어떻게 심판하시는가를 알 수 있겠지요? 하나님은 성경말씀을 읽어 볼 기회가 없던 사람에 대해서는 성경말씀으로 심판하지 않으세요.

5) 그러면 하나님은 그런 사람들을 어떤 기준으로 판단하실까요? 이 질문에 대한 답변은 로마서 2장 15절에 있어요. 이 본문도

잘 설명하려면 많은 지면이 필요하지만 여기서는 생략하고 딱 요점만 말할게요. 15절 마지막 부분에 보면 '그 마음에 새긴 율법'이라는 구절이 나오지요? 이 구절에서 '율법'은 성경말씀 안에 있는 도덕법칙이 아니라 일반적인 도덕법칙을 말해요. 그러므로 '마음에 새긴 율법'이라는 말은 하나님이 모든 인류의 마음속에 새겨주신 도덕법칙_{양심}을 가리키는 거예요.

6) 이제 우리는 우리에게 두 개의 도덕법칙이 있다는 사실을 알게 되었어요. 하나는 성경말씀에 기록되어 있는 도덕법칙이고, 다른 하나는 사람의 마음속에 새겨진 도덕법칙_{양심}이에요. 성경을 모르더라도 누구나 양심에 따라 옳고 그른 것이 무엇인지를 분별할 수 있답니다. 또, 온 세상을 다스리는 절대자가 있다는 것을 자기도 모르게 의식하기도 하지요_{롬 1:19-20}. 그래서 악한 마음을 품으면 하나님을 믿지 않으면서도 하늘을 두려워하고, 위급한 상황에서는 절대자를 향해 기도하게 되는 거예요.

여기서 잠깐 이 두 도덕법칙의 공통점과 차이점이 무엇인지 알아보고 넘어가도록 해요. 내용적인 면에서 두 도덕법칙은 비슷해요. 다만 성경말씀에 기록된 도덕법칙이 좀 더 분명하다는 점에서 차이가 있지요. 예를 들어볼게요. 십계명 중에 제5계명은 부모를 공경하라고 명령하고 있어요. 성경을 모르는 불신자들도 부모를 공경하는 것이 바른 일임은 알고 있어요. 제6계명은 살인하지 말라고 명령하고 있어요. 사람을 죽이는 행동이 바른 행동이 아니라는 점은 믿지 않는 사람들도 잘 알고 있죠. 바로 이런 점들을 이야기하는 거예요.

7) 이제 다시 심판의 문제로 돌아와서 하나님이 어떻게 이 사람에게 답변하실지 생각해 보기로 해요. 말씀을 참고해서 보면, 하나님의 답변은 이래요. "그래 너의 항의가 맞아. 만일 내가 성경말씀을 만날 기회가 전혀 없던 너에게 성경말씀에 기록된 도덕법칙을 지켰는가를 묻는다면 나의 심판이 부당하겠지. 그러나 나는 성경말씀에 있는 도덕법칙을 지켰냐고 묻는 게 아니야. 나는 내가 네 마음속에 심어 준 마음의 도덕법칙을 지켰는지를 묻는 거야. 자, 이제 너에게 묻겠다. 너는 네 마음의 도덕법칙을 완전히 지켰느냐?" 하나님의 답변을 듣고 나서 이 사람이 답변합니다. "아, 그렇군요. 맞아요. 제 마음에 심으신 도덕법칙을 저는 잘 알고 있어요." 그리고 자기 자신이 그 도덕법칙을 완전히 지켰는가를 검토해 본 결과 이렇게 결론을 내릴 수밖에 없었지요. "나는 내 마음속에 새겨져 있는 도덕법칙대로 완전하게 살지 못했구나!" 그러면 이제 심판이 마무리되겠지요? 이 사람은 안타깝게도 지옥으로 갈 수밖에 없어요.

이제 정리하겠어요. 하나님이 마지막 날에 인류를 심판하실 때는 반드시 정확한 기준을 가지고 심판을 하시지요. 하나님은 인류에게 두 가지 판단기준을 주셨어요. 하나는 성경에 기록되어 있는 도덕법칙이에요. 다른 하나는 모든 인류의 마음속에 새겨주신 도덕법칙(양심)이고요. 만약 누군가 성경을 읽을 기회를 전혀 제공받지 못했다면, 그는 자기 안에 이미 가지고 있는 마음의 도덕법칙에 근거해 심판받게 돼요.

그런데 여러분, 이 세상을 살아가면서 도덕과 양심을 거스르지 않고 온전하게 살 수 있는 사람이 얼마나 될까요? 현실적으로 그런 사람은 찾기 힘들어요. 우리 눈에는 대단한 성인 같아도 하나님의 눈으로 보면 모두가 불완전한 죄인이니까요. 그래서 우리에게 예수 그리스도가 필요한 거예요. 연약한 죄인이었던 나를 죄에서 구원하시고 그분의 자녀로 삼아주신 은혜, 그리고 지금도 내 안에서 함께하시며 내가 할 수 없는 거룩한 삶을 살아가도록 이끄시는 은혜, 그 은혜가 아니면 우리는 아무도 천국에 들어갈 수 없어요. 그것이 가장 확실한 성경의 가르침이랍니다.

9
구원받을 사람이 정해져 있다면 나머지는 뭔가요?

Q 로마서 11장 5-7절을 묵상하다가 한 가지 의문점이 생겼어요. "은혜로 택하심을 따라 남은 자"가 있고, 택하심을 얻지 못한 "남은 자들은 우둔하여졌다"라고 한다면 하나님이 미리 택하신 사람만 구원을 받는다는 말이잖아요. 그렇다면 택함 받지 못한 사람들은 열심히 말씀도 읽고 기도도 하면서 신앙생활 해도 결국 헛수고인 건가요? 구원받을 사람이 이미 정해져 있다면 여기에 들지 못한 나머지 사람들은 너무 억울할 것 같아요.

A 마침내 우리 친구가 모든 신앙인이 가장 힘들어하는 문제 중 하나를 만났군요. 이 문제는 지난 몇천 년 동안 신학자들이 논쟁을 벌여 온 매우 어려운 문제들 가운데 하나예요. "은혜로 택하심을 얻지 못한 남은 자들이 있고 그들은 우둔하여졌

다'라는 로마서 말씀은 인간의 구원에 관한 중요한 정보를 담고 있어요. 말 그대로 '하나님이 선택하신 자는 구원받고, 하나님이 선택하지 않은 자는 구원받지 못한다'라는 거예요.

이 말씀을 설명하기 전에 우리 친구가 반드시 알고 넘어가야 할 사실이 있어요. 같은 정보라도 용도에 따라 바르게 쓰일 수도, 나쁘게 쓰일 수도 있다는 점이에요. 예를 들면 동사무소나 은행에는 시민의 신상정보가 기록되어 있고 병원에는 환자가 질병을 치료받은 기록이 보관되어 있어요. 이 정보가 이사 가서 전입신고를 하거나 학교에 입학할 때, 예금계좌를 개설할 때, 인터넷에서 상품을 주문할 때, 큰 수술을 하기 전에 활용된다면 바르게 쓰이는 거예요. 그러나 이 정보가 보이스피싱이나 신상털기용으로 쓰인다면 나쁘게 쓰이는 것이죠. '선택되어 구원받았다'라는 지식도 마찬가지예요. 이 교리는 바르게 사용되기도 하지만, 때로는 잘못된 용도로 사용될 수 있지요. 특별히 이 교리는 사람의 운명을 좌우하는 중요한 정보이기 때문에 함부로 적용하지 않도록 조심해야 해요.

바울은 로마서 11장에서 이 중요한 교리 바르게 잘 사용하고 있어요. 그가 기록한 로마서는 1장에서 11장에 걸쳐 '인간이 어떻게 구원을 받을 수 있는가'하는 문제를 다루고 있는데, 이 부분은 다시 두 영역으로 나눌 수 있어요.

첫째, 1장부터 8장까지는 이방인이 어떻게 하면 구원을 받을 수 있는가 하는 문제를 다루고 있어요. 이방인의 구원은 바울이 전도를 시작하면서부터 본격적으로 시작되었고, 지금은 물론 앞으로도 계속해서 일어날 일이에요. 그래서 바울은 현재와 미래에 인간이 구원받는 길이 무엇인가를 소개하면서 "누구든지 예수 그리스도를 믿기만 하면 값없이 은혜로 구원을 받는다"롬 1:17; 3:22-24라고 말해주었어요. 하나님께서 이미 선택하셨다는 말은 전혀 언급하지 않죠. 누구든지 믿음으로 구원을 받는다며 '예수 그리스도를 믿는 믿음'만을 강조했을 뿐이에요.

둘째, 9장에서 11장에는 구약시대에 이스라엘이 어떻게 하나님의 백성이 되었는가에 대해 이야기하고 있어요. 그러니까 바울은 과거 구약시대의 이스라엘을 얘기하면서 그들을 선택하신 하나님을 말하고 있는 것이죠. 바울이 선택을 말한 것은 이 부분에서만이에요.

무슨 뜻인지 감이 오시나요? 바울은 미래의 구원을 말할 때는 예수 그리스도를 믿는 믿음에 대해서만 말하고, 이미 구원의 은혜 안으로 들어온 성도들에게는 선택해주신 은혜에 대해 말하고 있어요. 다시 말해서 선택론을 미래에 받을 구원에 적용하는 것은 선택론을 잘못 사용하는 것이라는 뜻이에요. 선택론은 이미 구원 받은 상태가 된 하나님 백성들의 과거를 설명할 때 필요한 거예요.

설명이 조금 어려운가요? 그렇다면, 예를 들어볼게요. 영희라는 친구가 십 년 전에 철수라는 친구의 전도를 받고 교회에 나오게 됐어요. 교회에서 목사님 설교도 듣고 성경공부를 하는 과정에서 예수님을 믿고 싶은 마음이 생겼지요. 영희는 예수님을 믿기로 스스로 결정하고 신자가 되었어요. 언뜻 보기에는 영희가 하나님의 백성이 된 것은 영희 스스로 결정한 일처럼 보여요. 그런데 영희가 믿음생활을 시작하고 몇 년 뒤에 놀라운 사실을 알게 되었어요. 영희가 믿기로 결정하기 전에, 친구 철수와 교회의 성도들이 영희가 예수님을 믿게 해달라고 몇 년 동안이나 기도하고 있었다는 거예요. 또 영희 모르게 영희가 성경공부에도 참석하고 목사님의 설교를 들을 수 있도록 모든 것을 세밀하게 준비하고 있었다는 사실도 알게 되었죠. 그러면서 영희는 하나님께서 자기를 사랑하셔서 자기가 태어나기도 전부터 구원해주시려고 계획하셨다는 사실을 깨닫게 되었어요. '아하 그렇구나! 하나님이 나를 구원하시려고 아주 세심하게 사람들을 내 옆에 두셔서 나의 구원을 위하여 기도하게 하시고 여러 가지 준비를 하게 하셨구나! 오늘 내가 신자가 될 수 있었던 것은 하나님이 미리 다 준비 작업을 해 두셨기 때문이구나!' 영희는 이 모든 것에 너무나 감동하여 눈물을 흘리면서 이렇게 고백했어요. "하나님, 감사합니다. 저도 모르는 사이에 하나님이 저를 구원하기로 선택하시고 저를 구원하시기 위하여 세심하게 모든 준비를 해 주셔서 정말 고맙습니다. 저를 구원받은 자녀로 선택하신 하나님을 찬양합니다."

이처럼 '선택'이라는 개념은 과거에 하나님이 베푸신 놀라운 구원의 은혜를 회상하며 드리는 고백이자 찬양이라고 할 수 있어요. 그런데 사람들은 '구원을 받을지 못 받을지'에 집중한 나머지 이

'선택'이라는 단어를 잘못 사용하곤 해요. 우리는 이처럼 미래를 스스로 판단하고 결정하려는 시도를 늘 주의해야 해요.

하나님은 인간을 미래의 일을 알 수 없는 존재로 만드셨어요. 인간의 미래가 어떻게 전개될지는 전적으로 하나님만이 아시는 정보예요. 이 정보는 인간이 따먹어서는 안 되는 열매이고, 이 열매를 따 먹으려고 하는 행동은 하나님 앞에서 큰 죄를 짓는 거예요. 구약에는 미래에 좋은 일이 일어날지, 나쁜 일이 일어날지를 알아내려고 하는 행동을 아주 악한 것으로 규정하고 있어요. "그의 아들이나 딸을 불 가운데로 지나게 하는 자나 점쟁이나 길흉을 말하는 자나 요술하는 자나 무당이나 진언자나 신접자나 박수나 초혼자를 너희 가운데에 용납하지 말라 이런 일을 행하는 모든 자를 여호와께서 가증히 여기시나니 이런 가증한 일로 말미암아 네 하나님 여호와께서 그들을 네 앞에서 쫓아내시느니라"신 18:10-12. 예수님은 하나님이시면서도 자신이 미래에 재림하는 날짜를 성부 하나님만이 아실 수 있는 정보로 넘겨 드리고 스스로 알지 않는 편을 선택하셨어요마 24:36; 막 13:32.

이제 다시 우리 친구의 질문으로 돌아가기로 해요. 우리 친구는 신앙생활을 열심히 하는데도 택함을 받지 못했다면 열심히 신앙생활을 한 것이 헛수고가 아니냐고 묻고 있어요. 이 질문에 대해서 지금까지 말씀드린 것을 토대로 두 가지 답변을 드릴게요.

첫째로, 기도하고 말씀도 읽으며 열심히 신앙 생활하는 모습이 모

습은 과거의 모습이에요은 이미 구원받은 사람에게 나타나는 모습들이에요. 즉, 이런 일들을 열심히 하는 사람을 볼 때 우리는 '아하! 이 사람은 하나님이 선택하신 사람, 하나님이 구원하신 사람이구나!'라고 생각하게 되죠.

둘째로, 그러나 어떤 사람에게 전도하여 예수님을 믿게 했는데도 이 사람이 미래에 구원받지 못하면 어떻게 하나 하는 생각은 우리 친구가 하지 않기를 바라요. 구원은 사람의 미래에 관한 것이고, 사람의 미래는 하나님만이 아시는 정보니까요. 우리는 그저 나에게 선물해주신 구원을 다른 사람들도 맛보고 누리도록 최선을 다해 전하면 되는 거예요. 구원받을 사람을 이미 선택하셨다는 생각 때문에 망설일 것이 아니라, '누구든지 예수님을 믿기만 하면 구원을 받는다'라는 진리 안에서 복음을 전해야 하는 것이죠. 이 진리를 전한 다음에 그 사람이 구원을 받을지의 여부는 하나님께 맡기는 자세가 필요해요. 내가 전한 복음을 받아들이고 예수 그리스도를 믿음으로 영접한 사람은 언젠가 지금의 우리 친구처럼 하나님께서 자신을 선택해주신 것에 감사할 날이 올 거예요.

10

정죄와 권면을 어떻게 구분하죠?

저는 누군가 부정적인 말을 할 때 그 말을 잘 받아들일 수가 없어요. 괜한 불평불만을 한다거나 하나님을 인정하지 않을 때 특히 그래요. 일단 이해하고 경청해 주고 싶은데 잘못된 걸 바로잡아 주고 싶다는 마음이 커서 공감도 잘되지 않아요. 이런 마음도 남을 정죄하는 것인가요?

다른 사람이 부정적인 말을 할 때 우리가 어떤 태도를 보여야 하는지 이야기하기 전에 먼저 사람들이 부정적인 말을 하는 이유에 대해 살펴보는 게 좋겠어요.

사람이 부정적인 말을 할 때는 대략 두 가지 경우가 있어요. 하나는 현실이 정말로 잘못되어 있어서 바로 잡아야 한다는 마음에서 하는 거예요. 다른 하나는 현실에 아무런 문제가 없는데도 왜곡하여 말하는 거지요. 이때 나오는 말은 나쁜 것이라고 보아야겠지요. 이 중에서 질문자가 고민하는 상황은 두 번째 경우에 가까운 것 같네요.

질문에 나온 '공감'이라는 단어는 어떤 사람의 생각이나 태도나 마음을 충분히 이해하고 그것이 옳다고 생각하여 자기 자신도 그 방향으로 나아가려는 마음을 가질 때 쓰는 단어이지요. 이 단어는 위에서 말한 예 중 첫 번째 경우에 얼마든지 쓸 수 있어요. 그러나 두 번째 경우, 사실을 왜곡하거나 확대해석하는 상황에서 쓸 때는 좀 더 신중해야 하죠. 이때는 공감하기보다는 내 생각과 상대방 생각의 차이가 무엇인가를 분명히 확인하는 것이 필요해요.

그러면 우리 친구가 고민하는 두 번째 경우, '현실은 아무런 문제가 없는데도 현실을 부정적으로 말하는 것'에 대해 어떻게 대응해야 할지 생각해 보기로 해요. 이런 경우에는 정말 다양한 상황들이 있어서 획일적으로 어느 한 가지 해결책만을 제시하기는 어려워요. 따라서 부정적인 말 중에서도 그 내용이 하나님과 관계되느냐, 사람과 관계되느냐를 기준으로 나누어 생각해 보는 것이 좋겠어요.

먼저, 부정적인 말이 하나님과 관계되는 경우는 하나님이 살아 계신 것을 인정하지 않거나 믿는 사람들을 비난하는 내용 등이 해당하겠죠? 크리스천의 입장에서 볼 때 이런 말들은 분명히 잘못된 것들이에요. 그런데 이런 경우에 상대방의 잘못을 바로잡아 주려 하는 일은 우리 친구가 감당하기 쉽지 않을 거예요. 하나님에 대해 부정적인 말을 하는 사람들의 마음은 대부분 사탄의 권세 아래 깊이 사로잡혀 있기 때문이에요. 그뿐만 아니라 상대방의 잘못을 지적하기 위해서는 하나님이 살아 계신다는 사실을 설득력 있게 말할 수 있어야 하는데, 아직 어린 학생이라면 이런 이야기들을 하기에는 어려움이 있어요.

이런 일들은 신학적인 공부와 훈련이 필요한 일이거든요. 또한 이 주제로 말을 시작하면 대개 결론이 없는 논쟁으로 빠져들기 쉽죠. 따라서 이런 경우를 만나면 상대방의 잘못을 노골적으로 지적하고 많은 말을 해서 고치려고 하기보다 상대방의 기분이 상하지 않게 대화의 소재를 다른 것으로 돌리거나 적당히 대화를 피하는 것도 좋은 전략이에요. 그리고 상대방의 마음을 하나님께서 움직여 주시도록 기도하는 것도 잊지 말고요.

그렇다면 사람과 관계된 부정적인 말에 대해서는 어떻게 해야 할까요? 이런 상황은 너무나 다양하고 또 상황을 정확히 이해하는 일도 쉽지 않기 때문에 항상 신중한 자세를 갖는 것이 필요하답니다. 이때 도움이 되는 성경말씀은 "듣기는 속히 하고 말하기는 더디 하며"약 1:19라는 구절이에요. 상대방이 부정적인 말을 하더라도 일단 그 말을 잘 경청하고 상대가 처한 상황에 대해서도 더 깊이 생각해 본 후에 신중하게 반응할 필요가 있어요. 이런 경우는 다시 세 가지 유형으로 구분해 보면 이해하는 데 도움이 될 것 같아요.

첫 번째 유형은 매사에 긍정적인 측면보다는 부정적인 측면을 더 잘 찾아내고 비관적으로 바라보는 사람이에요. 이런 사람은 어떤 특별한 이유로 마음에 큰 상처를 받았거나 한창 감수성이 예민할 때 비관적인 철학이나 가르침의 영향을 받았을 수 있지요. 그렇다고 해서 이 사람에게 악의가 있는 것은 아니에요. 따라서 그 친구의 말을 잘 들어 주면서 따뜻하게 품어 주고 세상의 밝고 긍정적인 모습들을 소개해 주는 것이 필요해요. 우리는 하나님을 믿잖아요? 그러니까 믿음의 사람은 어떤 상황에서도 살아계신 하나님이 함께하신다는 사실을 믿기 때문에 희망을 말할 수 있다는 것을 알려주고 꾸준히 보여줌으로써 친구가 조금씩 밝은 생각을 가질 수 있도록 도와주어야 해요.

두 번째 유형은 어떤 사람의 말이나 행동에 대해서 오해하거나 확대 해석을 해서 부정적으로 말하는 사람이에요. 이런 유형 역시 다른 사람을 이해하는 마음의 폭이 넓지 않은 것이지 악한 감정이 있는 것은 아니기에 섣불리 오해해서는 안 돼요. 예를 들어 A와 B라는 친구가 어떤 모임에 참여했어요. A는 B와 인사를 나누고 싶었는데, B가 다른 사람들과만 이야기하고는 모임 도중에 먼저 가버렸어요. 자기를 무시했다고 생각한 A는 화가 났지요. 그런데 사실 B는 집안에 급한 일이 있어서 서두르다 보니 구석에 있던 A를 미처 보지 못했던 거였어요. 만약 A가 누군가에게 B의 괘씸한 행동에 대해 말을 한다면 B는 나쁜 사람이 되고 말겠죠. 이런 상황에서 A의 말을 들을 때는 매우 신중할 필요가 있어요. 우리가 A의 말만 듣고 공감을 표시하면서 B를 나쁜 사람으로 성급하게 오해할 수 있으니까요. 그렇다고 부정적인 말을 하는 A를 무작정 나쁜 사람으로 비난해서도 안 되겠고요. 이때는 일단 말을 아낄 필요가 있어요. A의 말에 대해서 공감이나 비난하는 태도 둘 다 보류하고, B에게 자초지종을 알아본 다음에 오해를 풀어 주는 방향으로 대화를 하는 것이 좋아요.

마지막 세 번째 유형은 심술궂은 마음 그리고 시기와 질투의 마음에서 의도적으로 상대방을 부정적으로 말하는 사람이에요. 상대방이 나쁜 말이나 행동을 하지 않았는데도 고의로 나쁜 사람으로 묘사하고 다른 사람에게 말을 전하는 것이죠. 이 경우는 그 사람의 말을 일단 주의 깊게 들어 본 후에, 그 말이 좋지 않은 마음에서 나오는 것이 확인되면 이 사람의 말에 절대로 공감을 표현해서는 안 되겠지요. 그리고 그렇게 말하는 것이 잘못된 태도라는 것을 분명히 지적해 줄 필요가 있어요.

이때 유의할 점이 몇 가지 있어요.

첫째, 친구의 잘못을 지적하기 전에 하나님 앞에서 기도하는 시간을 가져야 한다는 거예요. 이런 말이 있어요. '한 번 잘못을 지적하기 전에 열 번 기도하라!' 잘못을 지적하는 것은 비판하는 데 목적이 있는 것이 아니라 그 사람의 마음을 변화시키는 데 목적이 있는 것 아니겠어요? 그런데 사람의 마음을 변화시키는 것은 사람의 힘으로는 절대 불가능해요. 반드시 성령님이 도와주셔야만 가능하죠. 따라서 성령님의 도움을 구하는 기도가 꼭 필요해요.

둘째, 잘못은 지적하되 사람을 미워해서는 안 돼요. 이것이 기도해야 하는 또 하나의 이유이지요. 지적을 받는 상대방이 자기를 미워해서 그런 지적을 하는 게 아니라는 것을 느낄 수 있도록 해야 해요. 이 점에서 권면과 정죄는 다르다고 할 수 있어요. 권면은 사람을 미워하지 않고 바르게 되기를 바라는 마음으로 잘못을 지적하는 태도지만, 정죄는 잘못을 지적하는 것이 지나쳐서 사람 자체를 미워하는 단계에까지 나아가는 것을 말해요. 따라서 우리 친구는 어떤 경우에도 권면이 정죄로까지 나아가지 않도록 주의해야 해요.

셋째, 잘못을 지적해도 상대가 받아들이지 않는다면 어떻게 해야 할까요? 이때는 "너희 진주를 돼지 앞에 던지지 말라"마 7:6는 말씀에 따라서 권면하기를 중단하고 친구가 잘못에 대해 스스로 깨달을 때까지 당분간 관계를 끊거나 단호한 모습을 보여 줄 필요가 있어요.

이제 권면과 정죄의 차이를 이해했나요? 지금은 친구의 마음이 어려운 상황에 있겠지만, 부정적인 말을 하는 사람에게 하나님의 마음으로 다가가 권면한다면 서로가 더 선한 영향력을 끼치는 관계로 나아갈 수 있을 거라고 생각해요.

2부

친구, 연애, 결혼

11. 학생 때는 연애를 하지 않는 게 좋은 건가요?
12. 믿지 않는 이성 친구와 사귀면 안 되나요?
13. 정말 좋은 친구인데 이단이에요, 어떻게 할까요?
14. 결혼은 꼭 해야 하는 건가요?
15. 나를 왕따 시킨 친구까지 용서해야 하나요?
16. 성경을 무시하는 친구들에게
    동성애에 대해 어떻게 반박하죠?

11

학생 때는 연애를 하지 않는 게 좋은 건가요?

Q 부모님이 학생 때는 연애를 하지 말라고 하시는데요. 제 친구 중에는 연애하는 친구들이 꽤 있어요. 저희 때는 교회나 학교에서 이성 친구를 좋아하는 감정도 생기고 그러잖아요. 그런데 그런 감정을 누르고 학생 때는 무조건 연애를 하지 않는 게 좋은 건가요?

A 우리 친구들은 텔레비전 드라마를 재미있게 즐겨 볼 거예요. 모두가 좋아하는 텔레비전 드라마에 항상 빠지지 않고 등장하는 주제가 있어요. 그게 뭘까요? 바로 '남녀 간의 사랑' 이야기예요. 어떤 분들은 방영되는 드라마마다 등장하는 남녀의 사랑 이야기를 보고 진부하고 식상하다고 말하기도 하지요. 아무리 그런 비판이 있어도 사랑 이야기를 빼지 못하는 이유는 사랑 이야기를 빼면 드라마가 재미가 없기 때문이에요. 드라마만 재

미없는 것이 아니라 우리의 삶에서도 이성과의 사랑이 없으면 재미도 없고 의미도 없답니다.

수많은 드라마에도 등장하듯이 이성에게 관심을 두고 사랑에 빠지는 일은 인간에게 자연스러운 일이에요. 건강한 몸과 마음을 가진 사람이라면 말이죠. 왜냐하면 하나님이 인간을 그렇게 만드셨기 때문이에요. 하나님은 남자인 아담을 만드신 후에 아담 혼자 사는 것을 좋지 않게 여기시고 남자를 돕는 배필로 여자인 하와를 만드셨어요 창 2:18. 이 세상에서 만나게 되는 다양한 인간관계가 있지만, 그중에서 우리의 삶에 가장 큰 의욕을 불어 넣어 주고 무엇과도 바꿀 수 없는 행복과 즐거움을 안겨 주는 관계가 바로 이성과 나누는 사랑이에요. 그러므로 혼자 있으면 외로워하고, 이성과의 만남을 그리워하고 동경하는 것은 배필을 만나고 싶어 할 때 나타나는 마음의 표현이랍니다. 이런 감정 역시 하나님께서 인간에게 주신 것이고, 이런 마음을 통해 우리는 하나님이 인간에게 주신 큰 행복과 즐거움을 알게 되죠.

우리 친구들이 이성 교제를 하고 싶어 하는 마음은 하나님이 주신 소중한 선물이에요. 우리 친구들은 아주 소중한 선물을 받았을 때 그 선물을 어떻게 하나요? 아무렇게나 함부로 다루지 않을 거예요. 소중한 선물일수록 잃어버리거나 깨지지 않도록 아주 조심스럽게 다루고 꼭 필요할 때만 사용할 거예요. 이성 교제를 하고 싶어 하는 마음도 마찬가지예요. 즉, 이성 교제를 신중하게 해야 하는 이유는 그것이 부끄럽고 악한 것이어서가 아니에요. 하나님이 주신 너무나 소중한 선물이라 꼭 써야 할 때를 잘 분별하면 하나님의 자녀로서의 바른 삶을 살 수 있지만, 이 선물을 쓰지 말아야 할 때 마구잡이로 쓰게 되면 이 선물이 훼손되는 것은 물론 삶 전체가 혼란에 빠질 수가 있어요.

이성 간의 사랑이라는 소중한 선물은 우리의 신앙과 영혼이 성숙했을 때 사용하는 것이 가장 좋지만, 만약 학생 때에 이성 교제를 하게 된다면 주님께 지혜를 구하며 여러 가지 면을 고려해야 한답니다.

첫째로, 이성 친구와 개인적으로 따로 만나는 것보다는 여러 명의 친구와 같이 어울리는 것이 바람직해요. 특히 교회 친구들과 교회 일을 하기 위하여 만나는 것도 좋은 일이고요. 여러 명이 같이 어울려 교제할 때 특별히 마음에 들고 가까이해 보고 싶은 이성 친구가 있더라도 개인적으로 만나는 것보다 마음속의 그리움으로 간직해 두고요. 만남은 여러 명이 함께 어울리는 것이 좋아요. 마음으로 누군가를 그리워하고 좋아하는 것은 우리 친구의 마음을 따뜻하게 만들고, 오히려 공부하는 일에도 도움이 될 수 있어요. 이런 경우, 고등학교 졸업할 때까지 그렇게 하다가 고등학교를 졸업하고 이제는 자기 인생에 어느 정도 책임질 수 있는 때가 되었다고 생각될 때 정식으로 데이트를 신청해 보면 어떨까요?

둘째로, 이성 친구와 개인적으로 만나는 상황으로 발전했다면, 매우 신중해야 한답니다. 우리 친구가 아직 어려서 시간과 감정을 조절하는 것이 어려울 수 있기 때문이에요. 이때는 두 사람 모두 정신을 바짝 차려야 해요. 아직 미래를 위하여 공부하는 데 많은 시간을 사용해야 할 때이므로 두 사람이 만나서 공부를 열심히 하도록 서로를 격려하고 다짐하는 대화를 하면 좋겠지요. 할 수 있다면, 서로 만나는 시간도 정해서 공부에 지장이 없도록 하면 좋고요.

이때 특히 두 가지를 말씀드리고 싶어요. 하나는 하나님을 믿지 않는 친구와는 개인적으로 만나지 않기를 바라요. 믿음이 서로 다를 때 생기는 관점의 차이는 우리 친구가 감당할 수 없을 만큼 크기 때문이지요. 다른 하나는 어떤 경우에도 성관계를 가져서는 안 된다는 거예요. 이 점은 중요하기 때문에 좀 더 설명하겠어요.

이성 교제를 하고 싶어 하는 마음 가장 깊은 곳에는 이성의 성과 성관계에 대한 호기심이 자리 잡고 있어요. 우리 친구들은 성관계를 가지면 아주 행복한 감정을 맛볼 것이라는 기대와 환상을 가질 수 있어요. 특히 남학생들은요. 사실, 성관계를 할 때 느끼는 감정은 하나님께서 인간에게 주신 선물이기도 해요. 그런데 실제로 성관계를 했을 때 느끼는 행복의 순간은 그리 길지 않아요. 짧은 시간 행복한 감정을 느끼고 나면 전혀 예상하지 못했던 감정이 찾아오죠. 아주 큰 허탈감, 긴 즐거움에 대한 기대를 충족시키지 못한 데 대한 실망감이 엉뚱하게 그렇게 좋아하던 이성 친구에게 쏟아지기도 하지요. 이렇게 되면 좋아하던 마음이 변할 수 있어요. 이 때문에 이성 교제를 하던 친구들이 성관계 후에 관계가 틀어지고 서로에게 무책임하게 대하는 일이 많은 거예요.

따라서 성관계는 반드시 '결혼'이라는 제도적 보호 장치 안에서 이루어져야 해요. 결혼은 서로 존중하고 서로에게 책임을 다하겠다는 결심과 약속이기도 하고, 결혼하게 되면 어떤 상황에서든 서로의 감정과 이성을 다듬어나갈 기회가 있기 때문이에요. 그러므로 우리 친구들은 결혼에 이르기 전에 성관계를 해서는 안 돼요.

또 연애하다 보면 교제하던 이성과 성격이나 가치관의 차이 때문에 헤어지게 될 수 있어요. 이 경우에 교제 중에 성관계를 했다면, 특히 여학생의 경우 심각한 정신적인 상처를 받게 되지요. 이것이 이성교제를 하더라도 절대로 성관계 안에 들어가서는 안 되는 이유에요.

정말로 바람직하지 않고, 일어나지 않기를 간절히 바라는 바이지만 이성 친구와 성관계를 해서 임신이 되는 경우가 있을 수 있어요. 이때 꼭 알아 두어야 할 것이 있어요. 아이를 낙태시키는 것은 살아 있는 생명을 죽이는 살인죄이기 때문에 결코 해서는 안 되는 선택이라는 점이에요. 더욱이 아무도 모르게 불법적인 기관에 찾아가서 낙태 시술을 받아서는 안 돼요. 아이를 낙태하는 것도 죄이지만 아이를 가진 여학생의 건강에도 치명적인 해를 줄 수 있거든요.

청소년기의 이성교제에 대해서 우리가 쉽게, 선뜻 하지 못하는 이야기들을 나누어봤는데요. 미디어가 주는 잘못된 가치관이나, 세속화된 사람들의 이야기를 많이 듣게 될 거예요. 그러나 우리 친구들만은 하나님께서 주신 '이성에 대한 그리움'이라는 아름답고 소중한 선물을 지혜롭게 잘 지키고 선하게 사용하여 하나님을 기쁘시게 하는 주님의 귀한 자녀들이 되기를 기도드려요.

12

믿지 않는 이성 친구와 사귀면 안 되나요?

한 남자아이를 좋아하게 되었어요. 그 친구도 저를 많이 좋아하고요. 저는 지금 고3인데 엄마 몰래 사귀다 들켜서 많이 혼나고 일단은 헤어졌지만, 열심히 공부하고 대학에 가서 이 마음 그대로 다시 예쁘게 만나고 싶어요. 그런데 문제는 엄마가 신실하게 신앙 생활하는 친구가 아니면 사귀는 걸 반대하신다는 거예요. 저는 엄마 말대로 이 친구를 포기해야 하는 걸까요? 저도 제가 사랑하는 예수님을 이 친구에게도 전해주고 싶어서 계속 전하고 있고, 그 친구도 종교가 문제가 된다면 믿겠다고 하는데 말이에요.

우리 친구의 고민을 들어보니 나이에 비해 상당히 성숙한 신앙을 가지고 있는 것 같아요. 내 맘대로 결정하는 게 아니라 신중한 선택을 하기 위해 애쓰는 모습이 참 예뻐 보여요.

아직 어린데도 불구하고 엄마에게 들켜서 혼이 났을 때, 남자 친구를 계속 사귀겠다고 고집부리지 않고 엄마 말대로 일단 헤어지기로 한 것에 대해 칭찬하고 싶어요. 이성 친구와 헤어질 때는 마음이 아팠겠지만, 지금이 친구의 시야를 넓히는 중요한 시기인 만큼 자신과 사회와 세상을 좀 더 넓게 볼 수 있고, 자신의 결정에 책임을 질 수 있을 때까지 일단 헤어져 있기로 한 것은 잘한 선택이에요. 사실 이런 일 때문에 부모님과 갈등을 겪다가 관계가 틀어지거나 잘못된 선택을 하는 경우가 많은데 친구는 이 문제에 성숙하고 지혜롭게 잘 대처했네요. 아마도 두 친구의 사랑이 진정한 사랑이라면, 나중에 성인이 되어서 다시 만나도 변함없을 거예요. 그뿐만 아니라 신앙생활을 하는 남자 친구를 만나야 한다는 엄마의 권고를 주의 깊게 듣고 남자 친구에게 그 점을 분명하게 이야기한 점, 그리고 지금도 전도를 계속하고 있고, 남자 친구가 우리 친구와 사귀려면 예수님을 믿어야겠다는 생각을 하도록 한 것도 매우 잘한 일이라고 칭찬해주고 싶어요.

청소년, 특히 크리스천 청소년의 이성 교제에 대해서 몇 가지 조언해줄게요.

믿음을 가진 친구들이 동성이든 이성이든 믿지 않는 친구와 어울리는 것에 대해 어떻게 생각해야 할지를 먼저 잠깐 짚어볼게요.

믿는 친구가 신자로서 정체성을 확고하게 가지고 있다면 얼마든지 믿지 않는 친구들과 교제할 수 있어요. 믿지 않는 것은 분명히 하나님 앞에서 죄이고, 우리는 죄와 타협해서는 안 되지만 죄인과 교제를 중단해서도 안 된다는 것이 성경의 가르침이에요. 바울은 고린도전서 5장 9-10절에서 이렇게 말하고 있어요. "내가 너희에게 쓴 편지에 음행하는 자들을 사귀지 말라 하였거니와 이 말은 이 세상의 음행하는 자들이나 탐하는 자들이나 속여 빼앗는 자들이나 우상숭배하는 자들을 도무지 사귀지 말라 하는 것이 아니니 만일 그리하려면 너희가 세상 밖으로 나가야 할 것이라." 이 말씀은 교회 안에서 믿는 자들이 죄를 범하면 그들에게 죄를 깨닫고 회개할 기회를 주기 위해 잠깐 교제를 중단할 수 있다는 말이에요. 그러면서도 바울은 이 말을 믿지 않는 자들과의 교제를 끊으라는 뜻으로 받아들여서는 안 된다고 강조하고 있어요. 신자들은 이 세상에 사는 동안에는 복음의 증인이 되기 위해서라도 믿지 않는 친구들과의 교제를 적극적으로 가지는 것이 바람직해요. 우리는 만나는 모든 사람과 아름다운 교제를 하고, 또 그 교제의 아름다움이 하나님을 믿는 믿음에서 나온다는 것을 알게 해주어야 해요. 그것이 바로 우리가 끼칠 수 있는 복음의 영향력이죠.

하지만 믿지 않는 사람을 성적인 사랑의 대상으로 인식하고 교제하는 이성 교제의 경우는 다르게 접근할 필요가 있어요. 이에 대해서 성경은 어떤 가르침을 주고 있는지 한번 살펴볼까요?

믿지 않는 친구와의 교제를 반대하는 대표적인 본문은 창세기 6

장 2절이에요. 이 말씀을 보면 하나님의 아들들이 사람의 딸들의 아름다움을 보고 아내로 삼았다는 말이 있어요. 하나님의 아들들은 믿는 남자들을, 사람의 딸들은 믿지 않는 여자들을 뜻해요. 본문은 하나님을 믿는 남자들이 믿지 않는 여자들의 아름다운 외모에 매료되어 교제하고 결혼했다고 말하고 있어요. 여기서 문제는 이들이 여자들의 외모에 매료되어 모든 기준이 무너졌다는 점이에요. 하나님은 이런 모습을 악하다고 판단하셨어요. 하나님의 백성이 자신의 정체성을 잃은 채 세상 사람들의 기준을 쫓은 결과 이방신을 허용하고, 하나님에게서 멀어지게 됐기 때문이에요. 그렇지만 "아내 된 자여 네가 남편을 구원할는지 어찌 알 수 있으며 남편 된 자여 네가 네 아내를 구원할는지 어찌 알 수 있으리요" 고전 7:16 라는 말씀처럼 성경은 믿지 않는 사람이 믿는 배우자로 인해 하나님을 믿게 될 가능성을 열어두고 있어요. 말하자면 하나님은 우리가 믿음의 선택을 하기 바라시지만, 그렇지 않은 경우에 대해서 굳이 막지는 않으신다는 것이지요.

사실, 사람과 사람이 서로 좋아하는 감정은 자연스러운 거예요. 하지만 이 문제에 있어서 조금은 주의해서 접근할 필요가 있어요. 특히 우리 친구와 같은 청소년 시절에는 더욱 그렇죠. 아직 인간과 세상에 대해 경험이 적고, 신앙적인 가치관을 형성해가는 시기라서 신앙보다는 감정과 본능에 좌우되기 쉽기 때문이에요.

그런 점에서 우리 친구처럼 남자 친구를 좋아하되 그냥 남자 친구의 인간적인 매력에만 이끌리지 않고 만나서 하나님에 관한 이야기도 하고, 자신과 교제를 계속하려면 상대방도 하나님을 믿어야 한다는 생각을 분명하게 나눈 점은 믿는 친구로서 정체성을 잘 지키면서 지혜롭게 교제하는 모습이에요. 그렇지만 일단 헤어지기로 한 일은 더 잘한 일이라고 생각해요. 조금은 야속하게 느껴지겠지만 그럴 만한 몇 가지 이유가 있어요.

첫째로, 일단 지금은 고3이고, 중요한 시기인 만큼 그 친구와 이성 교제를 하기보다는 단순한 친구 관계로 친하게 지내는 것이 가장 좋겠는데, 이 일은 사실상 불가능하기 때문이에요. 일단 상대방을 이성으로 느끼기 시작하면 다시 친구로 돌아가는 것이 매우 힘드니까요.

둘째로, 상대방과 교제하는 동시에 계속해서 전도하는 일은 가능하긴 하지만 우리 친구에게 너무 힘든 부담이 될 수 있어요. 우리 친구가 전도하는 일과 교제하는 일 사이에서 이중적인 어려움을 헤쳐나가기에는 아직 배우고 알아야 할 것들이 많아요. 또 지금이 그런 일에 에너지를 쏟기에 적절한 시기가 아니기도 하고요.

셋째로, 연애한다면 나의 시간은 물론 감정도 많이 쏟아야 하는데 사람의 감정은 한번 쏟기 시작하면 조절이 쉽지 않아요. 특히 육체적인 욕구를 절제하기는 더더욱 쉽지 않고요. 그래서 우리 친구 같은 청소년 시기에 잘못된 성적 가치관을 갖게 되어, 그로 인해 발생하는 문제를 겪는 경우도 많아요.

넷째로, 우리는 먹든지 마시든지 무엇을 하든지 하나님의 영광을 위해서 해야 해요. 하나님 따로, 내 삶 따로일 순 없잖아요? 누군가와 교제하는 일도 그런 관점에서 생각해야 해요. 만약 교제하는 친구와 내가 신앙에 있어서 일치점이 없으면 정신적으로 어려움이 배가 될 수밖에 없어요. 연애할 때 중요한 것은 서로 마음이 하나가 되는 것인데, 종교가 다르면 사사건건 마음이 갈라지고 곤란한 상황이 생기거든요. 그런 갈등이 때로는 나의 신앙을 무너뜨리기도 하고, 아픔의 이유가 되기도 해요.

 지금 우리 친구는 관계에 있어서 성숙함과 지혜를 가지고 있는 것 같아 참 다행이에요. 그럼에도 사랑이라는 감정은 오묘해서 생각대로 하기 힘든 문제라는 것을 잘 알고 있어야 해요. 한 발짝 물러서서 하나님께서 우리에게 바라시는 삶은 무엇인지, 무엇을 우리의 가치관으로 삼아야 하는지, 순간순간 어떤 결정을 해야 하는지 생각해 볼 수 있으면 해요.

13
정말 좋은 친구인데 이단이에요, 어떻게 할까요?

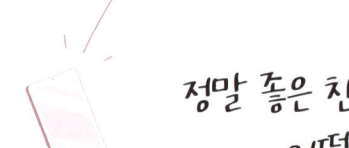

제 단짝 친구가 아주 착하고 봉사도 잘하는 아이인데 이단에 빠져 있어요. 안타까워서 이단의 나쁜 점을 지적해 주면 바로 무서운 적으로 바뀌어 말싸움을 하게 돼요. 이 친구를 어떻게 대해야 하나요? 싸우지 않기 위해서 이단 얘기를 꺼내지 말아야 할까요? 아니면 말싸움이 되더라도 이단이 잘못된 것이라는 점을 계속해서 알려줘야 할까요?

우리 친구의 고민을 듣고 제 마음이 흐뭇했어요. 이런 상황에 부닥치게 되면 자신이 기독교인임을 내세우는 걸 꺼리는 게 대부분이거든요. 그런데 우리 친구는 단짝과의 우정에 금이 가는 것까지도 감수하고 이단의 잘못된 점을 지적하며 기독교가 참된 구원의 길이라는 점을 알려주려고 노력하고 있어요. 그리고 정말로 그 친구를 아끼는 마음을 가지고 있죠. 진정한 친구는 친구가 잘못된 길을 갈 때 아무런 지적도 하지 않고 방관하는 것이 아니라 다투게 되더라도 그 길에서 빠져나올 것을 강권하는 사람이에요. 그런 면에서 이렇게 타협하지 않고 복음을 전하려는 마음과 친구를 사랑하는 두 마음이 너무나도 소중하게 생각돼요. 우리 친구가 앞으로도 이 마음을 계속 간직하기를 바랄게요. 그런데 이 두 마음을 잘 유지하려면 예수님이 말씀하신 것처럼 비둘기같이 순결한 마음과 뱀 같은 지혜가 필요해요.

제가 네덜란드에서 유학할 때 암스테르담에 있는 고흐 박물관에 간 일이 있어요. 그곳에는 280점이 넘는 고흐의 진품들이 있는데, 그중에는 우리 친구들이 잘 아는 해바라기 정물화도 있죠. 어느 날 박물관에 갔는데 해바라기 정물화 두 개가 나란히 전시되어 있었어요. 하나는 고흐가 직접 만든 황금빛 액자에, 다른 하나는 박물관 사람들이 만든 검은 액자에 담겨 있었죠. 두 개를 나란히 전시해 놓은 이유는 같은 그림이라도 다른 액자에 들어가 있을 때 그림이 주는 인상이나 의미가 어떻게 달라지는가를 보여주기 위해서였어요. 그런데 미술에 전혀 문외한인 저도 금방 알아볼 수 있을 만큼 두 그림은 전혀 다르게 보였어요. 신기하게도 액자가 그림의 분위기와 의미를 바꾸어 놓는 힘이 있었던 거지요.

여기서 사람이 그림이라면 종교는 액자와 같아요. 액자가 바뀌면 그림의 분위기와 의미가 달라지는 것처럼 종교는 사람을 바꾸어 놓는 힘이 있어요. 그것은 이단종교도 마찬가지예요. 이단에 빠진 친구는 이미 이단종교의 무서운 힘으로 많은 것이 바뀌어 있을 거예요. 아마 우리 친구는 이단종교가 얼마나 강하게 그 친구를 사로잡고 있는지를 미처 알지 못했던 거고요. 이번 경험을 통해서 영적으로 좀 더 성숙해지는 친구가 되기를 바라요.

사실, 이단종교는 사람의 마음을 변화시키는 힘이 강하기 때문에 우리가 이단에 빠진 사람을 대하는 일이 쉽지 않아요. 이런 경우에 몇 가지 전략이 필요해요. 저는 우리 친구에게 네 가지 전략을 소개할게요.

첫 번째 전략은 우리 친구가 이단에 빠진 친구와 그 친구가 믿는 종교에 대하여 논쟁하는 것을 피하는 거예요. 언제까지요? 우리 친구가 이단종교에 대하여 치밀하게 연구해서 장단점을 파악할 수 있는 전문가가 될 때까지요!

왜 논쟁을 피해야 할까요? 그 이유는 이거예요. 건전한 교단 교회에서는 성도들이 구원받는 방법과 구원받은 하나님의 백성으로서 바르게 사는 법을 가르치는데 시간 대부분을 할애하고 다른 종교를 노골적으로 비판하는 일은 거의 하지 않아요. 대체로 다른 종교들이 가진 문제점들을 다루는 일은 일반 성도가 아닌 전문가에게 맡겨서 처리하죠. 반면에 이단종파에서는 신도를 대상으로 건전한 기성교회들을 비판하는 교육을 하는 데 아주 많은 시간을 할애하고 집중적으로 훈련하죠. 따라서 이단 종파의 신도는 기성교회를 비판하는 데 거의 전문가 수준에 도달해 있어요. 그러므로 이런 상태에서 우리 친구가 이단종파에 빠진 친구와 논쟁한다면 결과는 불을 보듯 뻔해요.

그뿐만이 아니에요. 건전한 교단에서는 성경본문을 아주 신중하고 조심스럽게 해석해요. 문맥에 따라서 문자적으로 해석해야 할 때도 있고, 상징적으로 해석해야 할 때도 있고, 성경원어를 잘 살펴서 해석해야 할 때도 있고, 문화적이고 역사적인 배경을 고려해 해석해야 할 때도 있기 때문이에요. 만약 해석에 자신이 없는 부분이 있으면 모르는 것으로 그냥 두기도 하고요. 그러나 이단종파는 성경을 문자 그대로 인용해 가면서 자신 있게 해석하죠. 사실, 그렇게 문자적으로 성경을 해석하는 것은 매우 위험한 태도예요. 우리 친구가 보기에는 기성교회들은 성경을 잘 모르고, 이단종파는 성경을 더 잘 아는 것으로 보일 수 있어요. 그래서 우리 친구는 일단 이단에 빠진 친구와 교리나 성경에 대한 논쟁을 피하는 것이 좋아요. 성경의 다양한 해석방법을 알아야 이단종파들의 공격에 대응할 수 있는데 이런 공부는 전문가들로부터 많은 시간을 들여서 훈련받아야 터득되거든요.

두 번째 전략은 이단종파에 빠진 친구를 변화시키는 것이 하나님이 우리에게 맡겨 주신 일은 아니라는 점을 아는 거예요. 하나님이 우리에게 맡기신 일은, 때를 얻든지 못 얻든지 신실한 복음의 증인이 되는 것뿐이에요. 그다음은 하나님께서 하시죠. 우리가 증인의 임무를 열심히 수행할 때, 우리가 하는 일을 통해서 직접 사람의 마음을 변화시켜 주시는 하나님께 간절한 마음으로 기도하는 것이 중요하죠. 복음의 증인이 되어서 간절히 기도하는 가운데 하나님께서 상대방의 마음을 변화시켜 주실 것을 기대하는 것까지가 우리의 할 일이라는 걸 꼭 기억하세요. 이 사실을 알아야 우리 친구가 설령 단짝의 마음을 변화시키는 일에 성공하지 못하더라도 실망하지 않을 수 있어요. 종교를 믿지 않는 사람을 변화시켜서 기독교인으로 만드는 일도 어렵지만, 이단종파에 빠진 경우는 아주 강력하고 악한 영의 힘이 작용하기 때문에 우리 친구가 상대하기는 더 버겁고 힘들어요.

제가 예전에 했던 경험 하나를 말씀드릴게요. 네덜란드에서 유학할 때, 음악을 공부하는 학생들을 데리고 4년 가까이 매주 금요일마다 성경공부와 기도회를 인도한 적이 있어요. 학생 중에는 이단종파에 소속되어 있는 학생도 있었지요. 저는 그 사실을 알고 있었지만, 이 학생들이 성경공부와 기도회에 참석하는 것을 기특하게 생각하고 이단종파에 대하여 한마디도 비판하지 않았어요. 다만 바른 복음과 바른 삶을 꾸준히 가르치고 꾸준히 기도했지요. 그랬더니 2년 정도 지난 후에 이 학생들이 스스로 이단종파와의 관계를 정리하더라고요. 누가 해주신 걸까요? 우리가 최선을 다하여 하나님이 명령하신 증인의 사명을 성실하게 수행하니까 하나님께서 이들의 마음을 움직여주신 거예요.

세 번째 전략은 어떤 경우에도 타협해서는 안 되는 기독교의 핵심 진리가 무엇인가를 우리 친구가 분명히 항상 기억해 두고 할 수 있으면 우리 친구의 생각을 말해주는 거예요.

첫째로, "하나님은 성부아버지 하나님와 성자아들 하나님, 예수 그리스도와 성령영이신 하나님으로 계신다." 둘째는, "예수님이 완전한 하나님이신 동시에 완전한 인간이다." 예수님을 하나님으로 받아들이고 인간이심을 인정하지 않으면 이단이 되는 거예요. 또 예수님이 도덕적으로 훌륭한 인간이긴 하지만 하나님은 아니라고 생각하는 것도 이단이죠. 셋째로, "인간이 구원받는 유일한 길은 우리 죄를 대신 지시고 십자가 위에서 죽으신 예수님을 믿는 것뿐이다." 예수님을 구주로 믿는 것만으로는 구원받을 수 없고, 어떤 법을 지키거나 도덕적인 선행의 업적을 쌓아 두어야 구원을 받는다고 주장하면 이단이에요. 그뿐만 아니라 예수님이 아닌 다른 사람들 - 석가모니, 마호메트, 공자, 문선명, 안상홍 등 - 을 믿어도 예수님을 믿을 때와 똑같이 구원받는다고 주장해도 이단이에요. 넷째로, "예수님이 재림하시는 날짜를 알려고 해서는 안 된다." 예수님이 재림하시는 날짜, 곧 세상이 종말을 고하는 날짜를 구체적으로 말하는 종파는 모두 이단이에요. 예수님이 재림하시는 날짜는 아버지 하나님이 어떤 사람에게도, 천사에게도, 심지어 예수님에게도 알려 주지 않으신 비밀이에요.

마지막 네 번째 전략을 알아볼게요. "할 수 있거든 너희로서는 모든 사람과 더불어 화목하라"라는 로마서 12장 18절 말씀을 따르는 거예요. 기독교인들은 이 세상에 사는 동안 믿지 않는 사람들이나 다른 종교인들과도 함께 살아갈 수밖에 없어요. 우리는 진리는 절대로 타협해서는 안 되고 우리의 신앙을 지켜야 하지만, 진리를 타협하지 않는 한에서 이들과 화목하게 살아갈 의무가 있어요. 이 일은 매우 어려운 일이고 좁은 길을 가는 일이지만, 바로 이 좁은 길이 하나님이 원하시는 길이에요.

그런데 이 모든 노력을 쏟아부었는데도 이단에 빠진 친구가 변화되지 않을 수도 있어요. 그렇다고 해서 실망할 필요는 없어요. 우리 친구의 노력이 결코 무의미하거나 헛된 것은 아니니까요. 이단에 빠진 그 친구를 위해 기도하고, 그 친구의 주장에 타협하지 않으면서 나의 신앙을 잘 지키고, 진정한 복음 안에 있는 크리스천의 삶이 어떠한 것인지 보여주며 선한 영향력을 끼쳤다면, 그것만으로 우리 친구는 매우 중요한 역할을 한 거예요. 마음이 힘들고 아프겠지만 위에서 말한 사실들을 잊지 말고, 인내하며 계속해서 신실한 복음의 증인이 될 수 있기를 바랄게요.

14
결혼은 꼭 해야 하는 건가요?

주위를 둘러봐도 요즘엔 이혼도 많고, 독신도 많아지는 것 같아요. 그래서 결혼을 꼭 해야 하는지 의문이 드는데, 하나님을 믿는 자녀들은 꼭 결혼해야 하는 건가요? 결혼하지 않고 혼자 살 수도 있지 않나요? 독신은 뚜렷한 사명 없이는 선택할 수 없는 일일까요?

남녀 간의 사랑과 결혼이 얼마나 중요한가는 하나님이 사람을 창조하시고 제일 먼저 주신 관계가 남자와 여자의 관계라는 점에서도 알 수 있어요. 인간관계는 남자와 여자의 관계에서 시작되었어요. 하나님은 아담과 하와를 창조하셨는데, 아담은 남자였고 하와는 여자였지요? 두 사람의 관계는 처음부터 결혼관계였어요. 아담과 하와가 결혼관계 안에서 아이를 낳자 부모와 자식 간의 관계가 시작되었고, 아이를 많이 낳자 형제관계가 시작되었고, 아담의 자손들 숫자가 점점 많아지고 관계가 멀어지고 멀리 흩어지면서 일반적인 사회관계가 형성된 것이지요. 이처럼 결혼관계는 모든 관계의 출발점을 이루는 중요한 관계랍니다.

결혼은 하나님이 인류에게 주신 선물들 가운데 가장 좋은 선물이에요. 몸이 아플 때, 마음이 힘들고 외로울 때, 남편만큼 아내만큼 나를 따뜻하게 위로해 주고 나를 붙들어 줄 사람이 어디에 또 있나요? 그래서 전도서 저자는 사람이 이 세상에서 살아가는 삶이 온통 수고와 슬픔뿐인데, 그런 슬프고 힘든 시간에도 즐겁고 행복한 시간이 두 가지가 있다고 말하고 있어요. 하나는 먹는 시간이고, 다른 하나는 아내와 함께 사랑을 나누면서 사는 시간이에요.

"이에 내가 희락을 찬양하노니 이는 사람이 먹고 마시고 즐거워하는 것보다 더 나은 것이 해 아래에는 없음이라 하나님이 사람을 해 아래에서 살게 하신 날 동안 수고하는 일 중에 그러한 일이 그와 함께 있을 것이니라" 전 8:15. "네 헛된 평생의 모든 날 곧 하나님이 해 아래에서 네게 주신 모든 헛된 날에 네가 사랑하는 아내와 함께 즐겁게 살지어다 그것이 네가 평생에 해 아래에서 수고하고 얻은 네 몫이니라" 전 9:9.

예수님은 창세기 2장 24절에 있는 결혼의 질서가 얼마나 권위가 있는 질서인가에 대하여 다음과 같이 밝히셨어요. "그런즉 이제 둘이 아니요 한 몸이니 그러므로 하나님이 짝지어 주신 것을 사람이 나누지 못할지니라" 마 19:6.

예수님의 이 말씀에서 우리는 아주 중요한 점을 발견하게 돼요. 남자와 여자를 짝지어 주는 것은 하나님이 하신 일이에요. 이 말은 결혼은 하나님이 직접 세우신 질서라는 말이죠. 그러나 나누는 일은 사람이 한다고 되어 있어요. 나누는 것은 이혼을 말하는데, 이혼은 사람이 세운 질서에요. 하나님은 이혼질서를 세우신 일이 없어요. 그런데도 요즘에는 사람들이 너무나 쉽게 이혼해요. 결혼하는 세 쌍의 부부 가운데 한 쌍은 이혼한다는 통계가 있어요. 그런데 여러분! 이런 세태는 매우 잘못된 것이에요. 하나님이 세우신 결혼질서를 사람이 깨뜨리면 안 되니까요.

우리가 주의할 점은 결혼은 하나님의 모든 백성이 반드시 해야 할 의무조항은 결코 아니라는 점이에요. 사도 바울은 고린도 교회 교인들에게 가능하면 결혼하지 않고 독신으로 혼자 사는 것이 좋다면서 독신생활을 권장하고 있어요. 사도 바울은 아직 결혼하지 않은 사람들과 남편을 잃고 혼자 살게 된 과부에게 할 수만 있으면 결혼하지 말고 자기처럼 독신으로 지내기를 원한다고 말하고 있어요 고전 7:7-8.

그러면 독신으로 지낼 것인가 아니면 결혼을 할 것인가는 어떻게 결정해야 할까요? 그건 각 사람이 하나님으로부터 받은 은사에 따라서 결정하면 돼요. "나는 모든 사람이 나와 같기를 원하노라 그러나 각각 하나님께 받은 자기의 은사가 있으니 이 사람은 이러하고 저 사람은 저러하니라" 고전 7:7. 사도 바울은 독신의 은사를 받은 사람이 따로 있다고 말해요.

그러면 독신의 은사를 받은 것을 어떻게 확인할 수 있을까요? 독신의 은사는 각 사람의 사정에 맞게 하나님이 특별히 주시는 은사이기 때문에 성도들 자신이 하나님께 기도하는 가운데 찾아야 해요. 다음 몇 가지 조건은 독신의 은사를 받았는지의 가부를 판단하는 데 도움이 될 거예요.

첫째로, 하나님을 너무나 사랑해서 자신의 마음을 오직 하나님 한 분과 하나님이 명령하신 일을 하는 데 집중하고 싶다는 생각이 강하게 들면 독신의 은사를 받은 것으로 생각해도 될 것 같아요. 사도 바울은 복음을 전하라는 하나님의 명령이 너무나 중요했고 방해받지 않고 이 소명을 이루기를 원했기 때문에 독신으로 지냈어요.

둘째로, 하나님의 일이 아니라도 결혼생활보다 더 중요하고 자기의 적성에 맞는 일이 있어서 이 일에 집중하고 싶은 생각이 강하게 들 때는 독신의 은사를 받은 것이 아닌가 생각해 볼 수 있어요. 결혼하면 아무래도 자기가 좋아하는 일에만 집중하기는 어렵죠. 결혼하면 자기가 하는 일에 쏟는 시간의 절반 정도는 아내나 남편을 위해서 써야 해요. 자기를 희생하겠다는 각오 없이 결혼하면 안 돼요. 제 아내는 신학대학원을 2등으로 졸업한 아주 똑똑한 여성이에요. 우리는 함께 유학하러 갔지요. 아내도 공부하길 원했어요. 그러나 저와 결혼한 후에는 공부를 계속할 수 없었어요. 둘이 같이 공부하기에는 돈이 너무 많이 들었기 때문이죠. 아내가 공부하면서 세 아이까지 키우는 일은 거의 불가능했어요. 그래서 제 아내는 공부를 포기했어요. 아이들이 다 크고 난 지금 미루어 두었던 자기 일을 하고 있지요. 그래요! 결혼생활에는 당연히 희생이 따르지만 결혼해서 사랑하는 사람과 사랑을 나누고 자녀를 키우는 즐거움과 보람을 누리는 것은 축복된 일이에요. 그러나 결혼생활보다 훨씬 더 보람 있고 좋은 일이 있을 때는 결혼하지 않고 평생 그 일에 즐거운 마음으로 헌신하는 것도 훌륭한 삶이에요.

셋째로, 어떤 사람은 이성에게 별로 흥미를 느끼지 못하는 경우가 있어요. 이성과 사귀고 싶은 생각도 들지 않고 이성과 함께 있어도 별로 성적인 흥분이나 매력을 느끼지 못하는 경우가 있지요. 오랜 시간이 지나도 이런 상태가 계속되면 독신의 은사를 받은 것이 아닌가 생각해 볼 수 있어요. 정상적이고 건강하고 건전한 생각을 하는 사람 중에도 얼마든지 이런 마음을 가진 사람이 있을 수 있어요.

넷째로, 결혼은 하고 싶은데 환경과 여건이 갖추어지지 않아서 결혼대상을 만나지 못한 채 그냥 시간이 지나가는 경우가 있어요. 이럴 경우는 절대로 열등감을 느끼거나 실의에 잠기거나 삶의 의욕을 잃지 않도록 주의해야 해요. 결혼을 꼭 해야 한다는 강박관념에 사로잡혀서 초조해하거나 불안하게 생각해선 안 돼요.

15

나를 왕따 시킨 친구까지 용서해야 하나요?

Q 저를 심하게 괴롭히고 때리기까지 하면서 왕따를 시켰던 친구가 있어요. 그 친구가 했던 행동들을 생각하면 지금도 화가 나고, 아직도 그 상처들 때문에 너무나 힘들어요. 성경에서는 그런 사람도 용서하라고 하잖아요. 그런데 저는 그 친구를 절대 용서할 수 없을 것 같아요. 어떻게 그런 친구까지도 용서할 수가 있나요?

A 우리 친구가 매우 힘든 시기를 보냈군요. 지금까지도 그 친구가 준 상처를 안고 힘들어하는 걸 보니 저도 마음이 아프네요. 그래도 이 문제를 놓고 용서를 고민하는 친구의 마음이 무척 귀하게 느껴져요. 그럼 우리 친구에게 상처를 준 그 친구까지도 과연 용서할 수 있는 것인지, 어떻게 마음을 추슬러야 할지 함께 이야기해보도록 해요.

에베소서 5장 1절에 보면 "너희는 하나님을 본받는 자가 되고"라는 말씀이 있어요. 2절에는 좀 더 구체적으로 "그리스도께서 너희를 사랑하신 것 같이 너희도 사랑 가운데서 행하라"라고 명령하고 있죠. 이 명령은 용서의 문제를 다룰 때 우리가 꼭 기억해야 할 명령이에요. 용서는 하나님이 인류를 위해 행하신 구원사역에서 핵심이 되는 매우 중요한 주제예요. 하나님이 인간을 어떻게 용서하셨는지 살펴보면 우리가 어떻게 하나님을 본받아 용서하는 삶을 살 수 있을지 배울 수 있죠. 하나님께서 인간이 범한 죄를 용서해 주시는 과정을 보면 용서에 관한 몇 가지 중요한 원리들을 얻을 수가 있어요.

첫째, 우리는 과연 어느 정도 선까지 용서해 주어야 하는 걸까요? 어려운 일이지만 어떤 죄든지 용서할 수 있어야 해요. 어느 날 베드로가 예수님께 형제가 죄를 범하면 몇 번이나 용서해 주어야 하는지 물었어요 마 18:21. 그랬더니 예수님은 "일곱 번뿐 아니라 일곱 번을 일흔 번까지라도 할지니라"라고 대답하셨죠 마 18:22. 일곱 번을 일흔 번까지 용서하라는 말은 7 곱하기 70 해서 490번만 용서하라는 말일까요? 아니에요. 490이라는 숫자는 7 곱하기 7 곱하기 10 해서 나온 숫자예요. 유대사회에서는 중요한 몇 가지 숫자들이 상징적인 의미를 지니고 있어요. 그중에서 7과 10은 완전수예요. 완전수 세 개가 곱해졌다는 말은 횟수에 제한이 없다는 뜻이에요. 그러므로 490번 용서하라는 말은 숫자에 제한 없이 용서해 주라는 뜻이면서 동시에 어떤 죄라도 다 용서해 주라는 뜻이기도 하죠. 다윗은 이유도 없이 거듭 자신을 죽이려고 했던 사울을 용서해 주었고, 요셉은 자신을 애굽에 팔아넘긴 형제들의 죄를 용서해 주었고, 스데반은 자신을 돌로 쳐 죽인 자들을 아무런 조건 없이 용서해 주었고, 손양원 목사님은 자기 아들을 죽인 원수를 용서하고 양자로 받아들였어요.

둘째로, 하나님은 이미 창조 이전부터 우리를 용서하기로 결심하셨어요. 시간에 매이지 않으시는 하나님은 인간이 하나님께 심각한 반역의 죄를 범할 것을 창세 전에 이미 아시고 그때부터 인간 구원을 위한 계획을 세우셨어요. 이것을 가리켜서 전문적인 신학 용어로 '하나님의 예정'이라고 해요. 하나님께서 창세 전부터 인간의 죄를 용서해 주시기로 이미 마음에 작정하셨다는 말은 하나님이 단 한순간도 인간의 죄를 용서하지 않겠다고 생각하신 적이 없다는 것을 뜻해요. 하나님은 마음으로 항상 인간의 죄를 용서하고 계셨던 거죠.

이와 같은 하나님의 마음을 본받아서 우리 친구도 다른 친구들이 우리 친구에게 어떤 악한 일을 하든지 마음으로 용서해 줄 수 있어야 해요. 어느 한순간이라도 용서하지 못해서 마음이 분노에 사로잡혀 있는 순간이 없어야 하죠. 그렇게 하기가 쉽지 않을 거예요. 그래도 우리 친구가 반드시 그렇게 해야만 하는 이유가 있어요. 왜냐하면, 하나님께서 우리 친구의 억울함을 갚아 주시겠다고 말쓸하셨기 때문이에요. 우리 친구가 그 친구를 용서하지 못하는 이유 중의 하나는 그 친구가 정당한 처벌을 받지 않았다는 생각에 분하고 억울한 마음이 들어서일 거예요. 악을 행했는데도 처벌받지 않고 그냥 아무 일도 없었던 것처럼 지나가 버리면 얼마나 속이 답답하고 분통이 터지겠어요? 그런데 이런 마음의 상태를 이미 알고 계시는 하나님이 이렇게 말씀하셨어요. "내 사랑하는 자들아 너희가 친히 원수를 갚지 말고 하나님의 진노하심에 맡기라 기록되었으되 원수 갚는 것이 내게 있으니 내가 갚으리라고 주께서 말씀하시니라"롬 12:19. 그래요. 악을 행한 자에 대해서는 하나님이 친히 벌을 주실 테니까 악에 대한 처분은 하나님께 맡기고 너희는 원수까지도 용서하는 삶을 살라고 하신 거예요. 악에 대해 아무도 처벌하지 않고 무작정 용서해야 한다면 마음속의 억울함이 계속 남아 있겠지만 하나님이 반드시 악을 처벌해 주신다면 그래도 마음이 조금 풀리지 않나요?

  누군가에 대해 마음에 품고 있는 분노를 빨리 풀어 버리는 것이 우리 친구의 몸과 마음을 위해서 꼭 필요해요. 분노를 마음에 오래 담아 두면 건강에도 좋지 않거든요. 심지어 의롭고 정당한 분노도 오래 마음에 담아 두면 좋지 않죠. 그래서 바울은 에베소서 4장 26절에 "해가 지도록 분을 품지 말라"라고 말씀한 거예요. 사람은 마음과 몸이 아주 긴밀하게 연결되어 있어서 마음의 상태는 바로 신체의 상태에 영향을 주게 되어 있어요. 마음에 분노가 있으면 신체에 해를 끼치는 물질들이 분비되어 신체의 질병을 유발하게 되죠.

사람들을 두려움에 빠뜨리는 인류 최대의 질병인 암이나 치매 같은 질환도 정신적인 스트레스가 주요 원인 가운데 하나라는 사실이 이미 증명되었어요. 그러므로 우리 친구는 친구 자신의 건강한 몸과 마음을 유지하기 위해서라도 마음속에 용서하지 않고 분노하는 마음을 오래 담아 두면 안 돼요.

셋째로, 용서의 원리를 알아볼까요? 하나님이 베푸신 용서의 혜택은 아무런 조건 없이 모든 인류에게 그냥 주어진 것은 결코 아니에요. 하나님은 모든 인류가 언제든지 용서라는 최고의 선물을 받아 갈 수 있도록 항상 준비해 놓고 계세요. 그렇지만 이 선물은 하나님 앞에 나와서 죄를 자백하고 예수 그리스도께서 십자가 위에서 자기 자신을 위하여 피 흘려 죽으신 것을 믿음으로 받아들이는 사람만 받을 수 있는 혜택이죠. 어떤 신학자들은 창세 전에 하나님이 이미 마음으로 모든 인류의 죄를 다 용서해 주셨기 때문에 모든 인류는 아무런 조건 없이, 예수님을 믿든 믿지 않든 모두 죄를 용서받고 하나님 나라에 들어가게 된다고 주장하기도 해요. 이런 주장을 '만인구원론'이라고 해요. 사랑의 하나님이 믿지 않는 사람들이라고 해서 영원한 지옥 불에 들어가도록 놔두신다는 건 말이 안 된다는 거예요. 그러나 성경은 죄를 회개하고 독생자 예수 그리스도를 믿는 사람만이 하나님이 주시는 용서의 선물을 받을 수 있다고 분명하게 가르치고 있어요.

인간관계에서의 용서에도 이런 원리가 적용돼요. 우리 친구가 그 친구의 죄를 하나님의 말씀에 의지해서 용서하려고 애쓰는 것은 정말로 잘하는 일이에요. 그런 마음을 품을 때 우리 친구는 인간관계에서 경험할 수 있는 가장 아름답고 소중한 선물을 손에 쥐게 되는 거예요. 이 선물은 보물구슬과도 같아요. 이 보물구슬 안에는 아름다운 인간관계, 아름다운 우정, 행복한 대화 등과 같은 축복들이 가득 담겨 있죠. 그러나 이 보물구슬은 아무나 막 받아 갈 수 있는 것이 아니라 악을 행한 사람이 그 악한 행동에 대해 잘못을 고백하고 회개할 때만 받을 수 있어요. 우리 친구의 문제에서도 마찬가지예요. 친구는 이미 용서했고, 상대 친구에게 용서라는 선물을 줄 준비가 되어 있어도 상대가 끝까지 인정하지 않고 회개하지 않으면 그 놀라운 선물을 받을 수가 없죠.

이제 우리 친구가 받은 상처를 딛고 그 친구를 용서할 수 있는 마음이 조금 생기기 시작했나요? 우리 친구를 왕따 시킨 그 친구의 행동은 아주 악한 것이지만, 그로 인해 우리 친구가 상심하고 무너지지 않았으면 좋겠어요. 그리고 악한 행동에 대해서 하나님은 반드시 대가를 치르게 하시니까 우리 친구는 그런 하나님을 믿고, 그 일로 인해 친구의 몸과 마음이 더는 상하지 않기를 바랄게요. 그리고 우리 친구에게 잘못한 그 친구 역시 자기 잘못을 뉘우치고 고백해서 친구가 힘겹게 베풀었던 용서의 선물을 받아 누릴 수 있게 되기를 기대할게요.

16

성경을 무시하는 친구들에게 동성애에 대해 어떻게 반박하죠?

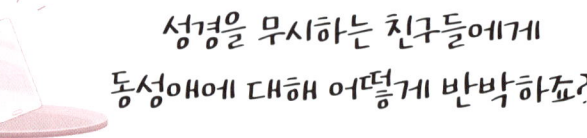

Q 저는 요즘 '호모포비아'라는 욕을 들으며 하나님을 포기하고 싶을 만큼 힘든 나날을 보내고 있어요. 단순히 교회를 다닌다는 이유만으로 동성애를 혐오하고 반대하는 것이냐고 친구들이 따질 때마다 그것이 죄이기 때문이라고 말하고 싶은데 세상 사람들에게는 성경이 통하지 않잖아요. 성경 어느 구절에서 동성애를 죄라고 하는지도 모르지만, 그렇다고 동성애가 왜 잘못인지 논리적인 근거도 모르니 답답해요.

A 우리 친구가 매우 힘든 시간을 보내고 있군요. 그러나 힘내세요. 어떤 돌이 진짜 보석인지를 가려내려면 아주 뜨거운 용광로 속에 넣어 보면 돼요. 가짜는 용광로 온도를 견디지 못하고 녹아버리지만, 진짜는 용광로의 불을 견디고 나와 반짝반짝 빛을 내며 그 아름다움을 드러내죠. 우리 친구가 용광로와

같은 시련을 잘 이겨내고 나와서 단단하고도 아름다운 보석으로 빛나는 하나님의 자녀가 되기를 바랄게요.

  우리 친구를 격려하기 위해 얼마 전에 미국에서 실제로 일어난 사건 하나를 말씀드릴게요. 미국의 장로교단에 속한 2,000명이 넘는 교인과 크고 웅장한 예배당과 교육관 건물을 갖춘 멋진 교회에서 목회하는 어느 목사님이 계셨어요. 그런데 이 목사님이 속한 교단에서 동성애를 인정하고 동성혼(동성끼리의 결혼)을 허용하기로 한 거예요. 이 교단은 동성애자에게도 목사안수를 주었고 교회 직분자가 될 수 있게 했어요. 이 목사님은 신앙의 양심상 하나님의 뜻에 명백하게 어긋나는 결정을 내린 이 교단에 더는 속해 있을 수 없다고 생각했어요. 그래서 "저는 이 교단에서 목회할 수 없습니다. 이 교단을 떠나겠습니다"라고 선언했지요. 그랬더니 교단에서는 예배당을 포함한 교회 재산은 두고 떠나라며 강경하게 대응했죠. 목사님은 그것들을 모두 포기하고라도 하나님의 뜻에 따르기로 결단하고, 예배당을 포기하고 나와 학교 건물을 빌려 목회를 계속하기로 했어요. 교인들에게는 자유롭게 교회를 선택할 수 있게 했고요. 그런데 놀랍게도 그다음 주일에 교인들 모두가 목사님을 따라 학교 건물에 모였다고 해요. 하나님의 뜻을 따르는 목사님의 분명한 태도에 감동한 교인들이 목사님과 함께하기로 결단한 것이죠. 맞아요. 우리 친구도 이 목사님처럼 때로는 세상의 값진 것들을 다 버리고서라도 하나님의 뜻을 따르는 결정을 해야 할 때가 있어요. 그런 의미에서 우리 친구가 온갖 비난에도 불구하고 하나님 편에 서서 신념을 지키고 있는 것을 칭찬하고 싶어요.

사실, 동성애가 문제가 되는 이유는 동성끼리 연애를 하는 것이기 때문이에요. 동성애를 인정한다는 것은 단순히 성적으로 끌리는 감정만이 아니라 성적인 행위까지 인정한다는 것이거든요. 이것은 남자와 여자를 만드시고 그 둘을 연합하게 하신 하나님의 창조 질서를 거스르는 행동이기 때문에 잘못된 거예요. 취향이나 인권이라는 이름으로 개인에게 결정권을 주어서는 안 되는 것이죠.

그럼 구체적으로 성경에서는 동성애에 대해 어떻게 이야기하는지 살펴볼까요? 구약성경에서는 레위기 18장 22절과 20장 13절에서 동성애를 명확하게 금지하고 있어요. "너는 여자와 동침함 같이 남자와 동침하지 말라 이는 가증한 일이니라" 레 18:22. "누구든지 여인과 동침하듯 남자와 동침하면 둘 다 가증한 일을 행함인즉 반드시 죽일지니 자기의 피가 자기에게로 돌아가리라" 레 20:13. 본문에서 동침한다는 말은 성적인 관계를 갖는다는 뜻이에요. 신약성경에도 관련된 구절이 있어요. 로마서 1장 26-27절을 보면 "여자들도 순리대로 쓸 것을 바꾸어 역리로 쓰며 그와 같이 남자들도 순리대로 여자 쓰기를 버리고 서로 향하여 음욕이 불 일 듯 하매"라고 쓰여 있는데, 여기서 말하는 '순리'는 이성끼리 사랑하고 결혼하고 성적인 관계를 갖도록 하나님께서 정하신 질서를 말하고, '역리'는 그것을 거스르는 행위를 말해요. 바울은 그런 행위가 "부끄러운 욕심에 내버려 둠" 롬 1:26을 받는 행위이고, "마음의 정욕대로 더러움에 내

버려 두신"롬 1:24 것이며, "하나님의 진리를 거짓 것으로 바꾸는"롬 1:25 행위라고 비판하고 있어요. 고린도전서 6장 9절에서는 "탐색하는 자"와 "남색하는 자"는 하나님 나라를 유업으로 받지 못한다고 말하는데, "탐색하는 자"는 동성애에서 여자의 역할을 하는 자를 가리키고 "남색하는 자"는 동성애에서 남자의 역할을 하는 자를 뜻해요. 이처럼 동성애에 대해 성경은 매우 단호하고 명확하게 안 된다고 말하고 있어요.

하지만 친구의 이야기처럼, 하나님도 성경도 믿지 않는 사람들은 성경의 기준을 말해도 이해하지 못할 거예요. 그렇지만 성경을 믿지 않는다고 해서 동성애를 합리화할 수는 없어요. 생물학적인 관점에서 볼 때도 동성애는 인정하기 어려운 이상 행동이며 질서에 어긋나는 것이기 때문이에요. 우리 몸은 생물학적으로 남자와 여자 사이에서 성관계를 갖고, 성관계의 결과로서 자녀를 출산하게 되어있어요. 이것이 순리예요. 단지 육체적 쾌락만을 위해 이 순리를 거스르게 되면 의학적, 신체적인 문제가 발생하게 돼요. 실제로 동성 간에 벌어지는 성적인 관계를 보면 이를 잘 알 수 있어요. 남성끼리 성관계를 할 때 정상적인 방법이 아닌 항문을 통해 성관계를 갖게 되는데, 이는 세균에 감염되기 쉬운 데다가 크고 작은 질병을 유발하는 원인이 되죠. 항문이 늘어져 변이 새어 나오는 변실금이 생겨 평생을 고통 속에 살 수 있고요. 에이즈를 일으키는 병원균 또한 동성애자들을 통해 전염되기 시작했다는 것을 기억해야 해요.

그런데도 많은 동성애 옹호론자들은 자신들의 감정이나 행위가 선천적이라고 주장할 거예요. 그러면서 '딘 해머'라는 사람이 염색체 중에 동성애와 상관관계가 있는 것이 있다고 발표한 연구결과를 근거로 내세우죠. 그러나 그 후에 윌리엄 라이스, 라마고 파란 등의 과학자들을 통해 그 결과는 근거가 없는 것으로 밝혀졌어요. 만약 동성애를 유발하는 유전자가 실제로 존재한다면, 똑같은 유전자를 가지고 태어나는 일란성 쌍둥이는 한 명이 동성애자면 나머지 한 명도 반드시 동성애자여야 해요. 하지만 실제로는 그렇지 않은 경우가 대부분이에요. 이는 동성애가 유전자와 관계가 없음을 뜻해요. 또 어떤 사람은 남성인데도 여성 호르몬이 많이 나오고, 여성인데도 남성 호르몬이 많이 나와서 동성애자가 된다고 주장하는데, 호르몬 분비량은 동성애와 아무 관련이 없다는 것 역시 실험을 통해 증명되었어요. 뇌의 특정 부분이 크면 동성애자가 된다는 주장 역시 근거가 없고요. 최근 45만 명을 대상으로 한 연구결과에 따르면 동성애를 유발하는 유전자는 없는 것으로 확인되었어요.

이처럼 동성애가 선천적인 성향이라는 주장은 과학적으로 증명된 일이 없어요. 오히려 동성애적 성향은 환경이나 학습의 영향이 크다는 연구결과가 많아요. 어린 시절에 이성에게 지속적으로 괴롭힘을 당하는 등 스트레스 상황에 있었다면 그로 인해 남성 의존적이거나 여성 의존적인 성향이 나타날 수 있다는 것이죠. 특히 이성에 눈을 뜨는 청소년 시기에 동성애를 정당한 성행위라고 잘못 가르치거나 오히려 권장하는 잘못된 성교육 강사들의 교육을 받은 나머지 동성 친구와 가깝게 지내면서 느끼는 깊은 우정을 동성애로 착각할 수도 있어요. 결정적으로 동성애가 선천적이라면 동성애자가 이성애자로 바뀌는 것이 불가능할 텐데 실제로 결단과 의지로 동성애에서 벗어나는 사례들을 우리는 많이 보고 있어요. 이것만 봐도 우리는 동성애가 '유전자'가 아닌 '의지'의 문제임을 알 수 있어요.

 이제 정리하겠어요. 우리 친구는 동성애가 성경적으로는 물론이고 생물학적으로 인류의 건강을 해치는 반생물학적인 행위임을 반드시 기억하기를 바랄게요. 더 정확히 말하면 동성애는 하나님께서 자연과 인간 안에 두신 질서를 파괴하는 큰 죄악이에요. 그러므로 주위 사람들과 겪는 의견충돌로 힘든 시간을 보내는 중에도, 인내하는 가운데 하나님의 자녀답게 끝까지 하나님의 뜻을 따라 바른길을 가는 친구가 되기를 부탁해요. 그런 친구를 하나님께서 기뻐하시고 반드시 좋은 길로 인도해 주시리라 믿어요.

3부

외모, 성, 생명

17. 제 외모를 보면 하나님은 불공평하신 것 같아요
18. 성형수술을 하면 안 되나요?
19 문신이나 헤나를 하면 안 되나요?
20. 안락사를 어떻게 봐야 하나요?
21. 존엄사를 성경적으로 어떻게 봐야 할까요?
22. 유전자조작기술을 어떻게 봐야 하나요?

17

제 외모를 보면 하나님은 불공평하신 것 같아요

Q 저는 얼굴도 못생기고, 몸도 뚱뚱해서 외모에 대한 콤플렉스가 있어요. 그래서 뭘 해도 안 되는 것 같고 자신감이 없어요. 얼굴도 예쁘고 날씬한 애들은 뭘 해도 잘 되는 것 같은데요. 하나님은 공평하신 분이라면서 왜 저는 이렇게 만드셔서 힘들게 하시는 걸까요?

A 우리 친구들 나이는 신체적으로는 남성과 여성의 특징이 본격적으로 나타나고 정신적으로도 이성에 눈을 뜨는 시기이기 때문에 외모에 예민하게 반응하는 것은 매우 자연스러운 현상이에요. 다만 외모에 대한 예민한 마음이 우리 친구들의 생활에 지나친 부담을 주지 않도록 적절하게 조절하는 지혜가 있어야겠지요? 질문한 친구는 본인 스스로 생각하기에 얼굴도 그다지 예쁘지 않고 몸도 뚱뚱해서 고민하고 있군요. 오늘 제가 그

고민으로부터 탈출하는 몇 가지 방법을 알려드릴게요.

 탈출법을 말하기 전에 우리 친구에게 꼭 부탁하고 싶은 것이 있어요. 될 수 있으면 성형수술을 통해서 문제를 해결하려고 하지는 말라는 거예요. 왜냐하면 성형수술은 하나님이 만들어 주신 몸을 사람의 욕심으로 비정상적인 형태로 바꾸어 놓는 것과 같아요. 물론 치료를 위한 정형의 경우는 다르지만요. 성형수술을 하려고 고집하는 사람의 마음 바탕에는 하나님의 솜씨보다 사람의 솜씨가 더 낫다는 잘못된 생각이 있을 수 있어요. 그뿐만 아니라 성형에는 위험한 부작용이 뒤따를 수 있어요. 모든 경우가 그렇지는 않지만, 수술하다가 전신에 연결된 신경망이나 혈관 등을 잘못 건드리면 치명적인 장애가 올 수 있고, 또 수술 시에 사용한 약물 등이 부작용을 일으키는 일도 있죠. 만약 수술한 자리가 잘못되었다고 해도 재수술을 통해 원래의 상태로 회복시킬 수는 없어요. 또한, 사람의 욕심은 끝이 없어서 한 부분을 고치고 나면 다른 곳도 고치고 싶은 마음이 일고 그러다 보면 계속 수술하고 싶은 마음이 들 수도 있답니다.

 그럼 본격적으로 해결책을 나눠볼까요? 먼저 외모 문제로 고민하는 우리 친구가 알았으면 하는 게 있어요. 바로 '외모의 문제는 단지 얼굴만의 문제가 아니라 신체 그리고 마음의 건강과도 밀접하게 연결되어 있다'라는 점이에요. 이 점을 기억하고 친구의 고민으로 넘어가 볼게요.

첫째로, 우리 친구는 몸이 뚱뚱하다고 했지요? 실제로 우리 친구가 얼마나 뚱뚱한지는 잘 모르겠지만, 제 생각에 요즘 친구들이 생각하는 날씬함의 기준이 조금은 잘못되어 있는 것 같아요. 그 기준을 따라가면 모두 건강을 버리게 되지 않을까 우려가 돼요. 오히려 친구들이 생각하는 기준보다 조금 더 살이 있는 상태가 표준적이고 건강하고 가장 예쁜 상태랍니다.

그런데 만일 우리 친구가 그 정도 수준이 아니라 몸을 잘 관리하지 않아서 비만이 우려되는 상태에 있다면 반드시 살을 빼는 조처를 해야 하겠죠. 그러기 위해서는 우선 햄버거나 피자, 라면과 같은 인스턴트 식품과 탄산음료의 섭취를 절제하고 자연산 재료로 만든 음식으로 식단을 바꾸고 꾸준한 운동을 통해 근육량을 늘려야 해요. 우리가 섭취하는 음식에는 인체에 유익한 영양소도 있지만, 인체에 해로운 독성 물질도 있는데, 이 독성 물질은 지방에 달라붙으면 잘 배출되지 않아요. 그 물질들이 혈관 등을 통해 온몸에 전달되면 각종 성인병을 일으키죠. 그러므로 우리 친구가 절제할 것은 절제할 수 있어야 해요. 몸의 건강이 좋지 않으면 자연스럽게 얼굴에도 영향을 미치게 된답니다. 실제로 살만 조금 빠져도 얼굴이 한결 예뻐지는 경우가 많죠.

둘째로, 꼭 몸매 때문이 아니더라도 우리 친구가 꾸준히 전신 스트레칭 운동을 한다면 몸은 물론 얼굴까지 좋아질 거예요. 얼굴에 나타나는 모습은 몸 전체의 균형과 관련이 있거든요. 몸 전체의 균형이 잘 잡히면 신경조직도 유연하면서 튼튼해지고 혈액이 원활하게 잘 통하게 되는데 그러면 얼굴 모양 역시 균형이 잡히죠. 비슷한 얼굴이라도 몸 전체의 균형이 잘 잡힌 상태에서 보이는 것과 잘 잡혀 있지 않은 상태에서 보이는 것은 매우 달라요.

여성들 가운데 멋지고 아름답다고 하는 슈퍼 모델들의 얼굴을 보면, 얼굴 그 자체가 예쁜 모델들은 그리 많지 않아요. 튼튼하고 균형 잡힌 몸과 자신감 있는 모습 때문에 사람들은 모델들이 예쁘다고 생각하죠. 특히 우리 친구 나이에는 책상에 오랜 시간 앉아 있어야 해서 바른 자세로 생활하지 않으면 몸의 균형이 흐트러져 얼굴의 균형까지 깨지기 쉬워요. 따라서 운동과 스트레칭을 틈틈이, 그리고 꾸준히 한다면 그것만으로도 전체적인 모습이 달라져 보일 거예요.

셋째로, 우리 친구가 예쁜 얼굴을 가지기 위해 해야 할 중요한 일이 하나 있어요. 그것은 마음을 착하고 아름답게 유지하는 거예요. 너무 뻔한 얘기 같나요? 하지만 사실 이것이 가장 중요해요. 얼굴의 아름다움을 결정하는 아주 중요한 요소가 바로 '마음'이거든요. 여기서 잠언에 있는 말씀을 찾아볼까요? 잠언 15장 13절에 보면 이런 말씀이 있어요. "마음의 즐거움은 얼굴을 빛나게 하여도 마음의 근심은 심령을 상하게 하느니라." 이 말씀에 보면 마음에 즐거움이 있으면 얼굴이 어떻게 된다고 했나요? 빛난다고 했어요. 왜냐하면 "마음의 즐거움은 양약이라도 심령의 근심은 뼈를 마르게 하느니라"라는 잠언 17장 22절 말씀처럼 마음의 즐거움이 얼굴을 포함하여 몸을 건강하게 만드는 양약과 같기 때문이에요. 반면에 잠언 21장 29절에 보면 "악인은 자기의 얼굴을 굳게 하나"라는 말씀이 있어요. 악인은 마음이 악한 사람을 가리키는데 마음속에 악한 생각들이 가득 차 있으면 얼굴이 굳어버린다는 거예요. 이 본문들이 우리에게 가르치는 분명한 교훈은 마음이 깨끗하고 착하면 그것이 곧 좋은 약이 되어서 얼굴을 빛나고 아름답게 만들어 주는 반면에, 마음이 악하고 나쁜 생각들로 가득 차 있으면 이 나쁜 생각들이 얼굴을 밉상으로 만든다는 점이에요.

그러나 이 말은 마음속 생각이 얼굴의 생김새를 바꿔준다는 말이 아니에요. 여러분도 '호감형'이라는 말을 들어봤죠? 예쁘거나 잘생기지 않아도 사람의 마음을 즐겁게 해주는 호감을 느끼게 하는 얼굴이 있어요. 그런 것은 이 말씀처럼 마음의 생각에 따라 좌우된다는 것이죠. 사람들은 처음 만나면 얼굴 생김새를 먼저 봐요. 하지만 그것은 오래 가지 못해요. 조금 시간이 지나면 얼굴 생김새보다 그 사람의 마음과 됨됨이를 보고 예쁜 사람인지 밉상인 사람인지 알게 되죠. 따라서 우리 친구가 이제는 얼굴 생김새 때문에 너무 힘들어하지 말고 평소에 열심히 기도하고 하나님의 말씀 안에 살면서 평안을 소유할 수 있으면 좋겠어요. 그렇게 하나님 앞에서 바르게 살아가는 삶을 통해서 착하고 아름답게 나 자신을 가꿔야 하는 거예요.

넷째로 우리 친구는 얼굴 생김새가 예쁘면 행복한 삶을 살고, 그렇지 않으며 불행한 삶을 살 것이라고 오해하고 있는 것 같아요. 그러나 인생을 더 살아 보면 그렇지 않다는 것을 알게 돼요. 사람의 아름다움은 영원한 것이 아니거든요. 외형적인 아름다움에만 이끌려 사람을 사귀게 될 경우, 마음의 교감이 없는 상태에서 겉모습만 보고 만나다가 결국 그 관계를 지탱해주던 외모에 대한 부분이 사라지면 관계도 자연스럽게 깨어지게 되죠.

많은 사람이 '50세가 되면 얼굴이 모두 평준화된다'라고 말하곤 해요. 한마디로 사람의 외형적인 아름다움은 오래 지속될 수 없고, 시간이 흐를수록 얼굴 생김새에서 느껴지는 아름다움도 점점 사라진다는 뜻이죠. 오히려 시간이 지날수록 깊이 남는 것은 착한 마음씨와 내면의 아름다움이에요. 그래서 하나님도 우리를 대하실 때 외모를 보지 않으시고 중심을 보시는 것 아니겠어요?

어떤가요? 우리 친구가 외모에 대해 많이 고민하는 것 같은데, 지금까지 이야기한 것처럼 겉으로 보이는 외모는 마음의 생각과 몸의 상태에 따라 얼마든지 달라질 수 있다는 걸 꼭 기억하면 좋겠어요. 이제 외모 콤플렉스에서 탈출해서 긍정적인 마음으로 다이어트도 하고, 꾸준히 운동도 하고, 밝고 착한 마음을 가지기 위해 노력해 보는 게 어떨까요? 친구는 하나님께서 만드신 단 하나밖에 없는 최고의 걸작품이라는 것을 잊지 마세요.

18

성형수술을 하면 안 되나요?

개학하고 학교에 갔더니 제가 아는 친구 세 명이 성형수술을 했더라고요. 그리고 또 두 명은 여름방학에 쌍꺼풀 수술을 한다고 하고요. 주변에서 다들 성형수술을 하니까 저만 안 하면 손해인 것 같아서 엄마한테 조르는 중인데요. 엄마는 하나님께서 지으신 몸에 수술하면 안 된다면서 반대하세요. 정말 성형수술은 하나님 뜻에 안 맞는 건가요?

로마서 12장 2절에서 바울은 신자들에게 이렇게 권고하고 있어요. "너희는 이 세대를 본받지 말고 오직 마음을 새롭게 함으로 변화를 받아 하나님의 선하시고 기뻐하시고 온전하신 뜻이 무엇인지 분별하도록 하라." 이 본문에서 가장 먼저 명령하는 것은 "이 세대를 본받지 말라"는 거예요. "이 세대"란 하나님을 믿지 않는 사람들을 말하죠. 본문은 신자들이 불신자들과는 다른 삶을 살아야 한다고 말하고 있어요.

그렇다면 불신자들과 다른 삶은 어떤 삶일까요? 다음 부분에 "하나님의 기뻐하시는 뜻을 분별하라"라고 말하는 것을 볼 때, 그 삶은 하나님께서 기뻐하시는 뜻을 배우고 그 뜻에 따라서 사는 삶이라는 걸 알 수 있어요. '하나님께서 기뻐하시는 삶'의 반대되는 삶은 무엇일까요? 네! 그것은 바로 '사람'을 기쁘게 하는 삶이에요. 자, 이제 우리 친구들은 아주 중요한 원리 하나를 발견한 거예요. 바로 '불신자들은 사람을 기쁘게 하는 삶을 살고, 크리스천은 그와 다르게 하나님을 기쁘시게 하는 삶을 산다'라는 원리를요.

그럼 이 원리 안에서 '성형수술'에 대하여 생각해보기로 해요. 사람들이 성형수술을 하는 목적은 무엇일까요? 성형수술은 궁극적으로 사람들로부터 예쁘다는 평가를 받고 그 기쁨을 누리려는 데 목적이 있어요. 여기서 '사람'이라고 할 때는 다른 사람뿐만 아니라 자기 자신도 포함되죠. 사람들이 성형수술을 하려는 건 자기 자신이 보기에도 아름다운 얼굴을 가지고 싶어서이기도 하니까요. 그런데 혹시 우리 친구는 '성형수술을 해서 더 예뻐지면 하나님께서도 나를 더 예뻐해 주시지 않을까?' 하고 생각하나요? 만일 성형수술을 통해 아름다워진 얼굴을 하나님께서도 보기 좋게 여기신다면 성형수술을 마다할 이유가 없겠지요. 그런데 과연 그럴까요? 이 점에 대해 함께 알아보도록 해요.

먼저 우리 친구들이 성형수술을 통해 변화시키고자 하는 사람의 '몸'에 대하여 성경은 어떻게 말하는지 살펴볼까요? 성경은 우리 몸에 대해 세 가지를 말하고 있어요.

첫째로 우리 친구들이 꼭 기억해야 할 것은 '내 몸은 내 것이 아니라 하나님 것'이라는 중요한 진리예요. 시편 24편 1절은 이렇게 말하고 있어요. "땅과 거기에 충만한 것과 세계와 그 가운데서 사는 자들은 다 여호와의 것이로다." 이 세상의 모든 것이 하나님의 소유로 이 땅에서 사는 사람들 역시 다 하나님 것이에요. 불신자들은 자기 몸을 자기 것으로 생각하지만 신자들은 내 몸이라도 내 것이 아니라 하나님의 것이라는 걸 알아야 해요. 내 몸은 하나님의 소유이므로 내 뜻이 아닌 하나님의 뜻대로 다루어야 하죠.

둘째로 모든 사람의 몸은 하나님의 형상대로 창조되었어요 창1:26-27; 9:6. 즉 우리가 하나님과 닮았다는 뜻이에요. 하나님께서는 자기의 형상대로 흙으로 인간의 육체를 만드셨고, 직접 '영혼'을 불어넣어 주셨죠. 이처럼 우리는 영과 육이 모두 하나님을 닮은 특별한 존재랍니다. 그러므로 하나님이 만드신 것을 사람이 함부로 손댈 수 있는 게 아니죠.

셋째로 하나님을 믿는 친구들의 몸에는 정말 중요한 의미가 있어요. 성도의 몸은 하나님이신 성령님이 들어와 사시는 '하나님의 집'이거든요. 고린도전서 6장 19절을 한번 읽어 볼까요? "너희 몸은 너희가 하나님께로부터 받은 바 너희 가운데 계신 성령의 전인 줄을 알지 못하느냐 너희는 너희 자신의 것이 아니라." 이 말씀처럼 우리의 몸은 하나님이 살고 계시는 집이기 때문에 소중히 다뤄야 하고, 또 하나님의 뜻을 살피지 않은 채 사람이 마음대로 손대거나 변화시키면 안 되는 거예요.

그러면 이처럼 하나님을 닮았고, 성령님께서 거주하시는 집이며, 하나님의 것인 사람의 몸에 성형하는 것을 어떻게 봐야 할까요? 이 질문에 대해 저는 '정형'과 '성형'을 구분하여 답변하고자 해요.

'정형'이라는 말은 비뚤어지고 잘못된 것을 바른 형태로 되돌려 놓는다는 뜻이에요. 정형수술은 치료를 위한 방법의 하나죠. 타락한 세상에서 발생하는 여러 가지 원인 때문에 선천적으로 기형으로 태어나거나, 어떤 사고나 질병 때문에 신체 구조가 잘못되는 경우가 있어요. 이런 경우에는 수술을 통하여 정상적인 모습으로 되돌려 놓는 게 좋겠지요. 이를테면 샴쌍둥이처럼 태어날 때부터 두 아이가 붙은 채 태어나는 경우나 사고로 뼈가 부러졌을 때 수술을 통하여 바로잡아 주는 것이 필요하죠. 하나님의 집이 망가졌다면 고치는 게 당연한 거니까요.

반면, '성형'이 하나님이 주신 정상적인 몸을 무리하게 변형시켜서 비정상적인 구조로 바꾸어 놓는 방향으로 이루어진다면, 하나님의 솜씨보다 사람의 솜씨가 더 낫다는 잘못된 생각이 배경에 있다고 볼 수 있어요. 이런 생각을 가지고 성형을 한다면 매우 나쁜 결과를 맞이할 수 있으므로 조심해야 하죠.

성형이 성경적으로 옳으냐 그르냐를 따지지 않더라도 우리는 '성형'에 대해서 몇 가지를 생각해 볼 필요가 있어요.

먼저, '그렇게 해서 사람의 몸이 정말로 더 좋아지고 예뻐질까요?'라는 문제에 대해 생각해보도록 하죠. 가장 간단한 '쌍꺼풀 수술'을 예로 들어볼까요? 사람들은 쌍꺼풀진 눈이 더 예쁘다고 생각해서 수술합니다. 그러나 사람의 생김새에 따라 쌍꺼풀이 있는 눈과 없는 눈 모두 각각 독특한 매력과 아름다움을 가지고 있죠. 오히려 서양 사람들은 쌍꺼풀 없는 눈을 신비롭고 예쁘게 생각한다고 해요. 즉 아름다움은 지극히 주관적인 평가일 뿐이라는 것을 알 수 있죠. 오히려 너도나도 같은 얼굴로 만드는 성형수술은 결국 각자의 매력을 발산하지 못하게 만들 수도 있어요. 그러므로 꼭 쌍꺼풀 수술을 해야 하는지에 대해서 다시 한번 생각해보는 것이 필요해요.

다음으로 성형수술의 부작용을 생각해볼 수 있어요. 쌍꺼풀 수술이 잘못되어 평생 눈을 감을 수도, 뜰 수도 없어 제대로 잠도 자지 못하고 사람 만나는 것을 피하게 된 경우에 대해 들어 본 적이 있죠? 또 코를 높인 사람은 코가 작은 충격이라도 받지 않도록 평생 극히 조심해야만 해요. 그중 턱을 깎는 수술은 아주 위험한 수술이에요. 턱 바로 옆으로 아주 중요한 신경망이 지나가기 때문에 자칫 잘못하여 이 신경망을 건드리게 되면 평생 불구가 되거나 사망할 수 있답니다.

그리고 성형수술에 뒤따르는 더욱 위험한 부작용이 있어요. 바로 '성형 중독'이죠. 얼굴을 한군데 고치고 나면 손을 더 대고 싶은 다른 곳이 눈에 들어와요. 그래서 자꾸 얼굴에 손을 대게 되는 거죠.

조금씩 얼굴에 손을 대다 보면 결국에는 성형을 멈출 수 없는 심각한 상태가 될 수도 있답니다. 예를 들어서 어떤 사람이 코 성형을 해야겠다고 생각하게 돼요. 코를 고치고 나면 다음에는 턱이 안 어울리는 거예요. 턱 수술을 하고 나면 또 다른 부위가 눈에 들어오고, 마침내는 온몸에 손을 대게 되는 거죠. 이게 바로 성형중독이에요.

사무엘서 16장 7절을 보면 하나님은 우리의 외모가 아닌 중심을 보신다고 말씀하셨어요. 이 말씀은 하나님의 관점을 보여주는 아주 중요한 진리이기 때문에 성경에 18번이나 나오죠. 몸은 마음을 드러내는 창과 같아서 마음이 예쁘면 그 마음은 반드시 몸을 통하여 아름답게 드러나지요. 얼굴이 조금 못생겼어도 마음이 예쁘면 하나님과 사람들에게 사랑을 받게 되고, 이런 매력은 몸이 망가져도 없어지지 않고 평생 지속됩니다. 그러나 마음은 예쁘지 않은데 인위적으로 만든 몸의 아름다움은 한순간의 자기만족밖에 될 수 없어요. 만약 그 아름다움이 없어지면 자신감도, 사람의 사랑도 잃고 마니까요. 그러므로 무리하게 위험한 성형의 유혹에 빠져 외형을 바꾸려고 하기보다는 항상 마음을 선하고 착하게 다듬기 위해 노력하는 우리 친구들이 되었으면 좋겠어요.

19

문신이나 헤나를 하면 안 되나요?

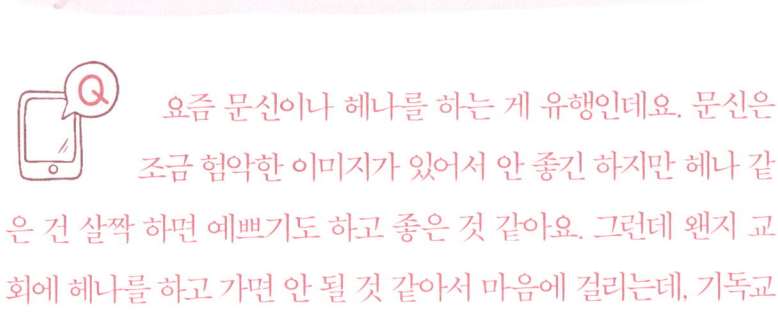

요즘 문신이나 헤나를 하는 게 유행인데요. 문신은 조금 험악한 이미지가 있어서 안 좋긴 하지만 헤나 같은 건 살짝 하면 예쁘기도 하고 좋은 것 같아요. 그런데 왠지 교회에 헤나를 하고 가면 안 될 것 같아서 마음에 걸리는데, 기독교인은 문신이나 헤나를 어떻게 받아들여야 할까요?

전통적인 문신은 뾰족한 바늘 같은 도구로 피부를 찔러서 구멍을 낸 다음에 그 구멍에 염료를 집어넣는 방법이에요. 이런 방법으로 무늬가 한 번 피부에 새겨지면 죽을 때까지 없어지지 않고 그대로 남게 되지요. 반면에 헤나 문신은 헤나라는 식물에서 나오는 염료를 살에다가 바르는 것으로 무늬를 그린 후에 마르면 물로 닦아 내는 방법이에요. 원료 자체에 피부 보호 효과도 있고 1-2주일 지나면 자연스럽게 없어지기 때문에 안전한 것으로 알려져 있어요. 하지만 안전하다고 해서 모두 옳은 것은 아니에요.

실제로 문신에 관한 성경의 가르침은 레위기 19장 28절에 잘 나와 있어요. "죽은 자 때문에 너희의 살에 문신을 하지 말며 무늬를 놓지 말라 나는 여호와이니라." 이 말씀은 두 가지를 금지하고 있어요. 하나는 살에 문신을 하지 말라는 것이고, 다른 하나는 살에 무늬를 놓는 일을 하지 말라는 거예요. 앞의 명령에서 말하는 문신이 전통적인 방법으로 새겨 넣는 문신이라면 뒤의 명령에서 말하는 문신은 헤나 문신과 같은 것을 가리킨다고 볼 수 있어요. 성경말씀은 이 두 가지에 대해 차별을 두지 않고 모두 금지하고 있어요.

또 한 가지 주목해야 할 점은 '죽은 자를 위하여' 살에 문신이나 무늬를 그려 넣는 것을 금지하고 있는 거예요. 죽은 자를 위한 문신이란 문신에 어떤 마술적인 힘이 있다고 생각하고 이 힘을 이용하여 죽은 자와 만나려고 하거나, 죽은 자의 힘을 이용하려고 하는 등의 종교적인 행위를 뜻해요. 말하자면 살에 새긴 문신이나 무늬를 일종의 부적처럼 사용하는 것이지요. 레위기 본문의 정확한 뜻은 문신이나 무늬를 무슨 신비스러운 부적처럼 이용하는 미신적인 종교적 행위를 하지 말라는 거예요.

사실, 고대시대부터 문신은 이렇게 종교적인 행위나 그와 비슷한 목적을 위해 성행하곤 했답니다. 그럼 전통적인 방법의 문신에 대해 자세히 알아볼까요?

　전통적인 문신은 역사가 매우 오래되었어요. 고대 이집트나 근동 지역에서 이미 문신이 성행했던 증거들이 발견되었고, 18-19세기 남태평양과 뉴질랜드를 탐험했던 쿡 선장 일행에 의해 폴리네시아와 사모아와 같은 섬들과 뉴질랜드의 원주민인 마오리족에게서 문신이 성행했음이 확인되었지요. 그리고 이들에 의해 영국을 비롯한 유럽 각국, 그리고 미국에까지 문신이 퍼지게 되었어요. 고대 중국에서도 이미 문신이 성행했는데, 중국의 문신이 일본, 특히 조직폭력배 무리인 야쿠자 집단에 전달되기도 했지요.

　고대사회에서 문신이 성행한 데는 몇 가지 이유가 있어요.
　첫째, 옛날 사람들은 문신에 어떤 특별한 주술적인 힘이 있다고 믿었어요. 예를 들어 '보르네오' 지역의 원주민들은 몸을 떠난 영혼이 사후의 세계를 여행할 때 문신이 있는 손을 보여주면 통나무로 강을 건너게 해주지만, 손에 문신이 없으면 강물에 빠뜨린 다음에 구더기 밥이 되게 한다고 믿었어요. 북아메리카의 인디언들 사이에서도 죽은 후의 여정에서 영혼이 맞닥뜨리게 될 장애물을 극복하는 데 문신이 필요하다고 믿었죠. 문신을 보여주지 못하면 영혼이 떠도는 귀신이 된다고 생각한 거예요. 그래서 그들은 바늘로 살을 찌르는 고통을 견뎌내면서까지 문신에 집착했던 것이죠. 그러나 하나님은 이스라엘 백성이 이방의 관습을 따라서 이런 잘못된 미신에 빠지지 않도록 문신을 금지하셨어요. 오늘날에도 크리스천들은 어떤 마술적인 힘을 얻기 위한 목적으로 하는 문신은 철저하게 멀리해야 해요.

둘째, 문신은 일종의 질병 치료 방법으로 사용되기도 했어요. 의술이 발달하지 않았던 옛날에는 사람이 중병에 걸리는 이유를 알아내기가 어려워 질병이 귀신의 활동과 관련되어 있다고 생각했어요. 그러다 보니 자연스럽게 마술사나 무당이나 사제들이 질병의 치료를 맡았죠. 이들이 내리는 처방도 오늘날의 기준에서 보면 의학적 근거가 없는 엉터리일 경우가 많았는데 문신도 그 가운데 하나였어요. 특히 문신에 사용되는 염료들은 특별한 약초나 식물의 즙으로 만든 것이었는데, 이런 염료들은 질병 치료에 약간 효과가 있는 것도 있지만 얼토당토않은 경우도 많았어요. 이제는 의학이 크게 발달해 좋은 치료법들이 많이 개발되었기 때문에 문신을 치료 방법으로 사용할 필요가 없어졌죠.

셋째, 고대사회에서 문신은 성인이 되는 통과의례로 간주하였어요. 문신을 새기기 위해서는 온몸을 바늘로 찌르고 피를 흘리는 엄청난 고통을 겪어야 하는데, 어른이 되려면 이런 고통을 이겨 낼 수 있어야 한다고 생각한 거죠. 소년기나 소녀기가 끝날 즈음에 이 고통스러운 문신 과정을 겪어 내야만 마을 주민으로 대접받을 수 있었고, 결혼도 할 수 있었답니다.

넷째, 어떤 사회에서는 형벌의 표시로 몸에 문신을 새기는 일도 있었어요. 당연히 오늘날에는 이런 의미로 문신을 새길 필요가 없어요.

다섯째, 몸을 치장하는 장식용으로 문신이 사용되기도 했어요. 특히 남태평양처럼 적도 근처에 사는 사람들은 무더운 날씨 때문에 일 년 내내 거의 옷을 벗고 지내는 경우가 많아요. 하지만 이들에게도 자기 몸을 아름답게 꾸미고 싶은 본능이 있는데, 마땅히 꾸밀 옷이 없으니 몸 자체를 아름답게 꾸미기 시작한 것이죠. 그래서 장식용 문신이 성행했는데, 이런 장식용 문신은 자연스럽게 사회적 신분을 표시하는 상징이 되곤 했어요. 돈이 많은 사람은 정교하고 아름다운 문신을 할 수 있지만, 돈이 없는 사람은 투박하고 거친 문신을 하는 것으로 만족해야 했으니까요.

장식용 문신은 좋지 않은 목적으로 사용되기도 했어요. 예를 들어 조직폭력단같이 어떤 조직에 속한 구성원들이 단합을 다지는 의미에서 모두 같은 문신을 하는 경우죠. 한 번 문신하면 영구히 없어지지 않으니까 조직의 구성원으로서 영원히 함께하자는 뜻이 담겨 있어요.

어떤가요? 문신에는 여러 다양한 의미들이 담겨 있죠? 이 중에서 우리 친구들이 말하는 문신은 패션 장식용에 가깝다고 할 수 있을 거예요. 그러면 그런 목적으로 문신을 하는 것은 괜찮을까요? 저는 패션 장식용이라고 하더라도 전통적인 방법의 문신은 물론 헤나 문신도 가능한 한 하지 않는 것이 좋다고 생각해요.

왜냐하면, 전통적인 방법으로 하는 문신의 경우에는 위생과 건강상의 문제가 뒤따를 수 있어요. 문신은 바늘 또는 바늘같이 뾰족한 도구로 수없이 피부를 찔러서 상처를 내야 하는데, 도구를 아무리 깨끗하게 소독해도 사람의 살 표면에 있는 수많은 바이러스, 박테리아, 세균, 기타 유기물들이 바늘에 묻어서 살 속으로 들어가지 않을 수 없거든요. 따라서 피부에 크고 작은 염증이 생기는 것은 물론, 이 염증이 심해지면 피부암으로까지 발전할 수 있어요. 또 소독이 제대로 안 된 바늘로 작업하면 C형 간염에 걸리는 일도 있다고 해요.

물론 헤나 문신의 경우는 이런 위생상의 문제는 없을 것 같아요. 그런데 우리 친구들이 알아야 할 것은 원래 패션 장식용 문신은 입을 옷이 거의 없는 상황에서 어쩔 수 없이 사용한 방식이라는 점이에요. 오늘날은 어떤가요? 옷이나 신발, 가방, 머리 모양 등을 통해 다양한 방식으로 자신을 아름답게 치장할 수 있잖아요? 구태여 원시적인 방법으로 몸을 장식하지 않아도 돼요. 더욱이 우리 몸은 하나님의 형상을 지니고 있고 하나님의 거룩한 전이기 때문에 그 자체로도 이미 아름다운 거예요. 그러므로 가능한 한 몸은 하나님이 주신 그대로의 모습을 유지하고, 만약 자신을 장식하고 꾸미는 일이 필요하다면 의복이나 신발 또는 가방 등을 활용하는 것이 건전하고 바른 방법이라고 말하고 싶어요.

20

안락사를 어떻게 봐야 하나요?

불치병에 걸린 환자들이 매일 고통을 당하며 살게 하는 것보다 안락사시키는 것이 오히려 그들을 존중해주는 것이라는 의견이 있는데요. 저는 사실 살아 있는 사람의 목숨을 인위적으로 끊는 것이 마음에 걸려요. 이런 안락사에 대해 어떻게 봐야 하나요?

우리 친구 중에 비행기를 타고 여행해본 경험이 있는 친구들이 있을 거예요. 비행기를 조종하거나 비행기를 타고 가는 승객들 모두 한 마음으로 바라는 것이 있어요. 비행기가 무사히 이륙하고 안전하게 착륙하는 것이죠. 비행기는 이륙할 때와 착륙할 때가 가장 위험하기 때문이에요. 비행기가 이륙과 착륙만 안전하게 하면 하늘이라는 텅 빈 공간을 날 때는 땅 위에서 자동차가 굴러가는 것보다 훨씬 더 안전하다고 해요.

마찬가지로 사람이 인생이라는 비행을 할 때도 이륙과 착륙이 가장 위험하고 힘들어요. 인생에서 이륙한다는 것은 아기가 이 세상에 태어나는 것을 말해요. 엄마가 아기를 낳을 때 엄청난 고통을 겪게 되죠. 그 고통이 너무나 크기 때문에 의술이 발달하지 않았던 옛날에는 아기를 낳다가 엄마와 아기가 많이 죽기도 했어요. 인생에서 착륙한다는 것은 생애를 다 마치고 죽는 것을 뜻해요. 인간이 죽을 때 정말로 편안하게 죽는 일은 극히 드물어요. 질병 때문이든, 노화 때문이든, 아니면 갑작스러운 사고 때문이든 대부분 사람은 고통을 겪으면서 죽음을 맞이해요.

　사람들은 누구나 이 세상을 떠날 때 아무런 고통 없이 편안하게 죽고 싶어 해요. 그런데 암과 같은 중병에 걸리거나 치료 방법이 없는 난치병에 걸리는 경우에는 장기간 심한 신체적 고통에 시달려야 할 때가 있어요. 이때 누구든지 이런 생각을 하게 되지요. '이렇게 통증이 심한 상태로 하루하루를 고통받으면서 살아가는 것보다는 차라리 죽는 것이 좋겠다.' 그래서 고통을 겪는 환자가 의사에게 죽여 달라고 요청하는 경우가 있어요. 또, 어떤 경우에는 환자가 오랫동안 병원 생활을 하면 환자를 간호하는 가족이 시간적으로, 정신적으로 그리고 경제적으로 매우 힘든 시간을 보내기 때문에 가족에게 부담 주는 것이 너무 미안해서 환자가 자기 생명을 끊어 달라고 의사에게 요청하는 일도 있어요. 이때 요청에 따라 의사가 약물이나 기계장치를 사용하여 환자의 생명을 끊어 줌으로써 환자를 고통에서 벗어나게 하는 것을 안락사라고 해요.

물론 우리는 안락사를 요구하는 환자나 환자의 요구를 들어주려고 하는 의사의 마음을 충분히 이해할 수는 있어요. 얼마나 힘들고 아프면 죽여 달라는 요구까지 하겠어요? 또 견딜 수 없는 고통 때문에 괴로워하는 환자가 간절하게 요청할 때 의사가 환자의 요청을 거절하기도 결코 쉬운 일이 아닐 거예요. 그러면 기독교인은 안락사를 어떤 관점에서 바라보아야 할까요?

안락사 문제를 볼 때 기독교인으로서 가장 먼저 기억해야 할 성경의 가르침은 인간의 생명을 거두어 가실 권한이 있는 분은 오직 하나님 한 분뿐이라는 거예요. 시편 24편 1절은 이렇게 말하고 있어요. "땅과 거기에 충만한 것과 세계와 그 가운데에 사는 자들은 다 여호와의 것이로다." 이 말씀은 세상에 있는 모든 것들, 특히 세상 안에 사는 사람들이 하나님의 소유임을 밝히고 있어요. 그래요. 인간의 생명은 인간의 소유물이 아니라 하나님의 소유물이에요. 나의 생명도 내 것이 아니라 하나님 거예요. 그러므로 나의 생명이든 다른 사람의 생명이든 이 생명을 내 마음대로 종결시켜서는 안 되는 거예요.

욥도 이렇게 고백하고 있어요. "주신 이도 여호와시요 거두신 이도 여호와시오니" 욥 1:21. "모든 생물의 생명과 모든 사람의 육신의 목숨이 다 그의 손에 있느니라" 욥 12:10. 욥의 고백처럼 인간의 생명을 거두어 가는 것은 인간 생명의 소유주이신 하나님만이 하실 수 있는 거예요. 만일 인간이 자신의 생명을 자기 마음대로 끝낸다면, 그것은 생명에 대한 하나님의 주권을 침해하는 중대한 죄가 되는 거예요. 앞에 인용한 욥기 말씀에서 욥이 당시에 어떤 상황이었는지 여러분 잘 알고 계시죠? 아마도 이 세상 사람들 가운데 욥처럼 고통스러운 상황을 겪어 본 사람은 없을 거예요. 욥은 한순간에 자식도, 재산도, 건강도 모든 것을 다 잃었어요. 게다가 온몸에 심한 피부병이 생겨서 피범벅이 된 채 기왓장으로 온몸을 긁어야 하는 참담한 고통을 겪었지요. 욥은 그렇게 사느니 차라리 죽는 것이 낫겠다는 생각도 했어요. 그런데도 욥이 끝내 자기 목숨을 버리지 않았던 이유는 인간 생명에 대한 소유권이 하나님께 있다는 확신이 있었기 때문이에요. 욥은 이 세상 그 누구보다 더 크고 깊은 고통을 겪은 사람이에요. 그런 욥이 자기 목숨에 손을 대지 않았다면 그 누구도 욥 앞에서는 감히 고통 때문에 죽어야겠다고 말할 수가 없는 거예요. 그것은 한마디로 번데기 앞에서 주름잡는 것이죠.

 욥이 극심한 고통 속에서도 끝까지 자기 목숨을 버리지 않았던 또 하나의 중요한 이유가 있어요. 그는 자기가 어떤 특별한 죄를 범해서 고통을 받는 것이 아니라는 것을 직감적으로 알았던 것이죠. 그리고 하나님이 선하신 분이라는 것도 믿고 있었고요. 하나님께서 자기에게 이토록 극심한 고통을 주셨을 때는 무엇인지는 모르지만, 하나님의 선하신 뜻이 있을 것이라는 믿음이 있었어요. 그래서 욥은 고통을 끝까지 견딜 수 있었죠. 욥의 믿음대로 하나님은 욥이 죄를 지어서가 아니라 그의 믿음을 순금같이 더 아름답고 견고하게 다듬기 위하여 고통을 주신 거예요. 그래요. 선하신 하나님이 우리에게 고통을 주실 때는 고통을 당하는 사람들에게 아주 좋고 유익한 하나님의 깊은 뜻이 있어요. 물론 우리는 할 수만 있으면 고통으로부터 사람들이 벗어날 수 있도록 최선을 다해야 해요. 그러나 아무리 노력해도 벗어날 수 없는 고통이 여전히 우리에게 있을 때 우리는 죽음으로써 그 고통에서 벗어나려고 하지 말고 그 고통 속에 하나님이 주신 선한 뜻이 무엇인지 생각하면서 고통을 견디낼 수 있어야 해요.

사실 이 세상에서 고통을 거치지 않고 얻을 수 있는 아름다운 열매는 아무것도 없어요. 모든 아름답고 보람 있는 열매는 고통을 거쳐야 얻을 수 있어요. 예를 들면 시험에서 좋은 성적을 받기 위해서는 어떻게 해야 할까요? 고통스러운 준비과정을 거쳐야 해요. 아라비아의 속담 중에 이런 속담이 있어요. '비가 오지 않고 항상 밝은 태양 빛만 비추면 땅은 메마른 사막이 되어버린다.' 그래요. 고통이 하나도 없다면 우리의 인생은 메마른 사막이 되어 버릴 거예요. 비가 내리고 바람이 불고 태풍이 와야 들판이 푸른 식물들과 온갖 아름다운 꽃들로 단장되는 것처럼 우리의 인생은 어느 정도의 고통이 있어야 아름답게 피어날 수 있는 거예요. 욥은 바로 그것을 알고 있었어요. 그래서 그토록 엄청난 고통이 찾아왔음에도 불구하고 끝까지 자기 목숨을 버리지 않고 참아낼 수 있었던 거예요.

그런데 한 가지 다행한 일이 있어요. 최근에는 웬만한 신체적 고통을 견뎌내도록 도와주는 의료기술이 많이 발전했다는 거예요. 그뿐만 아니라 호스피스 제도라는 것이 많이 보급되고 있어요. 호스피스 제도란, 치료 방법이 없어서 병원에서 포기한 환자들을 돌보기 위한 제도예요. 환자들을 가정집과 같은 편안한 환경을 갖춘 시설에 수용해요. 그리고 질병을 낫게 하는 치료는 하지 않지만, 완화 의술을 통해 환자가 통증을 느끼지 않도록 도와주지요. 환자 옆에서 환자를 위해 기도하고 말씀도 들려주고 찬송해주면서 영혼이 편안함을 느낄 수 있도록 도와줘요. 물론 힘이 들겠지만 안락사에 의존하지 않고도 이런 도움을 받으며 얼마든지 어려운 상황을 이겨낼 수가 있어요.

그러니 앞으로 우리 친구들은 아무리 고통이 심하다고 해도 사람의 생각으로 그 모든 상황을 좌지우지하려 하지 말고, 어떤 고통 속에서도 하나님이 심어 두신 선한 뜻이 있다는 믿음을 갖는 친구들이 되기를 바랍니다.

21

존엄사를 성경적으로 어떻게 봐야 할까요?

Q 얼마 전에 우리나라에서도 존엄사가 합법화된다는 이야기를 들었어요. 스스로 죽음을 결정하고 앞당기는 것은 결국 하나님께서 주신 생명을 내 마음대로 좌지우지하는 것이 아닐까 하는 생각이 드는데요. 존엄사, 대체 어떻게 바라봐야 할까요?

A 우리 친구가 죽음과 관련된 중요한 문제를 제기했군요. 아마도 우리나라에서 존엄사가 합법화된다는 뉴스를 본 것 같아요. 그런데 한 가지 바로잡을 것이 있어요. 언론이 '존엄사법'이라는 타이틀로 뉴스를 전하고 있지만, 이는 사실과 달라요. 우리나라에서 시행될 법률의 정확한 명칭은 '호스피스·완화의료 및 임종과정에 있는 환자의 연명의료결정에 관한 법률'이에요. 제목 어디에도 '존엄사'라는 단어가 없지요? 내용을 살펴보아도

'존엄사'라는 단어는 한 번도 나오지 않아요. 이번에 통과된 법률에서 허용하는 것은 '존엄사'와는 엄연히 다르기 때문이에요.

'존엄사'란, 혼수상태에 빠진 환자에게 수액이나 영양공급 등을 중단시켜서 죽음에 이르게 하는 것을 말해요. '소극적 안락사'라고도 부르죠. '소극적'이라고 표현하는 이유는 모르핀 투여 등을 통해 곧바로 죽음에 이르게 하는 적극적인 방법이 아니라, 생명유지에 꼭 필요한 약물 투여나 영양공급을 중단하는 소극적인 조치를 통해 죽음에 이르도록 하는 것이기 때문이에요. 다행히도 앞에서 말씀드린 우리나라 법률은 제19조 2항에서 이런 행위를 하지 못하도록 막고 있어요. 즉, 존엄사, 혹은 소극적 안락사를 허락하지 않는다는 뜻이에요.

그러면 이번에 통과된 법률은 무엇을 허용한다는 걸까요? 한마디로 말하자면, '무의미한 연명치료'는 중단할 수 있다는 거예요. 다시 말해서, 임종과정에 있는 환자에 한해 심폐소생술, 혈액 투석, 항암제 투여, 인공호흡기 착용 등과 같은 연명치료를 중단하는 것까지만 허용한다는 것이죠. 여기서 말하는 '임종과정'이란, 어떤 치료로도 회복될 가능성 없이 증상이 급속도로 악화되어 죽음 직전의 상태에 이른 것을 말해요. 그러니까 우리나라 법률은 이른 시일 안에 죽음이 확실해진 환자의 경우, 원한다면 아무 효과 없는 연명치료는 하지 않아도 된다고 규정하고 있는 거예요. 이미 임종과정에 들어간 것이 확실하다면 심폐소생술이나 혈액 투석이나 항암제 투여나 인공호흡기 착용을 해도 아무런 치료효과가 없기 때문에 이런 특별한 치료는 중단해도 된다고 보는 거예요. 다만, 생명을 유지하는 데 기본적으로 필요한 산소나 수액, 영양분 공급을 중단하지 못하게 했어요.

사람에게 산소와 수액, 영양공급을 중단하면 곧 죽음에 이르게 돼요. 이는 사망하게 하는 직접적인 행위라 할 수 있죠. 하지만 이번 법안에서 말하는 것처럼, 임종과정에 있는 환자에게 무의미한 연명치료를 중단한다고 해도 그것 때문에 곧바로 죽는 일은 없어요. 죽는다고 해도 원래 가지고 있던 질병 때문에 죽는 것이죠. 따라서 무의미한 연명치료를 중단하는 것은 사망에 이르게 하는 행위라고 볼 수 없어요.

이제 어느 정도 구분이 되나요? 아마도 친구는 무의미한 연명치료가 아니라, 일반적으로 사람들이 생각하는 '존엄사 소극적 안락사'에 대한 법안이 통과됐다고 이해했기 때문에 이 질문을 한 것 같아요. 그럼 친구가 궁금해하는 존엄사에 관한 이야기를 나눠볼게요. 먼저 말씀드리는 것은 존엄사라는 용어 자체가 잘못된 용어라는 거예요.

왜 우리는 자기 의사를 표현할 수 없는 혼수상태의 환자에게 산소, 수액, 영양분 공급을 중단해서는 안 될까요? 그 이유는 혼수상태에 빠진 환자도 엄연히 살아 있는 사람이기 때문이에요. 그 이유로 크게 두 가지를 들 수 있어요.

첫째, 혼수상태의 환자를 '식물인간'이라고도 하는데, 의학적으로 말하면 대뇌가 고장이 나서 기능을 제대로 하지 못하는 상태를 말해요. 인간의 뇌는 대뇌와 소뇌로 이루어져 있는데요, 대뇌는 인간이 자기 의지로 하는 활동, 특히 정신활동에 관여하는 기관이고, 소뇌는 의지와 상관없이 이루어지는 활동 곧, 소화를 시키고 온몸에 피를 순환시키는 등 자율신경계의 활동에 관여하는 기관이에요. 혼수상태의 환자는 대뇌가 망가져서 자기 의지로 몸을 움직이거나 말을 하거나 감정표현을 하는 등의 활동을 못 하지만, 소뇌가 기능을 해서 링거나 관을 통해 수액이나 음식물을 공급해 주면 소화도 시키고 호흡도 하고 피도 순환되죠. 이처럼 피의 순환, 호흡, 소화활동이 이루어지면 생물학적으로 몸이 살아 있는 거예요.

둘째, 혼수상태라고 해도 영혼은 아직 몸 안에 머물러 있으니 살아 있는 사람으로 봐야 해요. 이는 의학적으로도 이미 증명되었어요. 일례로 교통사고로 대뇌를 다쳐서 24년이나 혼수상태에 있던 환자가 깨어난 사건이 보도된 일이 있었죠. 이 환자는 깨어난 후에 이렇게 말했어요. "나는 지난 24년 동안 내가 누워 있던 방에서 가족들이 주고받는 말들을 다 들을 수 있었다." 그 말은 혼수상태에 있는 사람도 영혼을 가진, 살아있는 상태라는 뜻이에요.

그러면, 성경은 혼수상태에 있는 환자에 대해 어떻게 이야기하고 있을까요? 성경 역시 살아있는 사람으로 보고 있어요.

창세기 2장 7절을 읽어 보면 하나님이 흙으로 사람을 지으신 다음에 코에 생기를 불어넣으셨다고 하셨어요. 여기서 말하는 생기가 바로 영혼이에요. 하나님이 생기를 불어넣으셨다는 것은 영혼이 흙으로부터 만들어진 것이 아니라는 뜻이죠. 그러면 하나님이 불어넣으신 영혼은 어떻게 생겨난 것일까요? 스가랴 12장 1절은 하나님이 사람의 심령을 지으셨다고 말씀하고 있어요. 이 말은 하나님이 사람의 영혼을 창조하셨다는 뜻이에요. 하나님은 영혼을 창조하신 다음 이 영혼을 인간의 몸속에 넣어주셨어요. 실제로 영혼이 들어오기 전까지는 흙으로 만든 몸이 움직이지 않았어요. 영혼이 들어오고 나서야 몸이 살아 움직이기 시작했지요. 이 말은 무슨 뜻일까요? 사람의 몸이 생물학적으로 작동하고 있다는 것은 그 안에 영혼이 있다는 증거예요.

이상의 정보들을 혼수상태의 환자에게 적용해 보겠어요. 혼수상태의 환자는 대뇌가 망가졌지만, 영혼이 뇌에서 생성되는 것은 아니기 때문에 대뇌가 기능을 상실했어도 영혼이 죽은 것은 아니에요. 또한, 혼수상태라도 엄연히 소화기능이 살아 있고 피의 순환과 호흡도 이루어지고 있어요. 두 가지 사실을 통해 우리는 혼수상태의 환자가 살아 있는 사람이라고 확신할 수 있어요. 다만 몸의 한 부분이 고장 나서 자기 의지로 움직이지 못하고 자기 의사표현을 하지 못하는 것뿐이에요.

그래서 혼수상태에 있는 환자에게 생명유지에 꼭 필요한 산소나, 수액, 영양공급을 중단하는 일은 한 사람의 생명을 사망에 이르게 하는 행위인 거예요. 이것은 살인행위가 되는 거예요. 산소

공급을 중단하면 질식하여 죽게 만드는 것이고, 수액을 중단하면 수분부족으로 죽이는 것이고, 영양공급을 중단하면 굶겨 죽이는 것이 아니겠어요? 사람을 죽이면서 '존엄한 죽음'이라는 말로 위장하면 안 되죠. 인간의 생명은 하나님 것이므로 아무리 힘들어도 하나님이 주신 생명을 인간이 함부로 손대면 안 된다는 뚜렷한 신념을 가지고 하나님이 자신의 생명을 거두어 가시는 시간까지 인내 가운데 기다리다가 죽음을 맞이하는 것을 존엄사라고 부를 수 있는 거예요.

우리 친구들은 사람이 이 세상에 태어난 것도, 이 세상을 떠나는 것도 본인 스스로가 아니라 하나님의 뜻에 따른 것이라는 확실한 믿음을 가지고 있어야 해요. 생명을 주관하시는 분은 하나님 한 분뿐이세요. 이 믿음을 가지고 하나님께서 부르시는 날까지, 때로는 어려운 순간이 찾아와도 포기하지 않고 살아내는 친구들이 되기를 바랄게요.

22

유전자조작기술을 어떻게 봐야 하나요?

Q 저는 이과를 지망하고 있는 학생입니다. 그런데, 요즘 뜨고 있는 분야가 BT, 즉 '바이오테크놀러지(생명공학)'라고 하잖아요. 저도 그쪽에 관심이 있는데요. 하지만 하나님이 창조하신 생물을 사람이 인위적으로 유전자조작을 해서 돌연변이를 만드는 게 신앙적으로 맞는 일인지 잘 모르겠어요. 그리고 마트에 있는 유전자조작 표시가 되어 있는 식품은 먹기에 조금 꺼려지는데, 이런 것들을 어떻게 봐야 하죠?

A 질문한 학생을 칭찬하고 싶군요. 학생이 생명공학 분야에 대해 단순히 관심을 두는 차원에만 머무르지 않고 신앙적인 관점에서 고민하는 모습이 매우 예쁘네요. 이런 모습 속에서 한국교회와 사회의 밝은 미래를 봅니다.

그래요. 생명공학은 양날의 칼과도 같아요. 생명공학은 인간과 세계를 더욱더 잘 이해하고 인류의 질병치료에 혜택을 줄 수도 있지만 동시에 인류의 미래를 엄청난 위험 속에 빠뜨릴 수도 있죠.

우리는 생명과학과 생명공학을 구분할 필요가 있어요. 생명과학은 고배율의 현미경, X선 촬영술, 천문학적인 전산을 처리할 수 있는 컴퓨터 등을 이용하여 세포 차원의 극미한 세계에서 전개되는 생명 발생 과정을 관찰하여 분석하는 분야를 말해요. 생명과학을 통하여 우리는 바늘 끝보다도 더 작은 미세한 세포 안에 500페이지 분량의 책 5,000권에 해당하는 유전인자가 들어 있으며, 이 유전인자들을 중심으로 매우 정교하고 질서정연하며 경이로운 생명 발생이 진행된다는 사실을 확인할 수 있었죠. 이와 같은 생명과학의 발견은 하나님의 존재를 인정하는 일에 크게 도움이 돼요.

문제는 생명공학에 있어요. 생명공학은 유전자를 자르는 기능을 가진 제한효소라는 물질을 이용하여 유전자를 마음대로 잘라내고, 원하는 유전자를 잘라낸 부위에 끼워 넣는 기술이에요. 생명공학은 간단히 말하면 '유전자조작기술'을 뜻해요. 유전자조작기술은 어떤 목적으로 사용하느냐에 따라서 선용될 수도 있고 악용될 수도 있어요. 예를 들어서 유전자 중에서 병든 유전자를 발견했을 때, 유전자조작기술을 이용하여 병든 유전자를 잘라내고 이 자리에 건강한 유전자를 끼워 넣을 수 있다면 질병 치료에 도움이 되죠. 이것이 유전자치료예요. 유전자치료는 유전자조작기술이 이용되는 예예요. 그러나 여기에도 이미 문제가 있어요. 유전자치료는 실패할 확률이 매우 높아요. 약 300건 정도 시도하면 서너 건 정도가 겨우 성공하는 것으로 조사되었고, 그것도 성공이 확실하게 됐는지를 확인하려면 매우 오랜 세월 동안 지켜봐야 한다고 해요.

무엇보다 이 유전자조작기술은 악용될 소지가 있어요. 유전자조작기술을 이용하여 현존하는 생명체와는 다른 새로운 종류의 생명체를 만들어낼 수 있기 때문이에요. 물고기의 유전자를 고양이의 유전자에 집어넣어 어류도 아니고 포유류도 아닌 동물을 만들어낼 수도 있고, 식물의 유전자와 동물의 유전자를 결합하여 식물도 아니고 동물도 아닌 생명체를 만들어낼 수도 있고, 사람의 유전자와 짐승의 유전자를 결합하여 반은 인간이고 반은 짐승인 키메라를 만들어낼 수도 있어요. 이처럼 새로운 생명체를 창조해 내려는 시도는 하나님이 각기 그 종류대로 창조하시고 선하다고 판단하신 하나님의 창조질서를 교란하는 행위로서 하나님을 향해 도전과 모욕을 하는 행동이라고 할 수 있어요. 유전자가 조작된 생명체는 각종 질병과 기형을 갖고 있을 위험이 크며, 만일 이런 생명체가 성공적으로 조작되어 번성하게 된다면 기존 생태계에 끼치는 부작용은 상상할 수도 없을 거예요. 이처럼 새로운 종을 창조해 내려는 시도는 하나님만이 소유하시는 창조의 권리를 인간이 가로채 장난하는 일종의 '창조 놀이' 또는 '하나님 놀이'로서 하나님을 모독하는 심각한 죄악이 돼요.

유전자조작기술은 유전자조작 식품을 만들어내는 데도 이용될 수 있어요. 예를 들어서 토마토의 크기를 결정하는 유전자를 찾아 낸 다음, 이 유전자를 잘라내고, 그 자리에 토마토의 크기를 열 배가량 크게 만들 수 있는 정보를 담은 유전자를 끼워 넣어 열 배나 큰 토마토를 생산해낼 수 있어요. 이렇게 생산된 토마토가 곧 유전자조작 식품이에요.

생명공학자들은 유전자조작 식품을 통해 점점 늘어나는 세계 인구의 식량문제를 해결할 수 있다고 주장해요. 그러나 이 주장은 잘못된 것이랍니다. 왜냐하면, 유전자가 조작된 식품이 인체에 들어갔을 때 어떤 부작용이 나타날지 확실히 검증되지 않았기 때문이에요. 이 경우, 매우 심각한 부작용이 나타날 수도 있어요. 그래서 유럽연합EU에서는 유전자조작 식품의 반입을 일절 금지하기도 했어요.

생명공학자들은 재래종 유전자조작을 하지 않은 순수한 농작물 으로는 세계 식량문제를 해결할 수 없다고 하는데, 그것도 사실과 달라요. 세계의 식량문제는 재래종의 생산성이 적어서 생기는 문제가 결코 아니에요. 예를 들어서 미국의 남부지방에 가면 자연적인 퇴비가 섞인 아주 비옥한 땅이 많이 놀고 있어요. 미국의 한 주 정도의 지역만 작물을 심어서 키우면 전 세계 인구의 식량문제를 해결할 수 있을 만큼의 식량이 나오죠. 문제는 강대국들이 자국의 이익을 위해 식량을 다른 나라로 넘겨주지 않기 때문에 생기는 것이에요.

강대국은 일부러 재래종의 생산을 줄이고 유전자조작 식품을 만들어 약소국에 팔아 이윤을 챙기고 있죠.

유전자조작기술은 우생학의 도구로 악용될 수도 있어요. 우생학이란 열성 형질을 가진 생명체를 우성 형질을 가진 것으로 바꾸는 방법을 연구하는 학문이에요.
그러면 유전자조작기술이 어떻게 우생학의 도구로 이용되는지 살펴볼까요? 예를 들어, 머리를 좋게 하는 유전자가 있다고 해요. 그러면 머리를 나쁘게 하는 유전자를 잘라내고, 머리를 좋게 하는 유전자를 끼워 넣은 다음, 이 유전자를 가진 아이를 낳으면 머리가 좋게 태어나겠죠. 같은 방법으로 얼굴이 예쁜 아이, 힘이 센 아이 등을 만들어낼 수 있어요.

만일 이런 시도들이 성공한다면 어떤 결과가 나타날까요? 유전자조작을 통하여 머리가 좋고, 얼굴도 예쁘고, 힘도 센 새로운 종류의 인류가 출현하는 것을 상상해 볼 수 있겠죠. 그러면 세상은 머리도 나쁘고, 얼굴도 예쁘지 않고, 힘도 약한 재래식의 인류와 유전자조작을 통해 머리도 좋고, 얼굴도 예쁘고, 힘도 센 신인류로 나누어져 혼란스러워질 거예요.

이처럼 유전자조작기술은 선용될 수도 있고 악용될 수도 있는데, 악용될 소지가 훨씬 많아요. 현대의 과학자들은 '기술적으로 가능하면 해야 한다'라는 생각을 가지고 기술적으로 가능한 모든 작업을 하려는 습성을 가지고 있어요. 그러나 기술적으로 가능하더라도 그 일이 하나님의 뜻에 합당한 일인가, 인류의 미래에 어떤 피해를 가져오지는 않을까 등을 신중하게 따져봐야 해요. 그런 후에 만일 그 일이 하나님의 뜻에 합당한 일이 아니며, 인류의 미래에 중대한 피해를 가져오는 일이라면 중단하는 결단을 해야 해요.

오늘날 생명공학이 미래를 선도하는 새로운 분야이기 때문에 생명공학을 전공하려는 크리스천 청소년들이 매우 많아요. 그러나 생명공학이 안고 있는 문제점을 충분히 인식하지 못한 채 공부하면 하나님 앞에서 또 하나의 교만한 바벨탑을 쌓고 금지된 선악과를 따먹으면서 하나님 놀이를 하는 죄악에 빠질 수 있어요. 그러므로 기독 청소년들은 생명공학이 가진 위험성을 잘 이해하고 판단하면서 생명공학을 하나님이 기뻐하시는 건전한 방향으로 발전시키려는 뚜렷한 소명을 가지고 이 분야에 들어가야 해요.

4부

죽음, 차별, 교리

23. 세상에 왜 악한 사람이 존재하나요?
24. 아직 할 일이 많은데도 죽는 이유는 뭔가요?
25. 영적 꿈인지 의미 없는 꿈인지 어떻게 분별하죠?
26. 노아의 홍수 후에 동물들은
    다른 섬으로 어떻게 이동했나요?
27. 하나님은 이스라엘 편만 드시는 것 같아요
28. 왜 예수님의 어린 시절 이야기는 없나요?
29. 남녀 차별적인 성경 말씀을 볼 때 마음이 불편해요
30. 성경에는 왜 버전이 많나요?
31. 하나님은 왕자병에 걸리신 건가요?

23
세상에 왜 악한 사람이 존재하나요?

Q 기도하던 중에 갑자기 의문이 생겼어요. 왜 악한 사람들이 존재할까요? 하나님이 마음만 먹으면 이단도, 죄도 없애실 수 있을 텐데, 주님은 악을 이기시는 분인데 왜 악을 없애지 않으시는 거죠? 그런 생각이 들기 시작하면 어느새 주님을 의심하는 의문을 품게 되더라고요.

A 성경에도 우리 친구와 비슷한 고민을 한 사람이 있어요. 바로 시편 73편을 쓴 아삽이라는 사람이에요. 아삽은 하나님을 잘 믿었을 뿐만 아니라 마음을 깨끗하게 하고 행실을 바르게 하려고 열심히 노력한 사람이었어요. 그런데 아삽에게는 계속 재난만 찾아왔죠[14절]. 반대로 악한 사람들은 오히려 형통한 삶을 살았어요.

아삽의 눈에 악한 사람들은 죽을 때마저 고통이 없고 힘이 강

건해 보였고, 고난도 재앙도 찾아오지 않고 항상 평안했고 재물은 자꾸만 불어나는 것처럼 보였죠4-7, 12절. 그래서 너무나 속이 상한 나머지 속으로 이렇게 부르짖었어요.

"하나님이 살아 계시는데 어떻게 악인은 잘살고 선한 사람은 어렵게 사는 일이 일어날 수 있을까?"

그러다 보니 아삽은 바르게 살기 위해 애쓰는 것이 헛된 일이 아닌가 하는 의문에 사로잡혔죠13절. 이런 생각들 때문에 아삽은 시험에 들어서 넘어질 뻔했고 미끄러질 뻔했다고 기록되어 있어요2절. 어떻게 보면 아삽의 이런 마음이 이 질문을 한 친구의 마음과 비슷한 것 같아요.

도대체 세상에는 왜 악한 사람이 존재하는 걸까요? 하나님의 뜻대로 사는 사람만 있다면 정말 좋을 텐데 말이에요. 이 질문에 대해 저는 다음과 같이 답변하려고 해요.

첫째, 세상에 악인이 있어야만 하나님에 대한 진실한 믿음을 가진 사람이 누구인가를 분별해 낼 수 있어요. 이 말은 악인이 있어야만 참된 믿음이 무엇인가를 알 수 있다는 뜻이에요. 예를 하나 들어볼게요. A가 학교에서 억울한 누명을 쓰고 매우 나쁜 일을 했다고 오해받고 있어요. 선생님도 다른 친구들도 다들 A를 오해하고 있고요. 이런 상황이 벌어지자 B라는 친구는 이렇게 말해요. "A야, 네가 어떻게 그런 짓을 할 수 있니? 그렇게 안 봤는데 정말 대실망이야. 너하고는 앞으로 더 이상 사귀고 싶지 않아." 그러고는 관계를 끊어버려요. 아마도 A와 친하게 지내던 많은 친구가 이렇게 실망하면서 A를 떠나겠지요?

  반면에 C라는 친구는 "A야, 다른 사람들은 다 너를 의심해도 나는 너를 알아. 너는 절대로 그런 일을 할 사람이 아니야. 만약 그런 일을 했다고 해도 그럴 만한 이유가 있었을 거야. 힘내"라고 말하며 A를 격려해요. 자, B와 C 두 친구 중에서 누가 진정한 친구일까요? 당연히 C겠죠? A가 겪은 어려운 상황은 진짜 친구가 누구이고, 가짜 친구가 누구인지를 명확하게 드러내 주지요.

  하나님에 대한 믿음에도 이와 같은 원리가 적용돼요. 만일 이 세상에 착한 사람들만 있어서 모든 일이 선한 방향으로 움직인다든지, 악한 사람이 있다 하더라도 악을 행할 때마다 금방금방 벌을 받고 선한 사람은 항상 복을 받는다면, 모든 세상 사람들이 다 하나님을 믿을 거예요. 왜냐하면 하나님을 믿는 게 자기에게 좋다는 것을 알기 때문이지요. 이때는 누가 정말로 하나님을 믿고 있는지, 믿는 척 위장하고 있는지 구분할 수가 없어요.

  그러나 하나님이 살아 계시는데도 악인이 세상에 존재하고 그런 사람들이 편안하고 행복하게 부자로 잘살지만, 착한 사람은 고생하고 가난하고 불행하게 산다면 많은 사람이 하나님을 떠날 거예요. 왜냐하면 하나님을 믿어 봤자 자기에게 이익이 없을 것으로 생각하기 때문이에요. 그러나 하나님에 대한 진정한 믿음을 가진 사람들은 이런 상황 속에서도 '나는 하나님이 어떤 분이신지를 알아. 하나님이 악인을 세상에 두셨다면 내가 이해하지 못하는 중요한 이유가 분명히 있을 거야'라고 생각하고 하나님에 대한 변함없는 믿음을 보여줄 거예요.

이처럼 악인의 존재와 활동은 참된 믿음의 사람이 누구인가를 알려 주는 결정적인 계기가 되지요. 맞아요. 어떤 대상에 대한 의심을 가질 수밖에 없는 상황에서도 그 대상을 끝까지 믿어주는 것이 바로 믿음의 중요한 본질이에요. 구약성경에 등장하는 다니엘과 세 친구가 바로 그런 믿음을 증명한 경우였죠. 그들은 악인들이 우글대는 이방 왕국에서 억울하게 풀무불과 사자 굴 속에 던져지면서도 끝까지 하나님을 믿었어요.

둘째, 악인의 존재는 하나님은 창조주이시고 인간은 피조물이라는 중요한 진리를 우리 마음속에 새겨 주고 있어요. 사실 이 세상에 선하시고 전능하신 하나님이 살아 계시는데도 불구하고 악인이 존재한다는 사실을 완전하게 설명할 수 없어요.

바둑을 두는 기사들을 한번 생각해 볼까요? A는 바둑의 급수가 낮은 기사예요. 이 기사는 우리가 쉽게 예측할 수 있는 자리에 바둑돌을 놓아요. 그러나 B는 바둑을 아주 잘 두는 기사예요. 그는 우리가 전혀 예상할 수 없는 곳에 바둑돌을 놓아요. 왜냐하면 그는 우리가 생각하는 것보다 훨씬 높고 깊고 넓게 전략을 짜고, 그 전략에 따라서 바둑돌을 놓기 때문이에요. 이때 우리는 어떤 기사를 존경하고 두려워할까요? 네! 우리가 도저히 예측할 수 없는 전략을 짜는 능력을 갖춘 B 기사예요.

그래요. 하나님이 악인을 세상에 두신 이유가 무엇인지는 우리 인간의 머리로 다 헤아릴 수가 없어요. 왜 그럴까요? 우주를 창조하신 하나님의 생각과 계획은 인간의 머리로 다 알아내기에는 너무나 높고 깊고 넓기 때문이에요. 악인이 세상에 존재하는 이유는 높고 깊고 넓은 하나님의 생각으로부터 나오는 것이기 때문에 인간의 머리로 다 들여다볼 수 없죠. 만일 인간의 생각으로 하나님의 생각을 들여다보고 알 수 있다면 하나님은 우리보다 수준이 낮은 존재일 수밖에 없으므로 우리의 하나님이 될 자격이 없어요. 우리가 도저히 들여다볼 수 없는 차원이어야 우리가 우러러보고 두려워하고 경배하는 창조주 하나님이 되실 수 있는 거죠. 그러므로 100% 설명할 수 없는 악인의 존재 이유는 '우리는 피조물이요, 하나님은 우리가 경배해야 할 분'임을 선언하고 있는 거예요.

셋째, 악인의 존재는 하나님의 자녀들과 교회를 훈련하여 거룩한 백성으로 만드는 데 아주 중요한 역할을 해요. 하나님의 백성은 예수님이 주신 명령에 따라서 이웃을 "사랑"하며 살아야 할 의무를 가진 사람들이에요 마 22:39. 그러면 사랑이 무엇일까요? 고린도전서 13장은 사랑의 열다섯 가지 특징들을 열거하고 있는데 고전 13:4-7, 이 특징들 가운데 특히 강조되고 있는 것이 있어요.

사랑의 첫 번째 특징은 '오래 참는 것'이고, 마지막 특징은 '모든 것을 견디는 것'이라고 했어요. 우리가 어떤 말을 할 때 대체로 맨 처음에 하는 말과 가장 나중에 하는 말이 제일 중요한 강조점인 경우가 많아요. 또 참는 것과 견디는 것은 표현은 다르지만 같은 내용이지요? 그리고 중간에 보면 사랑은 '모든 것을 참는 것'이라는 항목도 나와요. 즉 이웃을 사랑하려면 참고 견디는 것, 곧 인내하는 태도가 필요하다는 것 아니겠어요?

　이처럼 하나님 백성의 중요한 성품 중의 하나인 참고 견디는 인내의 성품이 형성되려면 어떤 환경이 필요할까요? 우리 친구 주위에 언제나 잘하기만 하는 착하고 좋은 사람들만 있을 때 인내의 성품이 형성될 수 있을까요? 절대 그렇지 않죠. 주위에 좋고 착한 사람들만 있다면 우리는 아주 나약한 사람이 될 수밖에 없어요. 조금만 힘든 일이 찾아와도 무너지고 마는 사람이 될 수 있어요. 그러면 어떤 사람들이 있어야 인내의 성품이 형성될 수 있을까요? 못되고 악한 사람들이 있어야 해요. 못되고 악한 사람들이 끊임없이 우리를 괴롭히고 함정에 몰아넣으려 하고 나쁘게 대할 때 이 일들을 참아내는 과정에서 인내라는 보석과 같은 성품의 열매가 맺히게 되는 거예요. 그리고 이 열매로 비로소 이웃을 사랑할 수 있게 되지요.

24

아직 할 일이 많은데도 죽는 이유는 뭔가요?

Q 인간이 사는 이유는 하나님께 영광을 돌리기 위해서이고, 죽는 건 자신의 사명을 다했기 때문이라고 교회에서 배웠어요. 그런데, 억울하게 사고로 죽거나, 결혼을 앞두고 갑자기 죽는 것 같이 아직 할 일이 많은데도 사람들이 죽는 이유는 뭔가요? 죽는 것도 하나님 도구로 사용되는 것인가요? 궁금해요.

A 사람으로 태어나서 부모에게 가장 큰 불효가 되는 일은 부모보다 먼저 죽는 것이라는 말을 들어본 일이 있지요? 저도 그렇게 생각해요. 자식이 부모보다 일찍 죽는다는 말은 제 명대로 다 살지 못하고 어떤 질병이나 사고 때문에 일찍 죽었다는 뜻이지요. 이런 경우에는 사람으로서 마땅히 해야 할 일을 제대로 못 하고 죽게 되지요. 많은 돈을 들여서 대학교까지 공

부시켜 놓았는데 졸업하자마자 죽어버린다면 얼마나 안타깝겠어요? 결혼식을 올려놓고 신혼도 제대로 보내지 못하고 죽어버린다면 얼마나 애석하겠어요? 아이를 낳아놓고 아이가 다 자라서 제 앞길을 찾아가기도 전에 부모가 죽어버린다면 얼마나 슬픈 일이겠어요? 이때 우리는 하나님께서는 왜 할 일도 다 못하고 누려야 할 생애도 다 못 누린 사람을 죽게 하시는가, 그것은 너무나 불공평한 일이 아닌가 하는 질문을 하게 됩니다. 이 질문에 대해서 저는 다음과 같이 답변하고자 해요.

첫째로, 하나님의 자녀들이 너무나 큰 비극적인 일을 만나는 것이 예상될 때 이 비극을 겪지 않고 편안하게 삶을 마치도록 일찍 죽게 하시는 경우가 있어요.

유다의 왕 요시야는 하나님의 뜻대로 바르게 나라를 다스리기 위하여 노력한 왕이었어요. 하나님은 요시야를 매우 사랑하셨죠. 그런데 하나님은 요시야를 일찍 죽게 하셨어요. 그러면서 요시야를 일찍 죽게 하신 이유를 이렇게 말씀하셨어요. "그러므로 보라 내가 너로 너의 조상들에게 돌아가서 평안히 묘실로 들어가게 하리니 내가 이곳에 내리는 모든 재앙을 네 눈이 보지 못하리라 하셨느니라" 왕하 22:20. 즉, 사랑하는 요시야가 곧 유다 나라에 임할 무서운 재앙을 겪지 않고 평안하게 삶을 마무리할 수 있도록 일찍 죽는 은혜를 베푸신 거예요.

둘째로, 우리는 때로 우리의 목숨을 내어놓으면서까지 이루어야 할 만큼 값지고 소중한 소명이 있다는 사실을 기억해야만 해요. 예수님은 이런 말씀을 하셨어요. "사람이 친구를 위하여 자기 목숨을 버리면 이보다 더 큰 사랑이 없나니"요 15:13. 이 말은 무슨 뜻인가요? 친구의 생명을 살리기 위하여 나의 목숨을 내어놓아 일찍 죽는 일은 귀중한 가치가 있는 일이라는 뜻이지요.

옛날에 강재구 소령이라는 장교가 있었어요. 강 소령이 어느 날 사병들을 데리고 수류탄 투척 연습을 하는데 어느 사병이 수류탄 안전핀을 뺀 상태로 수류탄을 놓쳐 버렸답니다. 만일 이 수류탄을 그냥 두면 많은 사병이 죽게 된다는 것을 알았던 강 소령은 부하들에게 피하라는 명령을 내린 후에 자신의 몸을 수류탄 위에 던졌어요. 자신은 장렬하게 죽고 대신 많은 사병을 살려 주었죠. 또, 일본의 한 지하철에서 지하철 선로에 떨어져 죽음 직전에 있었던 시민을 한국인 유학생이 뛰어들어 살려낸 후 자신은 전동차에 치여 죽은 사건도 있었어요. 이 한국인 유학생은 그 고결한 죽음으로 인하여 일본 사회에 많은 감동을 주었지요. 이런 죽음은 정말 값진 죽음이지요.

그 외에도 하나님을 향한 사랑과 믿음을 배반하지 않고 끝까지 지키기 위하여 목숨을 내어놓는 순교도 결코 헛된 죽음이 아니에요. 지금까지 많은 하나님의 종들이 신앙을 지키기 위하여 목숨을 내어놓았어요. 스데반 집사는 돌에 맞아 죽어가면서까지 자기를 돌로 치는 적들을 위하여 기도하다가 순교 당했고, 야고보 사도도 목숨을 내어놓으면서까지 신앙을 지켰어요. 베드로는 십자가에 거꾸로 매달려 죽어가는 고통을 겪으면서도 주님을 향한 믿음과 사랑을 배반하지 않았죠. 이렇게 헤아릴 수 없이 많은 성도가 화형당하고, 사자에게 물려 죽으면서도 하나님을 향한 신앙을 지키기 위하여 기꺼이 자신의 목숨을 내어놓았어요.

만약 이런 사람들이 죽지 않고 살았다면 해야 할 일이 없었을까요? 그렇지 않아요. 여전히 해야 할 일이 많이 있었을 거예요. 그러나 이들은 다른 사람의 생명을 살리기 위하여 또는 하나님을 향한 믿음을 지키기 위하여 목숨을 내어놓는 것이 살아남아서 할 일을 하는 것보다 훨씬 더 값지고 중요하다고 생각했기 때문에 기꺼이 목숨을 내어놓은 것이에요.

지금까지 말한 두 경우는 일찍 죽는 이유가 분명하지요? 그런데 어떤 죽음은 분명한 이유가 없는 것처럼 보일 때가 있어요. 이때는 정말로 일찍 죽게 하신 하나님의 뜻이 과연 무엇인가 의문을 품게 되지요. 그러나 우리는 어떤 사람이 삶의 목적을 완수하느냐 못하느냐 하는 판단은 얼마나 오래 살았느냐에 따라서 결정되는 것이 아니라는 사실을 알아야 해요.

예를 들어서 예수님은 33년을 사셨지요? 너무 짧은 생을 사셨어요. 우리 생각에 예수님이 한 80살까지 사셨으면 더 좋았겠다고 생각해 볼 수도 있어요. 실제로 예수님이 인류 구원을 위하여 일하신 시간은 딱 3년에 지나지 않아요. 그런데 예수님이 십자가 위에서 죽기 직전에 "내가 할 일이 아주 많이 남아 있는데 이렇게 일찍 죽으려니까 너무나 안타깝다! 하나님, 왜 나를 이렇게 일찍 죽게 하시나요? 나에게 30년만 더 살게 해 주실 수 없나요?"라고 한탄하지 않으셨어요. 오히려 "다 이루었다"요 19:30라고 말씀하셨죠. 이것은 무슨 말인가요? 하나님의 일을 3년밖에는 하지 못했지만 할 일은 다 하고 간다는 뜻이에요. 예수님에게서는 더 살아야겠다는 미련이 전혀 보이지 않았어요. 사도 바울도 순교를 앞두고 쓴 디모데후서에서 "나의 달려갈 길을 마치고"딤후 4:7라고 말하고 있죠. 더 살았으면 할 일이 분명히 많았을 텐데도 아쉬움이 전혀 나타나지 않아요.

그래요. 이 세상에 태어나서 2년을 살다가 죽든, 5년을 살다가 죽든, 아니면 80년을 살다가 죽든, 아니면 900년을 살다가 죽든, 그것을 판단하시는 분은 하나님이니까요. 세상에 태어나서 2년밖에 살지 못하고 죽은 아기도, 우리는 알 수 없지만, 하나님께서 그 아기를 통하여 이루시고자 하는 뜻이 분명히 있고, 하나님은 그 뜻을 이루셨다고 믿어야 해요. 소명은 하나님이 주시는 것이니까 하나님이 소명을 이루시면 되는 것이죠.

마지막으로 우리는 하나님의 자녀가 이 세상을 떠난 뒤에 아주 불행하고 슬픈 곳으로 가는 것이 아니라 이 세상과는 비교조차 안 되게 행복하고, 즐겁고, 아름답고, 사랑과 진실 안에서 맺어지는 따뜻한 인간관계가 있고 하나님과의 관계가 기다리고 있는 너무나 좋은 세계로 간다는 사실을 항상 기억해야 해요. 일단 이 세계에 들어가고 나면 그 세계가 너무나 황홀하고 좋아서 이 세상에서 몇십 년 더 살고 덜 사는 것, 심지어 몇백 년 더 살고 덜 사는 것이 아무것도 아니라는 사실을 금방 알게 될 거예요.

사도 바울도 우리가 갈 천국이 얼마나 좋은 세계인가를 알고 있었기 때문에 "차라리 세상을 떠나서 그리스도와 함께 있는 것이 훨씬 더 좋은 일이라 그렇게 하고 싶으나"빌 1:23라고 고백하고 있어요. 사도 바울은 정말로 이 세상의 삶에 미련이 없었어요. 할 수만 있으면 빨리 천국에 가고 싶어 했죠.

우리가 갈 천국이 이토록 좋은 세계라면 지금 세상에서 몇 년 혹은 몇십 년 더 오래 살고 덜 사는 것은 그렇게 중요한 일은 아니랍니다.

25

영적 꿈인지 의미 없는 꿈인지 어떻게 분별하죠?

제가 요즘 꿈을 많이 꾸는 편인데요. 괜히 기분이 나쁘거나 왠지 모르게 기억에 남아서 신경이 쓰이는 꿈이 있어요. 특별히 걱정이 있는 것도 아닌데 말이죠. 또 내용은 잘 생각이 안 나고 기분만 남아있는 꿈도 있곤 한데요. 혹시 하나님께서 꿈을 통해 뭔가 말씀하시려고 하는 게 아닌가 싶기도 해요. 꿈을 꾸었을 때, 영적인 꿈인지 아니면 소위 말하는 '개꿈'인지 어떻게 분별할 수 있는지 알려주세요.

먼저 꿈이란 무엇인가에 대하여 생각해 보기로 해요. 꿈을 꾼다는 것은 잠자는 시간에도 사람의 정신이 활동하고 있다는 증거예요. 우리가 보고 듣고 배운 모든 것들은 우리의 정신 어딘가에 저장되어 있다고 해요. 현대 심리학자들은 사람의 정신은 '의식의 세계'와 '무의식의 세계'로 구성되어 있다고 보고 있죠. 의식의 세계는 기억할 수 있는 영역이고, 무의식의 세계는 기억을 빠져나간 것들이 저장된 아주 큰 탱크 같은 거예요. 이 무의식에 저장된 것들은 평소에는 기억나지 않다가 잘 생각하면 떠오르기도 하고, 누군가의 말을 듣거나 어떤 장면을 볼 때 갑자기 연상되기도 하고, 어느 순간에 문득 알게 되기도 하지요. 그런데 무의식 속에 저장되어 있던 것들이 가장 활발하게 떠오르는 시간이 바로 잠자는 시간이에요. 사람의 정신이 깨어 있을 때는 의식 세계의 일을 하다가 잠이 들면 이 모든 것을 쉬고 무의식의 세계 안에 저장되어 있던 것들을 꺼내 활용하면서 상상 활동을 하는 것이지요. 그것이 바로 '꿈'이에요.

그렇다면 하나님께서 이런 꿈을 통하여 당신의 뜻을 알려주실까요?

이 이야기를 하기 전에 하나님께서 당신의 뜻을 알려주시는 여러 가지 방법에 대해 먼저 이야기를 나눠보도록 해요. 우리는 일상생활에서 책을 읽고, 눈으로 보고, 귀로 듣고, 감각으로 느끼는 활동들을 통해서 하나님의 뜻을 알 수 있어요. 이런 것들을 '일반은총'이라고 하죠. 일반은총이 가르쳐 주는 것은 '어떻게 사는 것이 사람으로서 마땅한 도리인가'에 관한 하나님의 뜻, 거기까지 일 뿐이에요. 이것은 믿는 사람이든 안 믿는 사람이든 모든 사람에게 일반적으로 적용되죠. 예를 들어서 학교 선생님께 학생으로서 어떻게 생활해야 올바른 것인지에 대해 듣곤 하잖아요? 이런 작은 부분에도 바른 삶에 대한 하나님의 뜻이 담겨 있죠. 또 길을 건너다가 신호등에 빨간불이 들어온 것을 보았다고 할 때, 그 안에도 우리 친구를 향한 하나님의 뜻이 있어요. 무슨 뜻일까요? 바로 위험하니 건너지 말아야 한다는 거예요. 이처럼 우리는 일상생활 속 여러 가지에서 해야 할 일과 해서는 안 될 일에 대해 교훈을 얻을 수 있어요. 이것들 모두가 우리가 지켜야 할 법칙이며, 그 안에서 우리를 향한 하나님의 뜻을 발견할 수 있죠.

그리고 '특별은총'이라는 것이 있어요. 일반은총으로는 전달될 수 없는 하나님의 뜻을 말하죠. 이것은 하나님을 믿는 자녀들에게 주시는 특별한 은혜를 말해요. 즉, 인간이 구원받기 위해서는 어떻게 해야 하며, 구원받은 하나님의 백성으로서 어떻게 살아야 하는가에 대한 하나님의 뜻은 일반은총으로 알 수가 없답니다. 그래서 하나님은 이런 문제들에 대한 하나님의 뜻을 알 수 있도록 특별은총을 주셨어요. 그게 바로 '성경말씀'이죠. 그러므로 우리 친구들은 성경말씀을 읽음으로써 하나님의 백성이 어떻게 살아야 하는가에 관한 하나님의 뜻을 알 수 있어요.

그런데 성경에 보면 꿈을 통하여 하나님의 뜻을 깨달은 사람들 이야기가 많이 나오죠. 우리 친구들은 꿈쟁이 요셉을 잘 알 거예요. 요셉은 애굽(이집트)에 잡혀가기 전에도 꿈을 통해 앞날에 대한 예언을 받았고, 잡혀간 후에도 꿈을 통해 자신이 총리가 될 것을 미리 알았어요. 에스겔 선지자와 다니엘 선지자도 꿈을 통해 미래에 일어날 일을 계시받았죠.

그러면 우리 친구들도 요셉, 에스겔, 다니엘처럼 수십 년, 수백 년, 수천 년 후에 일어날 일을 예언하는 꿈을 꿀 수 있을까요? 우리 친구는 절대로 요셉이나 에스겔, 다니엘 선지자가 꾸었던 꿈과 같은 종류의 꿈을 꿀 수 없답니다. 왜냐고요? 하나님이 이들에게 주신 꿈은 아주 특별한 꿈이기 때문이에요. 이 꿈들에는 두 가지 특징이 있어요. 하나님의 구원계획을 온 인류에게 알리기 위하여 준비하신 것이라는 점, 그리고 그 꿈들이 바로 성경말씀의 내용이 되었다는 점이지요. 즉, 하나님께서 특별한 뜻을 위해 계획하신 일이라는 거예요. 따라서 이제는 하나님이 그 누구에게도 그와 같은 꿈을 주지 않으세요. 만일 그런 꿈을 꾸었다고 주장하거나 어떤 환상에 대해서 과도하게 강조한다면 그 사람은 이단일 가능성이 커요.

물론 하나님은 꿈을 통해서 당신의 뜻을 보여주기도 하세요. 그러나 그런 특별한 경우가 아닌 일반적인 꿈에 특별한 의미를 부여할 필요는 없어요. 우리는 꿈을 통해서 하나님의 뜻을 알기도 하지만, 그 경우는 일상생활을 통한 방법들보다 훨씬 드물고, 또 그에 대한 해석이 명확하지 않을 수 있답니다. 꿈은 의식이 아주 약한 상태에서 나타나기 때문에 분별하기가 어렵거든요. 또 꿈을 해석할 만한 정보도 중구난방이고 희미한 경우가 많아서 신뢰하기도 힘들고요.

사실 우리 친구가 꾼 꿈들 가운데 하나님의 뜻과 하나님의 뜻이 아닌 것을 구분하는 명확한 기준은 없어요. 꿈해석에 대해 몇몇 정보들이 있지만, 대부분 믿을만한 것이 못되고 일종의 미신 같은 것이거든요. 그러므로 좋은 꿈을 꾸었든, 나쁜 꿈을 꾸었든 우리 친구가 꿈을 스스로 판단하거나 단정하지 않는 게 좋아요. 만약 우리 친구를 신경 쓰이게 하는 어떤 꿈을 꾸었다면, 그 꿈 가운데 하나님의 어떤 뜻이 있는지 기도하고 말씀을 묵상하며 분별하는 게 성도로서 올바른 자세예요. 그렇지만 어떤 경우이든 이것 하나만은 꼭 기억하세요. 하나님은 우리 친구가 꿈이나 예언 등에 집착하기보다 친구의 삶을 늘 바른길로 인도하고 계시는 하나님을 인정하고 의지하기를 원하신다는 사실을요.

솔직히 말하면 저도 꿈쟁이에요. 그중에는 저의 앞날에 대해 알려준 꿈도 있어요. 제가 초등학교 들어가기 전에 꾼 꿈은 지금도 선명하게 기억하는데, 제 일생이 이 꿈대로 전개되었어요. 신학대학에 들어오기 전에 제게 일어날 몇 가지 일을 정확하게 암시하는 꿈을 꾼 일도 있고요. 그 후 유학하기 전에 두 번이나 거듭해서 저의 유학 생활을 그린 꿈을, 또 유학을 마치고 귀국하기 전에는 제가 어떤 분야에서 일하게 될 것인가를 명확하게 보여주는 꿈을 꾸었어요.

이 꿈들은 너무나 선명한 꿈들이었어요. 그렇지만 저는 이 꿈들이 요셉, 에스겔, 다니엘이 꿈꾼 것과 같은 차원의 꿈이라고 생각하지 않아요. 이 꿈들은 그저 제 개인의 장래와 관련된 꿈일 뿐이니까요. 돌아보면 이 꿈을 꾸었기 때문에 달라진 것은 아무것도 없었어요. 또 특별히 유익을 얻은 것도 없고요. 아마 이 꿈들을 꾸었든 꾸지 않았든 하나님의 특별한 인도하심으로 신학대학에 입학했을 것이고, 유학도 갔을 거예요. 그리고 신학대학교에서 가르칠 수 있는 자리도 주어졌을 거예요.

아마도 우리 친구가 하나님이 꿈을 통하여 당신의 뜻을 알려주시는가에 관심을 가지는 가장 큰 이유는 '꿈을 통해서 우리 친구의 미래를 미리 알아볼 수 있지 않을까?' 하는 기대 때문이라고 생각해요. 그러나 꿈과 같은 특별한 계시를 통하여 미래에 일어날 일을 미리 알아보려는 태도는 하나님을 믿는 사람들이 반드시 조심해야 할 태도예요.

구약성경에 보면 하나님이 길흉을 점치는 사람은 반드시 죽이라고 명령하셨어요 신 18:10-14. 왜 하나님은 미래의 일을 알아보려는 시도를 책망하셨을까요? 미래의 일을 아는 것은 하나님의 고유한 영역에 속한 일이기 때문이에요. 인간은 미래를 알 수 없도록 창조되었어요. 예수님이 재림하시는 날짜 역시 마찬가지죠. 인간이 이를 알려고 해서는 안 된다고 엄중하게 경고하셨어요 마 25:13; 막 13:32-33; 행 1:7.

우리 친구들이 미래를 생각할 때 알고 싶기도 하고 또 불안하기도 하지요? 특히 대학입시를 앞두고 마음이 매우 불안하지요? 또 어떤 게 하나님의 뜻인지 정확하게 알고 싶기도 하고요. 그렇게 불안할 때 꿈을 통해서 미래를 미리 알아보려는 헛된 시도는 하지 않는 것이 좋아요. 그렇다면 어떻게 해야 할까요? 우리 친구가 믿는 하나님은 지금도 살아 계세요. 살아 계신 하나님이 우리 친구가 가는 길을 반드시 지켜 주실 거예요. 우리 친구를 사랑해 자신의 독생자를 희생하면서까지 구원해 주신 그 하나님이 우리 친구의 앞날을 인도해 주시지 않겠어요? 미래를 하나님께 전적으로 맡기고 걱정이나 불안, 근심을 떨쳐 버리세요.

한편으로는 기도와 말씀을 통해서, 그리고 다른 한편으로는 생활 속에서 얻는 다양한 가르침과 정보를 통하여 하나님의 뜻을 알아가는 친구가 되기를 바랍니다.

26

노아의 홍수 후에 동물들은 다른 섬으로 어떻게 이동했나요?

노아의 홍수 때, 어떻게 세상의 모든 동물을 노아가 다 불러 모았고, 긴 기간 동안 어떻게 그 동물을 다 돌보았을지 궁금해요. 또, 물이 다 빠진 후에 어느 한 곳에 방주가 멈췄을 텐데, 어떻게 호주나 필리핀, 일본 같은 섬나라에 동물들이 이동해서 살 수 있었을까요?

우리 친구의 궁금증을 해결하기 위해서는 성경에 기록된 내용만으로는 명확하게 답변하기가 어려워서 성경 기록 이외에 지질학, 고고학, 생물학, 천문학 등의 분야에서 연구한 결과를 참고해야 해요. 이 모든 연구 결과를 종합해 노아의 홍수 과정을 재구성해 보면 우리 친구의 질문에 대한 답변이 자연스럽게 나오게 됩니다.

우선, 어떻게 온 세상의 동물을 노아가 다 모아들일 수 있었을까요? 노아의 가족이 온 세상을 다 돌아다니면서 동물을 종류대로 끌고 왔을까요? 그것은 불가능한 일이에요. 교통수단도 없던 시절에 수천 킬로미터 떨어진 곳에 사는 공룡과 같은 큰 동물을 어떻게 끌고 올 수 있겠어요? 그거야말로 하나님께서 기적적으로 도우셨기 때문에 가능한 일이지요. 하나님이 온 세상의 모든 동물이 자기 발로 걸어서 방주로 오도록 하셨어요. 이 사실은 창세기 6장 20절에 잘 나와 있어요. "새가 그 종류대로, 가축이 그 종류대로, 땅에 기는 모든 것이 그 종류대로 각기 둘씩 네게로 나아오리니 그 생명을 보존하게 하라."

여러분! 얼마 전에 인도네시아에 지진해일이 일어났을 때 동물이 미리 알아채고 안전한 지역으로 다 피해서 피해를 보지 않았다는 뉴스를 들은 적이 있지요? 이처럼 인간보다 본능적 감각이 더 예민하게 발달한 동물은 큰 홍수가 일어나리라는 것을 본능적으로 느끼고 안전한 곳으로 피하려고 했을 것이고, 하나님이 동물의 발걸음을 방주로 이끌어 주셨을 것으로 생각돼요.

그럼, 그 많은 동물, 다른 동물을 잡아먹고 사는 육식동물, 초식동물이 어떻게 한배에 같이 타고 370일이라는 긴 기간 동안 방주 안에서 지낼 수 있었는지 상상이 되지 않지요? 노아가 600세 되던 해 2월 17일에 방주 안에 들어가서 다음 해 2월 27일에 모두 방주에서 나왔으니 말이에요. 그런데 그것이 아예 불가능한 것은 아니에요. 하나님께서는 노아가 방주를 지을 때, 동물을 잘 사육할 수 있는 형태로 짓게 하셨을 거예요. 그 방주 안에는 약 17,000쌍의 동물이 탑승했다고 추측하는데, 이 중에는 돌보는 데 손이 덜 가는 새나 파충류가 반 이상을 차지했다고 보기 때문에 나머지 동물을 보는 것이 그렇게 어려운 일은 아니었죠. 요즘 일반적인 사육장에서 한 사람이 하루에 5,000마리 이상의 토끼나 실험용 쥐를, 양돈장에서는 3,000마리 이상의 돼지를, 양계장에서는 30,000마리의 닭을 사육할 수 있다고 하는데, 그런 것을 고려하면 노아와 그 식구들이 방주 안의 동물들을 돌보는 것이 불가능한 일은 아니었다는 걸 알 수 있어요.

창조과학자들의 또 한 가지 의견에는 동물이 '겨울잠'을 잤을 거라는 주장이 있어요. 대부분 동물은 겨울잠을 자거나 활동하지 않고 정지한 상태로 지내려는 잠재능력을 갖추고 있답니다. 겨울잠은 겨울이라서 잠을 자는 것이 아니라 기온이 떨어지기 때문에 나타나는 현상이죠. 홍수가 일어나는 동안 날씨가 추웠을 것이라고 과학자는 예상하는데, 그렇다면 그 기간에 동물은 겨울잠을 자는 상태가 되었을 것이고, 노아와 그 가족은 할 일이 크게 줄었겠죠.

그럼 질문한 것 중 동물을 모으는 것이나 돌보는 문제가 어떻게 이루어졌는지에 대해 어느 정도는 대답이 되었죠?

노아의 홍수는 물이 얌전하게 불어났다가 얌전하게 물러간 사건이 아니에요. 엄청난 격변의 사건이었죠. 과학자들은 당시 지구의 지하 깊은 곳에는 지표면에 있는 바닷물의 5배가 넘는 엄청난 규모의 바다가 있었다고 주장한답니다. 그런데 노아의 방주 사건 때 지각이 깨지면서 거대한 화산폭발이 일어나고 엄청난 양의 마그마가 분출되는 동시에 지하 바다의 물이 전 세계적으로 솟구쳐 나왔다는 것이죠. 이 광경을 성경에서는 "큰 깊음의 샘들이 터지며"라고 표현하고 있답니다 창 7:11. 이런 과정을 통해서 지각변동이 일어나고, 그 결과 히말라야, 알프스, 안데스산맥처럼 높은 산들이 생긴 것을 추측할 수 있는데, 실제로 이 산들이 형성된 기간이 생각했던 것보다 더 짧은 기간에 이루어졌다는 것이 밝혀졌어요.

또 이런 일들이 일어났다는 것을 증명하는 많은 단서 중 하나는 이스라엘의 사해, 터키의 반호, 이란의 우르미아호, 몽고 고비사막의 짠 호수, 안데스산맥의 커다란 티티카카호 등 육지 한가운데에 짠물을 가진 호수들이 많다는 점입니다. 진화론자들은 이런 현상을 자신들의 이론으로 설명해내지 못하고 있죠. 그리고 우리가 잘 아는 에베레스트산 정상에서 물고기 뼈와 대합조개 화석이 발견되었다는 점은 노아의 홍수가 사실이었다고 믿어야만 설명이 가능한 일이지요.

그뿐만이 아니에요. 노아의 홍수 이전의 지구의 대기는 아주 두꺼운 수증기층으로 덮여 있어서 이 수증기층이 우주에서 오는 해로운 광선들을 많이 막아주었다고 합니다. 그래서 사람들이 1,000년 가까이 살 수 있었지요. 하지만 홍수로 이 수증기층이 비가 되어 내려 버린 후에는 사람의 수명이 급격히 줄어든 것을 성경에서 볼 수 있어요. 그리고 이 수증기층이 일종의 온실효과를 발휘하여 온 지구가 일 년 내내 따뜻하면서도 적절하게 습도를 유지하는 역할을 했지요. 하지만 하늘의 물이 모두 쏟아지고, 땅의 물이 모두 솟구쳐 올라오면서 상상을 초월하는 거대한 파도가 일어났으며, 초속 수백 미터가 넘는 강력한 해류가 바다 밑바닥을 훑으면서 두께가 천 미터가 넘는 흙과 돌덩어리를 깎아 내려갔고, 그 결과 그랜드캐니언과 같은 계곡이 만들어졌다고 해요.

그런 과정 끝에 비가 그치고, 물이 점점 가라앉기 시작하더니 마침내 땅이 말랐어요. 드디어 370일의 긴 방주 생활을 마치고 노아는 동물들을 풀어 놓아 흩어지게 했지요. 방주에서 나온 동물들은 사방을 향하여 흩어지면서 빠른 속도로 번식하게 돼요. 여기서 기억할 것은 이 사건 전, 지구의 지각판은 하나로 연결되어 있었다는 사실이에요. 그런데 그 거대한 지각판은 홍수사건으로 인하여 불안정해졌고 여러 곳에 균열이 생긴 상태였는데, 이 균열이 점점 커지면서 지각판이 갈라져 나가기 시작했고, 조각난 지각판들이 용암 위를 이리저리 떠다니게 되었지요. 그리고 점점 더 넓게 벌어진 틈으로 바닷물이 흘러들어왔어요. 그렇게 갈라져 나간 지각판이 하나는 아시아판, 하나는 아메리카판, 하나는 호주판 등이 되었고, 바닷물이 흘러들어오자 수압에 의하여 대륙은 더 빠른 속도로 벌어진 것으로 과학자들은 추측하고 있어요.

대륙판이 떨어져 나가기 전에 이미 노아의 방주에서 나온 동물들은 곳곳에 흩어져 있던 상태였는데, 대륙판이 떨어져 나가게 되자 그 대륙에서 살아남게 된 것이지요.

　지각이 여러 갈래로 나누어지기 전 하나의 대륙이였을 때 코알라나 캥거루는 대륙 남쪽 지방에 주로 서식하고 있었는데 자신들이 살던 남쪽이 떨어져 나가게 되고 이동을 할 수 없게 되자 호주에서만 살게 되었어요. 흥미로운 것은 호주 대륙이나 뉴질랜드에는 호랑이나 사자 같은 맹수가 전혀 없다는 거예요. 아마도 하나의 대륙으로 붙어 있을 때 이 지역에는 맹수가 살지 않았는데, 그 상태 그대로 떨어져 나가다 보니 맹수가 살지 않게 된 것이겠죠.

　최근에 와서는 동물을 배나 비행기에 싣고 다른 대륙으로 데리고 가는 경우가 빈번하게 생겼지요. 예를 들어, 어떤 뱀은 미국에는 없던 종류였는데, 누군가 애완용으로 미국으로 가져다가 키웠다고 해요. 그런데 그만 이 뱀이 야생으로 도망쳐 버리고 야생에 잘 적응하고 번식해서 악어까지도 잡아먹는 일이 일어나고 있다고 해요. 우리나라에서도 육식어종인 배스나 청거북, 황소개구리를 애완용이나 식용으로 들여왔다가 관리를 잘못해서 우리나라 강이나 습지로 들어가 정착하여 번식하는 일이 일어나고 있지요. 이런 방법으로도 고립된 대륙에 동물이 이동하여 살기도 한답니다.

　자, 그럼 어떻게 호주 대륙에 캥거루나 코알라 같은 동물이 살게 되었는지 알 수 있겠지요?

27

하나님은 이스라엘 편만 드시는 것 같아요

예레미야를 묵상하고 있는데, 하나님은 이스라엘을 공격한 나라들을 너무 무자비하게 멸망시키시는 것 같아요. 아무리 선택받은 민족이지만 똑같이 우상을 섬기고 잘못했는데 이스라엘 백성들의 손만 들어주신다면 그건 너무 불공평한 거 아닌가요?

결론부터 말한다면, 하나님은 이방 나라를 불공평하게 대하시면서까지 일방적으로 이스라엘 백성의 편만 들어 주시는 것은 결코 아니랍니다.

이스라엘 백성이 가나안 땅을 정복하는 사건을 예로 들어보겠어요. 성경을 읽으면 이스라엘 백성들이 가나안 땅을 차지하는 과정에서, 가나안 땅에 살고 있던 가나안 사람을 무자비하게 죽이고 쫓아낸 것처럼 보일 수도 있어요. 그러나 성경을 주의 깊게 읽으면 그렇지 않다는 것을 알 수 있어요. 가나안 땅에 살고 있던 부족 가운데 하나인 아말렉 족속의 경우를 보도록 해요. 하나님은 이스라엘 백성이 가나안 땅에 들어갈 때 아말렉 족속을 철저하게 죽이라는 무자비한 명령을 내리셨어요 신 25:19. 왜 이렇게 잔인한 명령을 하셨을까요? 그 이유가 신명기 25:17-18에 기록되어 있죠. "너희는 애굽에서 나오는 길에 아말렉이 네게 행한 일을 기억하라 곧 그들이 너를 길에서 만나 네가 피곤할 때에 네 뒤에 떨어진 약한 자들을 쳤고 하나님을 두려워하지 아니하였느니라." 이게 무슨 말일까요?

당시에 이스라엘 백성이 애굽이집트의 노예 생활에서 풀려났을 때, 그 수가 장정만 약 60만 명이었어요. 그 외에도 수많은 잡족과 여자, 어린이, 노인이 있었지요. 이들이 광야를 지나려면 행군대열이 적어도 수 킬로미터 이상 되었을 거예요. 행군대열에서는 자연스럽게 건강하고 힘 있는 젊은 남자들이 앞에 서게 되고, 여자, 어린이, 노인, 병자들은 대열의 뒤쪽에 서게 되지요. 그렇게 광야를 지나가던 도중 다른 부족들이 사는 지역을 통과해야 할 때가 있었는데, 그럴 때마다 이들은 아주 정중하게 부탁했어요. "우리가 지나가도록 허락해 달라. 다른 것은 절대로 손대지 않고 통과만 하겠다. 만일 통과하는 도중에 피해를 준 것이 있으면 보상해 주겠다"라고 말이죠.

그러다 이스라엘 백성이 아말렉 족속의 진영을 통과하게 되었는데, 아말렉 족속은 통과를 허락해 주지 않고 오히려 싸움을 걸어왔어요. 이스라엘 백성들이 오랜 행군으로 피곤해 지쳐 있을 때, 젊은 남자들이 있는 대열의 앞부분은 그냥 둔 채 약한 사람들이 모여 있는 뒷부분을 공격하고 달아난 것이죠. 하나님은 아말렉 족속의 이 같은 비겁한 행동을 보고 분노하셨고, 아말렉 족속이 행한 악한 일에 대해서 벌을 내리신 것이랍니다. 즉, 하나님은 이스라엘 백성을 편든 것이 아니라 아말렉 족속의 죄에 대해 벌하신 거예요.

다음 말씀을 보면 더 정확히 알 수 있어요. 신명기 9:4-6을 보면, "네 하나님 여호와께서 그들을 네 앞에서 쫓아내신 후에 네가 심중에 이르기를 내 공의로움으로 말미암아 여호와께서 나를 이 땅으로 인도하여 들여서 그것을 차지하게 하셨다 하지 말라… 네가 가서 그 땅을 차지함은 네 공의로 말미암음도 아니며 네 마음이 정직함으로 말미암음도 아니요… 그러므로 네가 알 것은 네 하나님 여호와께서 네게 이 아름다운 땅을 기업으로 주신 것이 네 공의로 말미암음이 아니니라 너는 목이 곧은 백성이니라."

이 말이 무슨 뜻일까요? 하나님이 가나안인들을 가나안 땅에서 쫓아내신 이유가 단지 '이스라엘 백성을 위하여' 하신 일은 아니라는 거예요.

계속해서 신명기 9:4의 후반부를 읽어 볼게요. "이 민족들이 악함으로 말미암아 여호와께서 그들을 네 앞에서 쫓아내심이니라."

이와 똑같은 표현이 5절에도 있어요. 이제 감이 조금 잡히지요? 하나님이 가나안인들을 가나안 땅에서 쫓아내신 이유는 가나안인들이 하나님 앞에서 범한 죄가 너무 크기 때문이었어요. 특히, 가나안인들 사이에서는 동성애가 퍼져있었고, 폭력이 난무했어요. 이들은 일찌감치 하나님의 벌을 받아 멸망해야 했지만, 오래 참으시는 하나님이 참고 또 참으셨다가 도저히 눈 뜨고 볼 수 없는 지경이 되었을 때, 이스라엘 백성을 통하여 벌하신 거예요. 이스라엘 백성은 공의로우신 하나님의 사역에 도구로 사용된 것이지요.

그런데 가나안 땅에 들어간 이스라엘 백성들도 우상을 숭배하고, 고아와 가난한 자를 멸시하는 악한 행동을 했어요. 하나님은 이스라엘 백성들이 악을 행하는 모습을 보고 참고 또 참으시다가 도저히 눈 뜨고 봐줄 수 없는 지경에 이르렀을 때, 이스라엘 백성들을 벌하기로 하셨죠. 하나님은 앗수르 제국을 동원하여 이스라엘 백성을 공격하게 하셨고, 이스라엘 백성들을 가나안 땅에서 쫓아내셨어요. 남쪽 유다는 바벨론 제국을 동원하여 공격하게 하셨고, 역시 가나안 땅에서 쫓아내셨죠. 이처럼 하나님은 당신이 선택하신 이스라엘 민족도 아주 무섭게 벌하셨어요.

그러던 중에 또 문제가 생겼답니다. 앗수르 제국은 이스라엘 백성을 벌하도록 하나님께 허락받았지만, 그들이 이스라엘 백성을 너무 잔인하게 대했던 것이죠. 예를 들어, 어떤 부모님에게 두 자녀가 있었어요. 동생이 나쁜 행동을 해서 부모님이 형에게 "네가 가서 동생에게 따끔하게 얘기 좀 해 보거라"라고 부탁했어요. 그럴 때 부모님의 심중에는 알아들을 수 있게 잘 타이르라는 의미가 담겨 있어요. 그런데 형이 '때는 이때다!'라고 생각하고는 동생을 쥐 잡듯이 잡고 부모님보다 몇 배 더 심하게 벌을 내린다면, 부모님이 기뻐할까요?

마찬가지로 하나님께서 앗수르 제국에게 북쪽 이스라엘을 벌하는 일을 맡겼는데 앗수르 제국이 그들을 너무 가혹하게 대했고, 이스라엘 백성들은 매우 힘들어했죠. 그래서 참다못한 하박국 선지자가 하나님께 호소했어요. 하박국서 1:12-17에는 다음과 같은 요지의 말씀이 기록되어 있어요. '하나님, 우리가 잘못해서 이방 나라에 얻어맞는 것은 이해가 됩니다. 그러나 이것은 너무 하지 않습니까? 이방 나라가 우리를 이렇게 가혹하게 대하는 것은 너무한 일이 아닙니까?' 그러자 하나님은 하박국서 2:3에서 말씀하셨어요. '나도 알고 있다. 내가 봐도 앗수르 제국이 너무 가혹하게 너희를 대했구나. 내가 이렇게까지 하라고 한 것은 아니다. 그들이 월권하여 권력을 남용했기 때문에 내가 앗수르 제국도 벌할 것이다.' 그래서 앗수르 제국도 결국 바벨론 제국에게 멸망하게 됐죠.

바벨론도 마찬가지예요. 남쪽 유다를 벌하도록 임무를 부여받았지만 유다 백성들을 너무 가혹하게 다루었다가 페르시아 제국에게 멸망당했답니다.

하나님은 가나안인들이 악을 행했을 때는 이스라엘을 통해 벌하셨고, 북쪽 이스라엘이 악을 행했을 때는 앗수르를 통해, 남쪽 유다가 악을 행했을 때는 바벨론을 통해, 앗수르가 악을 행했을 때는 바벨론을 통해, 바벨론이 악을 행했을 때는 페르시아를 통해 벌하셨어요.

하나님은 결코 하나님의 백성들이 악을 행했는데도 눈감고 넘어가시고, 이방 백성에 대해서만 가혹하게 벌을 주시는 분이 아니에요. 하나님은 공정하신 분이죠. 혹시, 예수 믿는 사람들은 용서해 주시고 천국에 가게 하시지만, 예수 믿지 않는 사람들은 지옥에 보내니까 편애하는 하나님이라고 생각하나요? 아니에요. 예수님이 십자가에서 우리 죗값과 벌을 직접 다 받으심으로 하나님의 공의를 이루셨기 때문에 그것을 믿고 의지해서 하나님께 나아가는 사람만이 용서받을 수 있는 것임을 잊지 마세요.

28

왜 예수님의 어린 시절 이야기는 없나요?

왜 성경에는 예수님이 성장하는 모습이 다 나와 있지 않나요? 어린 예수님이 성전에 올라가서 내 아버지의 집이라고 한 그 사건 이후 30살 이전에는 단 한마디의 언급도 나와 있지 않아요. 당연히 성경의 주인공인 예수님의 모습이 성경에 다 나와야 하는 거 아닌가요? 물론, 성경에서 언급할 필요 없는 평범한 시절을 사셨다면 그 부분에 대해서도 오해의 소지가 없게끔 한 번쯤 언급해야 할 필요가 있다고 생각하는데… 좀 혼란스러워요.

질문한 친구에게 저도 거꾸로 질문을 하나 하고 싶어요. "아담과 하와가 낳은 첫아들이 누구인가요?" 이 질문을 하면 많은 사람이 "그거야 당연히 가인이지요"라고 대답해요. 왜냐하면 아담과 하와가 에덴동산에서 쫓겨난 이야기로 창세기 3장이 끝났는데, 그다음에 바로 시작되는 4장 1절은 아담이 그 아내 하와와 동침하여 가인을 낳았다고 기록하고 있기 때문이지요. 그런데 만일 가인이 아담의 첫아들이라면 해결하기 어려운 문제가 발생해요. 가인은 아벨을 죽이고 난 후 하나님의 벌을 받아 쫓겨나기 전에 이런 걱정을 하죠. "무릇 나를 만나는 자마다 나를 죽이겠나이다"창 4:14. 가인은 자기를 만나는 사람이 자기를 죽일지도 모른다는 두려움에 사로잡혀 있어요.

자, 어떤 문제가 발생할까요? 만일 아담이 낳은 첫아들이 가인이라면 가인 밖에는 아무도 없어야 하는데 그게 아니죠. 벌써 세상 곳곳에 많은 사람이 살고 있었고 가인은 이 사람들이 자기를 죽일지도 모른다는 두려움에 사로잡혀 있어요. 그러면 이 많은 사람은 누가 낳았을까요? 답은 하나밖에 없어요. 아담과 하와가 낳은 사람들이에요. 아담과 하와는 가인을 낳기 전에도 이미 많은 자녀를 낳았고, 이 자녀들이 세상에 널리 흩어져서 살고 있었어요.

제가 이 이야기를 하는 이유는 성경의 서술이 지닌 중요한 한 가지 특징을 보여주고 싶어서예요. 창세기 4장은 아담과 하와가 낳은 자녀들 이름을 다 기록하지 않고 오직 가인과 아벨만 기록했어요. 왜 그랬을까요? 다른 자녀들 이야기는 인류를 구원하시는 하나님의 구원계획에 관한 이야기에서 별로 중요하지 않기 때문에 과감하게 생략해 버린 거예요.

그러나 가인과 아벨 이야기는 하나님을 믿는 백성과 그렇지 않은 백성이 어떻게 나누어지는가를 알려주는 중요한 사건이기 때문에 4장 전체를 할애하여 기록한 것이죠. 또 가인과 아벨이 자라온 과정이나 하루하루 살아가는 이야기를 시시콜콜 다 기록한 것이 아니라 많은 이야기 중에서 가인이 아벨을 죽인 이야기 하나만 딱 골라서 기록이 되어 있어요. 이처럼 성경은 하나님이 인류를 구원하시는데 필요한 이야기만 엄격하게 뽑아서 기록했답니다. 그것이 성경 기록이 지닌 중요한 특징이에요.

창세기 5장에도 이런 특징이 나타나요. 창세기 5장에는 아담으로부터 노아에까지 이르는 족보가 기록되어 있어요. 그런데 잘 보세요. 3절에서 5절을 읽어 볼까요? "아담은 백삼십 세에 자기의 모양 곧 자기의 형상과 같은 아들을 낳아 이름을 셋이라 하였고 아담이 셋을 낳은 후 팔백 년을 지내며 자녀들을 낳았으며 그가 구백삼십 세를 살고 죽었더라." 이 족보에는 가인과 아벨이 빠졌고, 셋 하나만 기록되어 있어요. 아담의 자녀를 말할 때 가인과 아벨을 뺀다는 것이 말이 되나요? 그런데도 창세기 5장에는 그들의 이름이 없어요. 그리고 셋을 낳은 후에 8백 년 동안 낳은 자녀에 관한 이야기는 아예 없어요. 왜 그랬을까요? 바로 셋의 계열은 노아, 아브라함, 다윗을 거쳐서 예수님이 탄생하실 만큼 중요한 계열이었기 때문이에요.

창조 사건도 마찬가지죠. 하나님이 우주만물을 창조하신 과정을 다 기록하려면 어느 정도 분량의 책이 필요할까요? 아마도 수

억만 권, 수천억만 권 이상의 책이 필요할 거예요. 그만큼 할 말이 많은 사건이 창조 이야기죠. 그러나 성경은 창조 이야기를 창세기 1장과 2장 두 장에 너무너무 간단히 기록했어요. 수천억만 권의 분량이 단 두 장으로 요약된 거예요. 자, 그럼 이제 아시겠지요?

그래요. 하나님은 예수님의 탄생에 관한 이야기도 우리가 구원을 얻는 데 꼭 필요한 내용만 아주 간단히 요약해서 보여주셨어요. 이 점에 있어서 예수님의 생애 이야기는 다른 종교 지도자들의 생애 이야기와 아주 달라요. 예를 들면 이슬람교의 창시자인 마호메트나 불교의 창시자인 석가모니 이야기를 읽어 보면 어린 시절 이야기가 아주 자세하게 기록되어 있어요. 그렇지만 이 기록 중에는 마호메트나 석가모니를 훌륭한 인물로 만들기 위하여 과장된 내용이 많고 꾸며낸 이야기들도 많아요. 그러나 성경에 있는 예수님의 어린 시절에 관한 기록은 냉정할 만큼 간략하게 기록되어 있죠. 이렇게 간략하게 기록되었어도 가장 중요한 핵심은 매우 분명하게 기록되었기 때문에 그 기록만으로 충분한 거예요.

성경에서 말하려고 한 핵심은 무엇일까요? 그것은 예수님은 인간이신 동시에 하나님이시라는 거예요. 예수님에 관하여 몇천 권의 책을 읽고 예수님이 태어날 때부터 죽을 때까지 모든 삶의 모습을 다 기억하고 있어도 예수님이 인간이시며 동시에 하나님이시라는 진리를 모르면 모두 다 '헛방'이에요. '앙꼬 없는 찐빵'이라는 거죠. 그러나 예수님이 인간이신 동시에 하나님이라는 사실만 알면 예수님을 아주 정확하게 알고 있는 거예요. 그런데 예수님의 어린 시절에 관한 성경의 기록은 이 진리를 충분하고 명쾌하게 보여주고 있어요.

예수님의 어린 시절 이야기는 예수님이 마리아의 뱃속에 잉태된 이야기로부터 시작이 돼요. 요셉은 마리아가 자신과 잠자리를 같이 하지 않았는데도 아기를 가진 것을 보고 깜짝 놀랐죠. 마음이 착했던 요셉은 마리아가 곤경에 빠지지 않도록 마리아와의 관계를 조용히 끝내려고 했어요. 이때 천사가 요셉에게 찾아와서 이렇게 말했어요. "그에게 잉태된 자는 성령으로 된 것이라"마 1:20. 예수님이 성령에 의하여 잉태되었다는 말이 무슨 뜻일까요? 이 말은 예수님이 하나님이라는 뜻이에요. 성령이 누군가요? 성령은 하나님이에요. 하나님이신 성령이 낳으셨으니 예수님은 하나님일 수밖에 없어요.

성령으로 잉태된 예수님은 보통 여자들이 아기를 낳을 때와 똑같이 해산의 수고를 거쳐서 태어나셨어요눅 2:6-7. 그리고 누가복음 2장 22절 이하의 내용이 보여주는 것처럼 아기 예수님은 다른 유대 아기들과 똑같이 8일 만에 할례를 받으셨죠. 또 다른 아이들이 자라가는 것과 똑같이 키도 점점 자라갔고 지혜도 점점 자라갔어요눅 2:40, 52. 그리고 예수님은 효자였어요. 예수님은 다른 자녀들과 똑같이 육신의 부모인 요셉과 마리아에게 순종하는 삶을 사셨죠^{눅 2:51}. 이런 모습들은 어린 예수님이 우리와 다름없는 인간이심을 명쾌하게 보여주고 있어요.

예수님의 어린 시절의 기록이 지닌 또 한 가지 특징은 구약성경에 예언된 내용이 그대로 이루어졌음을 보여주고 있다는 점이에요. 마리아는 처녀의 몸으로 아기를 가졌는데, 처녀가 아기를 낳는 것은 이사야서 7장 14절의 예언이 실현된 거예요. 아기 예수님이 베들레헴에서 나셨다는 기록은 미가서 5장 2절의 예언이 실현된 것이고, 아기 예수님이 헤롯왕의 박해를 피해서 잠시 애굽에 내려가 있다가 헤롯왕이 죽은 후에 올라온 이야기는 호세아서 11장 1절이 실현된 것이고, 애굽에서 올라오신 예수님이 나사렛이라는 동네에서 사신 이야기는 이사야서 11장 1절이 실현된 것이지요.

이처럼 예수님의 어린 시절 이야기는 예수님이 인간이시며 동시에 하나님이시라는 진리와 인류를 구원하시려는 하나님의 계획이 실현되고 있음을 증명해 주는 내용만을 엄선하여 아주 간략하게 요약, 기록된 거예요. 이 이야기에는 군더더기가 없으며, 꾸민 내용도 미화된 내용도 과장된 내용도 전혀 들어가 있지 않아요.

성경은 예수님의 어린 시절에 대해 많이 알고 싶어 하는 사람들의 호기심을 충족시켜 주기 위하여 기록된 책이 아니에요. 그런 호기심을 충족시키기 위하여 성경 밖에 있는 자료들을 막 찾아다녀야 할까요? 그건 좋은 방법이 아니에요. 성경 밖의 자료들은 대부분 신빙성이 없는 이야기들이기 때문이죠. 성경에 기록되지 않은 그 이상의 것을 무리하게 알려고 하면 반드시 예수님에 관하여 이단적이고 엉뚱하고 잘못된 생각을 하게 돼요. 성경이 가르쳐 주는 것만으로도 우리가 신앙생활을 하는 데 아무런 어려움이 없어요. 하나님이 알려주시는 내용으로 감사하고 만족하면서 하나님 말씀을 생활 속에서 실천하는 일에 더 많은 관심을 기울이는 것이 하나님을 믿는 친구들의 바른 모습이라는 것을 기억하세요.

29

남녀 차별적인 성경 말씀을 볼 때 마음이 불편해요

성경을 보면 여자는 교회에서 잠잠하고 집에 가서 남편에게 물으라 하고(고전 14:34-35), 여자는 남자를 위해 지음을 받았으며(고전 11:8-9), 아내는 남편에게 복종하라(엡 5:22-24)는 등의 남녀 차별적인 말씀을 많이 보게 돼요. 이런 말씀을 볼 때마다 마음이 불편해요. 하나님께서는 애초에 남녀를 구분하시고 남자를 더 우월한 존재로 만드신 건가요? 요즘 같은 남녀평등 시대에 이런 말씀 하나하나가 충격입니다. 오히려 남녀 차별을 부추기는 것 같기도 하고요. 이런 말씀들은 어떻게 받아들여야 하나요?

우리 친구가 인용한 세 개의 말씀은 남자를 여자보다 더 우월하게 묘사하고 있어서 우리 친구의 마음이 불편했을 수 있어요. 하지만 당시의 시대적 상황과 말씀이 지닌 의미를 알고 나면 우리 친구가 고민했던 문제들이 상당 부분 해소될 거예요. 먼저 남자와 여자에 관한 성경의 가르침을 요약하여 말씀드린 후에 위의 본문에 대하여 설명할게요.

여성의 지위에 대한 성경의 가르침을 이렇게 요약할 수 있어요. '인간이라는 점에 있어서 남성과 여성은 평등하지만, 그 역할에 있어서는 차이가 있다.'

남성이나 여성이나 모두 인간이라는 공통점이 있어요.

첫째, 인간은 하나님이 아니에요. 남성이 하나님이 아니라면 여성도 하나님이 아니에요. 남성이든 여성이든 모두 하나님이 만드신 피조물이라는 점에 있어서 공통점이 있어요. 만일 남성이 여성 위에 신처럼 군림하려고 하거나 여성이 아름다움을 갖추고 있다고 해서 여성을 여신으로 숭배하는 것은 모두 잘못이에요.

둘째, 인간은 짐승이 아니에요. 남성이 짐승이 아니라면 여성도 짐승이 아니에요. 그러므로 남성이 여성보다 힘이 세다고 해서 맹수처럼 폭력을 마구 휘두른다든지, 여성을 성적인 욕구충족을 위한 노리개처럼 대하는 것은 모두 잘못된 거예요.

셋째, 하나님은 인간을 하나님의 형상대로 만드셨는데, 하나님의 형상에 있어서 남성과 여성 사이에 아무런 차별이 없어요. 창세기 1장 27절에 보면 하나님이 자기 형상 곧 하나님의 형상대로 "사람"을 창조하셨다고 말한 다음 곧 이어서 "남자와 여자"를 창조하셨다고 했어요. 이 말은 남자와 여자가 모두 같은 사람이라는 뜻이에요.

넷째, 하나님은 남성과 여성 모두에게 똑같이 문화적 소명을 주셨어요. 하나님은 사람에게 생육하고 번성하며 땅을 정복하고 바다의 고기와 공중의 새와 육축과 온 땅과 땅에 기는 모든 것을 다스리는 소명을 주셨어요. 창 1:26, 28. 남자와 여자는 하나님으로부터 문화적 소명을 받았다는 점에서 아무런 차이가 없어요.

다섯째, 예수 그리스도를 믿고 하나님의 자녀가 된다는 점에서 남자와 여자는 아무런 차이가 없어요. 바울 선생님은 이렇게 말씀하셨어요. "너희는 유대인이나 헬라인이나 종이나 자유인이나 남자나 여자나 다 그리스도 예수 안에서 하나이니라" 갈 3:28.

하나님은 이처럼 인간이라는 존재에 있어서 남성과 여성을 평등하게 창조하셨지만, 남성과 여성에게 각각 그 성에 맞는 다른 개성과 특징과 역할을 주셨답니다. 그래서 남성과 여성이 공동으로 협력해야만 하나님이 주신 소명을 이룰 수 있게 하셨어요. 남자에게는 거칠고 많은 힘이 들어가고 사람들을 다스리는 일을 할 수 있는 기능과 능력을 주신 반면에, 여자에게는 섬세한 감성을 가지고 사람을 돌보고 정확하고 꼼꼼하게 일을 처리하는 기능과 능력을 주셨어요.

이와 같은 남자와 여자에 관한 성경의 가르침 전체를 염두에 두면서 우리 친구가 제시한 본문들을 살펴보도록 해요.

먼저, 고린도전서 14장 34-35절을 살펴보기로 해요. "여자는 교회에서 잠잠하라 그들에게는 말하는 것을 허락함이 없나니 율법에 이른 것 같이 복종할 것이요 만일 무엇을 배우려거든 집에서 자기 남편에게 물을지니 여자가 교회에서 말하는 것은 부끄러운 것이라."

이 구절만 보면 남녀에 대해 친구와 같이 오해할 수 있어요. 하지만 14장 전체 맥락을 보면 성도들이 공예배 때 어떤 태도로 참여해야 하는가를 다루고 있다는 것을 알게 될 거예요. 공예배는 많은 성도가 모여서 드리는 예배를 말해요. 이 본문에서 "잠잠하라"라고 한 것도 공예배 시간에 잠잠하라는 것이지, 그 외 시간에도 잠잠하라는 뜻은 아니에요. 만나면 인사도 하고 삶도 나누고 교회 행사를 진행할 때면 상의도 하고 의견도 말해야 하지 않겠어요? 본문은 이런 것들까지 금지하는 것이 아니에요.

"잠잠하라"는 말은 "체질하지 말라"는 뜻이에요. 체는 촘촘한 철망을 바닥에 깐 그릇 같은 것인데, 이 그릇에 참깨 같은 것을 부어서 흔들면 참깨만 밑으로 빠지고 돌멩이나 불순물은 체 안에 남아요. 이런 방법으로 참깨와 불순물을 가려내죠. 그러면 공예배 때 체질하지 말라는 것은 무슨 의미일까요? 이 말은 공예배 시간에 하나님의 말씀이 선포될 때 이해가 안 되거나 납득이 되지 않더라도 불필요한 질문으로 시시비비를 가리려 하지 말라는 뜻이에요. 왜 질문을 하지 말라고 했을까요?

첫째, 공예배는 성경공부를 하거나 토론하는 시간이 아니라 하나님께 자신을 드리고 선포되는 하나님의 말씀을 듣는 시간이기 때문이에요.

둘째, 공예배는 많은 사람이 함께 참여하는 시간이어서 어떤 한 사람이 개인적인 의구심으로 질문을 던져 예배 전체의 흐름과 질서를 방해한다면 모인 사람들에게 혼란을 끼치게 되지요.

셋째, 설교 중에 갑자기 질문을 받으면 설교자는 설교에 집중하기 어려워요. 그건 의도했든 그렇지 않든 설교자를 궁지에 몰아넣는 행위가 될 수 있죠. 그런 경솔한 행동은 하나님께서 세우신 설교자의 권위를 무시하는 것이기 때문에 금해야 해요.

그러면 예배 설교에 관한 질문이 있으면 어떻게 해야 할까요? 예배가 끝난 후에 함께 말씀을 들은 사람들과 건전하게 대화하면서 해답을 찾아갈 수도 있고, 설교자에게 직접 찾아가 질문을 해서 의문을 해소할 수도 있겠죠. 이것이 예배자가 갖추어야 할 예의예요. 고린도전서 14장은 바로 이에 대한 말씀이랍니다. 특히, 당시에는 여성이 사회적으로 존중받지 못하는 시대였어요. 그렇지만 하나님은 복음을 남자와 여자 모두에게 열어주셨죠. 그래서 교회 안에서는 남자나 여자나 똑같이 복음을 들었고 함께 토론할 수 있었어요. 그러다 보니 열정이 앞선 일부 여자들이 교회 안에서 주어진 권리를 지혜롭게 사용하지 못해서 교회에 갈등을 일으켰던 것 같아요. 그래서 바울이 이런 조언을 한 것이죠.

또 다른 본문인 고린도전서 11장 8-9절을 볼까요?

"남자가 여자에게서 난 것이 아니요 여자가 남자에게서 났으며 또 남자가 여자를 위하여 지음을 받지 아니하고 여자가 남자를 위하여 지음을 받은 것이니."

여자가 남자에게서 났다는 8절의 말씀은 하나님께서 사람을 만드실 때 남자를 먼저 지으신 후에 남자의 갈비뼈로 여자를 지으신 것을 말해요. 여기까지만 보면 여성보다 남성이 먼저고 우월하다고 느낄 수 있죠. 하지만 고린도전서 11장 12절에서는 "남자도 여자로 말미암아 났다"라면서 오히려 남자가 여자에게서 난 것으로 되어 있어요. 아담과 하와 이후에 태어나는 모든 인류는 다 여자의 자궁에서 잉태되고 출산하게 된다는 것이죠. 그러면서 12절은 결국 남자나 여자나 모두 "하나님에게서 난 것"이라고 결론을 맺어요. 그러니까 하나님께서는 남자와 여자를 서로 의존할 수밖에 없는 존재로 만드셨다는 거예요. 남자가 존재하지 않으면 여자가 태어날 수 없고, 여자가 존재하지 않으면 남자가 태어날 수 없죠. 하지만 그럼에도 하나님께서 처음에 남자를 통해 여자를 지으신 것은 부정할 수 없는 사실이고, 그것은 하나님의 질서예요. 그래서 에베소서 5장 23절에서는 이 하나님의 질서에 의해서 "남편이 아내의 머리"라고 말하고 있는 거예요. 여기서 남자가 여자보다 앞선다는 말은 역할의 차이이지, 존재 자체의 중요성이 높고 낮음을 의미하는 것은 아니에요. 남자와 여자의 존재 자체는 하나님 앞에서 동등해요. 다만 역할이 다를 뿐이죠.

하나님께서는 역할이 다른 남녀관계 속에 하나님에 대한 진리를 반영해놓으셨고 이를 통해 하나님을 더욱 잘 알 수 있게 해주셨어요. 그중 두 가지 진리를 여러분께 알려드리려고 해요.

첫째로, 남녀관계는 삼위일체 하나님을 잘 반영하고 있어요. 삼위일체 하나님은 성부와 성자와 성령이에요. 성부, 성자, 성령은 하나님이시라는 점에서 100% 동등해요. 그런데 성부와 성자와 성령은 각각의 역할이 다르고 일하시는 순서도 달라요. 성령은 성자보다 앞서지 않고, 성자는 성부보다 앞서지 않죠. 이 질서는 특히 세상을 창조하시고 인류를 구원하시는 일을 하실 때 더 두드러져요. 성부께서 세상을 창조하시는 일에 앞장서시고, 그다음에 성자가 십자가 위에서 인류를 위하여 죽으셨으며, 그다음에 성령이 사람들의 마음속에 찾아오셔서 지금도 동행하고 계시죠. 남자와 여자의 관계에는 이와같은 삼위일체 하나님의 위계질서가 반영되어 있어요.

둘째로, 남녀관계는 그리스도와 교회와의 관계도 반영하고 있어요. 그리스도는 교회의 머리예요. 사람 몸의 각 기관이 중앙사령탑인 머리의 명령을 따르는 것처럼, 모든 하나님의 자녀들은 머리이신 그리스도께 철저하게 순종해야 하죠. 그렇다고 해서 머리는 중요하고 심장이나 폐와 같은 다른 기관들은 중요하지 않을까요? 아니에요. 머리만큼이나 다른 기관들도 중요한 장기들이에요. 각각의 장기들이 서로 돕고 보완해주면서 하나의 살아있는 몸을 움직여가죠. 하지만 모든 장기의 움직임이 머리의 명령으로부터 시작되기 때문에 역할 면에서 봤을 때 머리가 우선되는 것뿐이에요. 남자와 여자의 관계도 마찬가지예요. 남자와 여자는 존재에 있어서는 하나님 앞에서 평등하지만, 하나님은 남자에게 머리와 같은 역할을 맡도록 질서를 주셨어요. 남성에게 강한 힘과 큰 체격을 주셨기 때문에 여성을 보호하는 자리에 서야 할 때가 많고, 반대로 여성은 힘이나 체력은 약하지만 섬세하고 감성적인 부분이 탁월하게 지음을 받았기 때문에 서로 다른 역할을 통해 하나님 안에서 아름다운 조화를 이루어 가죠.

어떤가요? 이제 친구의 오해가 조금은 풀렸나요?

기독교인들은 남자와 여자의 관계를 단지 인간관계로만 보면 안 돼요. 남자와 여자는 존재에 있어서는 평등하지만, 역할이 다르니까요. 이 관계를 잘 이해하고 보면, 삼위일체 하나님에 관한 진리와 그리스도와 교회의 관계에 관한 진리도 깊이 깨달을 수 있답니다. 앞으로도 우리 친구가 말씀의 의도를 잘 이해하고 제대로 깨달아서 하나님께서 정하신 질서와 그 속에 담긴 하나님의 마음을 더욱 알아갈 수 있기를 바랄게요.

30

성경에는 왜 버전이 많나요?

 성경을 찾다 보니 개역개정성경, 우리말성경, 쉬운 성경, 표준새번역성경 등 종류가 다양하던데요. 왜 그렇게 여러 가지 버전을 만들게 된 건가요?

우리 친구의 질문에 대답하기 위해 먼저 원문 성경이 어떤 과정으로 형성되었는지를 설명하는 것이 좋을 것 같아요. 그 후에 번역 성경에 대하여 알려드릴게요.

성경에는 구약성경과 신약성경이 있는 건 다 아시죠? 이 성경들의 원본은 현재 분실되었지만, 대신 원본에 대한 사본이 남아있어요. 먼저 구약성경의 원문은 히브리어로 기록되었어요. 히브리어는 고대 아람어를 쓰는 넓은 영역에 속한 한 지역의 방언이에요. 우리나라를 예로 들면 한국어가 아람어라면 한국어의 제주도 방언쯤에 해당하는 것이 히브리어라고 할 수 있죠. 하나님은 구약시대 때 오랜 세월에 걸쳐서 많은 사람에게 성령으로 감동을 주어서 하나님의 말씀을 기록하게 하셨어요. 이 과정에서 오늘날 우리에게 구약성경으로 알려진 39권의 책들이 등장하게 되었죠. 주전 5세기경, 성경에도 등장하는 '에스라'라는 성경학자를 비롯한 유대인 학자들이 모여 39권의 책과 대중들 사이에 돌아다니던 많은 책을 면밀하게 검토했죠. 그 결과, 39권을 제외한 다른 책들은 내용이 조잡하고 과장이 심해 하나님의 말씀으로 인정할 수 없다는 결론을 내리고, 39권만이 진정한 하나님의 말씀이라고 공식으로 확인해 주었어요. 그렇게 등장한 것이 바로 구약성경 39권이에요.

신약성경에 대해서도 알아볼까요? 신약성경은 열두 사도, 혹은 열두 사도와 긴밀한 관계에 있는 사람이 성령의 감동을 받아서 헬라어로 기록한 책이에요. 이들은 헬라어를 손으로 직접 옮겨 적는 방법으로 여러 개의 책을 만들어 사람들에게 보급했어요. 그런데 여러분, 손으로 옮겨 적다 보면 실수할 수도 있을 텐데 그 내용을 신뢰할 수 있을지 의문이 생기시죠? 그러나 걱정하지 않아도 돼요. 필사하는 과정에서 혹시 실수했다 하더라도 사본들이 만 개 이상 남아 있어서 그것들을 다 비교해서 원본을 찾아내는 과정은 어려운 일이 아니거든요. 그렇게 주후 70년부터 397년에 이르기까지 장장 300년이나 되는 긴 기간 동안 많은 신학자의 면밀한 검토 아래 오늘날 우리에게 알려진 신약성경 27권이 진정한 하나님의 말씀으로 공식 확인되었어요. 이렇게 해서 신구약 66권의 성경이 공식 성경, 즉 '정경'으로 인정받은 거예요.

성경이 기록된 것은 모든 사람이 읽고 구원을 얻을 수 있도록 하기 위해서예요. 그런데 성경 원문의 언어도 모르는 사람이 어떻게 성경을 읽고 구원을 받을 수 있을까요? 방법은 두 가지예요. 성경의 언어를 배우거나 성경의 언어를 사람들이 이해할 수 있는 언어로 번역하는 방법이죠. 그래서 지금까지 성경은 사람들에 의해 여러 언어로 번역되어 각 나라 사람들이 자기 언어로 읽고 구원받을 수 있도록 작업해 왔답니다. 어떤가요? 성경 번역은 꼭 필요한 일이겠지요?

그런데 성경을 번역할 때는 여러 가지 어려움이 뒤따라요. 성경의 언어에 딱 맞는 단어나 표현을 찾기가 쉽지 않기 때문이에요. 설령 비슷한 표현을 찾았다 해도 그것이 원어의 의미와 미묘하게 다를 수 있고, 또 당시 사람들의 생각이나 생활방식이 번역 성경을 읽는 사람들의 생각이나 생활방식과 달라서 원문의 의미를 100% 정확하게 전달하기가 쉽지 않죠. 그러면 번역 성경본을 통해 하나님의 말씀을 읽는 것에는 아무런 문제가 없을까요? 저는 공식적으로 인정받은 번역본일 경우에는 이런 문제를 염려하지 않아도 된다고 말하고 싶어요. 그 이유는 히브리어로 된 구약성경을 헬라어로 번역한 '70인역 성경'의 예를 통해 확인할 수 있어요.

구약 시대에 이스라엘 사람들이 북이스라엘과 남유다로 나뉘어 팔레스타인 지방에 살던 시대가 있었어요. 그런데 이스라엘 사람들이 하나님 앞에서 계속 범죄한 결과, 북이스라엘은 주전 8세기경 앗수르에게, 남유다는 주전 6세기경 바벨론에게 멸망했죠. 앗수르와 바벨론은 이스라엘 백성을 고향 땅인 팔레스타인 땅에 두면 분명 힘을 모아 반란을 일으킬 거라 우려했기 때문에 그들을 쫓아내 사방으로 흩어지게 했어요. 팔레스타인 지역에서 추방당한 이스라엘 사람들은 더는 히브리어를 사용하지 않게 되었고, 결국에는 구약성경조차 읽을 수 없는 상태가 되었어요. 그래서 히브리어를 잊어버린 이스라엘 사람들이 구약성경을 읽을 수 있도록 히브리어로 된 구약성경을 새롭게 번역할 필요가 있었어요. 이 작업은 헬라제국이 들어선 이후에 비로소 이루어졌는데, 번역은 당시의 국제 공용어인 헬라어로 이루어졌어요. 이 번역본을 '70인역'이라고 해요.

놀라운 건, 예수님께서 사람들에게 말씀을 선포하실 때 구약성경을 인용하곤 하셨는데, 이때 더 권위가 있는 히브리어 성경이 아닌 70인역을 인용하셨다는 사실이에요. 당시의 서민들이 헬라어로 된 성경을 읽는다는 점을 고려하여 일부러 번역 성경인 70인역을 사용하신 것이죠. 70인역에 대한 예수님의 이런 태도는 번역 성경을 통해서 하나님의 말씀을 읽고 신앙생활을 하는 것에 아무런 문제가 없다는 것을 보여주신 것이라 할 수 있어요.

이렇게 히브리어와 헬라어로 된 원문 성경은 오늘날 세계 각국의 언어로 번역이 되었고, 특히 기독교가 잘 뿌리내린 우리나라 같은 경우에는 한글로 여러 버전의 번역본이 등장했어요. 여러 종류의 번역본이 있는 것을 나쁘게 볼 필요는 없어요. 번역본이 여러 종류가 등장했다는 것은 그만큼 기독교 신학과 기독교 문화가 발전했다는 뜻이니까요. 여러 종류의 번역본이 유익한 몇 가지 이유를 들어볼게요.

먼저 시대에 따라 사람들이 사용하는 언어가 변화하기 때문에 성경 번역 역시 새로 번역하지 않을 수 없어요. 바로 이 점 때문에 시간이 흐르면서 여러 개의 번역본이 등장할 수밖에 없지요. 이런 경우에 표현의 차이가 생기는 것은 성경의 내용을 크게 바꿀 만큼 심각한 것이 아니라면 걱정하지 않아도 돼요. 가장 최근에 공인된 번역본인 개역개정판이 이전에 쓰던 개역한글판의 "가라사대"라는 단어를 "이르시되"로 바꾼 것이 그 예죠.

다음으로는 성경에 사용된 단어 중 많은 단어가 딱 한 가지 뜻만을 가지고 있지 않은 경우가 많아서 그 단어가 가지고 있는 뜻을 다 표현하기 위해서는 여러 개의 단어가 필요하기도 해요. 그러나 번역할 때는 딱 한 단어밖에는 사용하지 못하잖아요? 그럴 때 또 하나의 번역본을 통해서 그 단어가 지닌 또 하나의 뜻을 전달할 수 있지요. 친구들도 두 번역본을 비교해서 보면 훨씬 더 성경 원문의 뜻을 잘 이해하게 되는 경우가 있을 거예요.

여기서 현실적으로 제기되는 몇 가지 문제들이 있을 수 있어요. 그럼 우리는 어떤 번역본 성경을 읽어야 하느냐 하는 점이에요. 이 질문에 대해 저는 현재 한국교회 대부분이 공식적으로 사용하고 있는 〈개역개정판〉 성경을 사용하는 게 가장 무난하다고 말하고 싶어요. 물론 교회에 따라서 이해하기 쉬운 다른 번역본을 사용하기도 하고, 말씀 이해를 위해서 쉽게 풀어 쓴 성경을 읽을 수도 있어요. 친구들에게 〈개역개정판〉 성경이 어렵게 느껴지나요? 저는 청년 시절에 한문이 잔뜩 들어가 있는 〈관주성경〉이라는 것을 읽었는데, 아예 한자 사전을 옆에 두고 뜻을 일일이 찾아가면서 읽던 기억이 있어요. 우리 친구들도 생명이 되는 하나님의 말씀을 읽는데 이 정도의 수고는 할 수 있지 않겠어요?

물론 〈개역개정판〉을 포함한 어떤 번역본도 완벽하다고는 할 수 없어요. 하지만 문제가 되는 부분은 학자들이 고민할 부분이고, 그런 이유로 우리가 성경에서 하나님의 뜻을 깨닫는 데 걸림돌이 되는 일은 없을 거예요. 그러므로 공인된 번역본을 기본으로 성경을 꾸준히 읽되, 다른 번역본들도 참고해 이해의 폭을 넓혀가는 것이 가장 좋다고 생각해요.

31
하나님은 왕자병에 걸리신 건가요?

성경에 보면 하나님께서는 찬양과 영광 받기를 원하셔서 우리를 만드셨다고 하는데, 그렇다면 우리는 그냥 하나님을 받들어 모시기 위해 사는 거란 얘기잖아요. 그럼 하나님은 왕따인가요? 아니면 왕자병에라도 걸려서 자기 자신에게 찬양하라고 하는 건가요? 우리 인간들에게 '이렇게 좋은 세상 만들어주셔서 감사합니다'라는 소리를 듣고는 혼자 속으로 씩 웃으면서 '만든 보람이 있군' 하며 좋아하고 계시는 건가요?

친구 중에서 정말 '밥맛'인 친구는 아마도 자기에게 좋은 말만 해주기를 바라고, 자기를 높여주기만 바라는 친구일 거예요. 다른 친구들로부터 '예쁘다', '잘 생겼다'라는 말만 듣기를 바라는 친구들이 가끔 있는데, 여자일 경우에는 '공주병', 남자의 경우는 '왕자병'이라고 부르죠. 공주병이나 왕자병에 걸린 친구는 다른 친구로부터 왕따 당하기 일쑤인데, 그 이유는 서로 생각을 솔직하게 주고받는 대화가 안 되기 때문이에요.

아마도 우리 친구는 하나님이 그런 '공주병'이나 '왕자병'에 걸린 분이 아닌가 의심하는 것 같아요. 정말로 하나님이 그런 하나님이라면 '밥맛 중에 밥맛'이겠지요. 또, 그렇게 되면 사람들로부터 왕따를 당하게 될 거고요. 사람들은 하나님이 찬양해달라는 눈치를 계속 보내는 것 같으니까 하나님이 무서워서 찬양하긴 하지만 마음속으로는 비웃겠지요. 어쩔 수 없어 하나님을 찬양하지만, 마음을 주지는 않을 거예요. 하지만 우리 하나님은 결코 그런 하나님은 아니랍니다.

인간이 하나님을 찬양하고 하나님께 영광을 돌려 드리면 하나님은 기뻐하시지요. 그런데 거기에는 조건이 있어요. 하나님은 마음을 주지 않으면서 억지로 찬양하거나 마지못해서 영광을 돌려드리는 것을 원하지 않으시고, 그런 찬양과 영광은 받지 않으세요. 구약성경과 신약성경에 보면 마음을 담지 않고 입술로만 하나님을 찬양할 때, 하나님께서 찬양받지 않으신다고 말하고 있어요.

마가복음 7장 6절에 인용된 이사야서 29장 13절은 이렇게 말하고 있어요. "이 백성이 입술로는 나를 공경하되 마음은 내게서 멀도다." 이것은 무슨 말인가요? 마음을 담지 않고 입술로만 하나님을 칭찬하고 영광 돌리는 것은 하나님이 받지 않으신다는 말이에요. 그러므로 우리 친구가 정말로 마음에서 우러나오지 않는다면 하나님을 찬양하는 일이나 영광을 드리는 일을 중단해야 해요. 왜냐하면, 하나님이 받지 않으시고 기뻐하지도 않으시니까요.

믿는 성도들이라면, 하나님이 만드신 세계와 하나님이 자신을 위해서 하신 일들을 볼 때 너무나 놀랍고 감격스러워서 아무리 억제하려고 해도 억제할 수 없어 칭찬과 찬양과 영광을 돌리게 될 거예요.

자, 그럼 우리 하나님이 만드신 이 세계를 한번 들여다봅시다. 하늘이 맑은 여름밤에 가로등 불빛이 하나도 없는 산골이나 시골에서 돗자리를 깔고 누워서 하늘을 한번 잘 올려다보세요. 어떤 생각이 드나요? 우주의 크기가 끝이 없다는 것을 발견하게 되지요. 별들의 숫자가 너무 많아서 셀 엄두조차 나지 않을 정도로요. 그런 광경을 보면 한마디로 입이 딱 벌어지고 말아요.

이번에는 생명과학 실험실로 들어가 볼까요? 전자현미경으로 사람의 눈에는 아예 보이지도 않는 바늘 끝보다 더 작은 세포를 들여다봐요. 엄청난 세계가 그 안에 있는 것을 발견하게 되지요. 세포 속 아주 작은 핵 안에 DNA가 들어있는데, 이 DNA 안에 500페이지 분량의 책 5,000권에 집어넣어야 다 들어갈 수 있는 어마어마한 분량의 유전인자가 들어있다고 해요. 이 유전인자의 신비스러운 작용으로 생물체의 다양한 기관이 발생하는 것이지요. 이 세포 안에 들어있는 열 발생 기관은 1초에 10만 번 회전하는 모터를 달고 있어요. 여러분은 1초에 10만 번 회전하는 모터가 상상되나요? 그뿐인가요? 히말라야산맥의 웅장한 위용, 그랜드캐니언 계곡의 장엄한 풍경, 넓디넓은 태평양 바다 등을 보면 너무나 경이롭고 장엄하고 신비로워서 아무리 참으려고 해도 참을 수 없는 탄성이 저절로 나오게 될 거예요. 감탄이 저절로 나오는 정도가 아니라 온갖 아름다운 말을 다 동원해서 표현해도 마음속을 가득 채우고 있는 감정의 만분의 일도 제대로 표현하지 못할 거예요. 이런 세계를 직접 만드시고 우리에게 선물로 주신 하나님을 찬양하지 않을 수 있나요?

만일, 하나님이 정말로 기뻐하시도록 하나님의 위대하심을 제대로 찬양하려면 그 찬양이 어느 정도 되어야 할까요? 네! 이 우주 전체가 들썩들썩하고 우주 구석구석에 찬양의 소리가 꽉 찰 정도가 되어야 할 거예요. 그런데 우리가 우주 한구석에서 미약한 소리로, 그것도 의심의 마음을 떨치지 못한 채 마음도 제대로 담지 않은 찬양을 해 놓고 뒤돌아서서 '하나님이 좋아하신다'라고 생각한다면 그것은 말도 안 되는 이야기죠.

우리가 하나님께 찬양을 드리고, 영광을 올려 드린다는 것은 그 질을 따지자면 정말 형편없고, 하나님 앞에 명함도 못 내밀 것에 불과해요. 그런데도 하나님께서는 우리 한 사람 한 사람을 소중하게 보시고 은혜로 그냥 받아 주시는 거예요.

예를 들어서 어떤 사람이 대통령에 당선되어 온 국민이 대통령 당선을 축하하는 자리에, 대통령이 뭘 하는 사람인지도 모르는 어린 꼬마가 대통령에게 다가와서 축하한다고 말해 봐요. 사실 대통령은 이 아이가 축하해주든지 아니든지 별로 개의치 않을 거예요. 그렇지만 이 어린아이가 너무 예쁘고 기특해서 '네가 축하를 해주니 너무너무 기쁘다'라고 답변해 주겠죠. 한마디로 예쁘게 봐주는 거예요. 이와 비슷해요. 무한하게 펼쳐져 있는 이 온 우주가 다 하나님의 것인데, 하나님이 뭐가 아쉬워서 우리가 찬양하기를 목 빠지게 기다리시겠어요?

그러면 이번에는 하나님이 우리를 위해서 하신 일에 대하여 생각해 보기로 해요.

모든 인류가 죄를 짓고 지옥에 갈 위험에 처하게 되었어요. 이때 하나님은 인류를 구원하시기 위해 무슨 일을 하셨지요? 바로, 하나님이 가장 아끼는 독생자 예수를 이 세상에 보내시고, 이 예수님에게 우리가 받아야 할 형벌을 대신 다 받게 하셨어요. 그리고 우리에게는 이 예수님을 믿기만 하면 구원받는 축복을 주셨어요.

여기서 기억해야 할 것이 있어요. 예수님을 믿는다고 해서 우리의 인품이 금방 변해서 천사와 같이 착하게 되고, 이렇게 바뀐 나를 하나님이 보시고 마음에 들어서 구원해 주시는 게 절대로 아니라는 거예요. 우리의 인품은 그대로인데, 우리가 예수 그리스도를 믿음으로 받아들이자 예수님의 인품이 우리를 감싸게 되고, 우리를 감싼 예수님의 인품을 보시고 하나님이 우리를 구원해 주신 것이죠.

예를 들어 어떤 사람이 100억 원이라는 어마어마한 빚을 지게 되었어요. 그런데 어느 날 돈을 빌려준 사람이 오더니 '100억 원 빚진 것을 아무런 조건 없이 면제해 준다! 이제 너는 빚이 없다!'라고 선언했다고 생각해 보세요. 이때 그 사람의 기분이 어떨까요? 한마디로 하늘을 날아갈 것처럼 기쁘고 감격스러울 거예요. 빚을 면제받은 사람은 돈을 면제해 준 사람에게 어떻게 하고 싶을까요? 너무도 뜻밖이고 고마워서 찬양과 감사의 말을 몇백 번이라도 하고 싶을 거예요.

하나님이 인간을 위하여 어떤 일을 하셨는가를 아는 사람은 이런 기쁨과 감격 속에서 하나님을 찬양하는 거예요. 하나님이 만드신 어마어마한 우주와 하나님이 인간의 구원을 위해서 하신 놀랍고 경이로운 일 앞에서 하나님을 향한 칭찬과 감사가 가슴에 넘쳐서 그냥 터져 나와 버리는 그런 찬양 말이죠. 우리의 찬양과 감사가 사실은 너무 작고 보잘것없는 것이지만 우리를 사랑하시는 하나님이 그냥 예쁘게 보시고 '그래, 네가 그렇게 칭찬하고 온 맘을 다해 영광을 나에게 올리니 기특하구나. 내 마음도 기쁘다'하고 은혜로 받아 주시는 거예요. 찬양과 감사는 하나님께서 받고 싶어하셔서 하는 게 아니라 예수님을 믿는 우리가 구원의 은혜를 생각할 때 너무나 감사해서 스스로 하게 되는 것이랍니다.

5부

악성 댓글,
기독교를 욕하는 사람들

32. 크리스천은 억울해도 무조건 참아야 하나요?
33. 기독교를 욕하는 악성 댓글에 어떻게 반응해야 하나요?
34. 교회를 싫어하는 선생님 때문에 너무 힘들어요
35. 수업시간마다 기독교를 비판하시는 선생님, 어떡하죠?
36. 이유 없이 무시하고 욕하는 친구를 크리스천으로서
    어떻게 대해야 하죠?

32

크리스천은 억울해도 무조건 참아야 하나요?

Q 크리스천은 억울하고 부당한 일을 당해도 무조건 참고 기다려야 하나요? 하나님이 선과 악을 심판해 주시는 건 분명하지만, 제가 직접 억울한 일에 대해서 해명하거나 직접 나서서 해결하면 안 되나요? 무조건 하나님이 해결해 주시고 심판해 주시기를 믿고 언제까지나 기다려야만 하나요?

A 그리스도인이 억울한 일을 당하거나 피해당했을 때 가장 먼저 떠올라 힘들게 하는 성경말씀은 "원수를 사랑하라"라는 예수님의 가르침일 거예요 마 5:44; 눅 6:27, 6:35. "원수를 사랑하라"라는 말씀은 기독교인의 삶의 원리죠. 이 가르침은 예수님뿐만 아니라, 이미 구약성경, 모세의 율법에서도 가르치고 있답니다. 레위기 19장 18절에 "원수를 갚지 말며"라는 말씀이 있거든요. 예수님이 바로 그 말씀을 인용하신 것이랍니다. 그리고 바울도

같은 가르침을 주고 있어요. "내 사랑하는 자들아 너희가 친히 원수를 갚지 말고… 네 원수가 주리거든 먹이고 목마르거든 마시게 하라" 롬 12:19-20.

그런데 원수를 사랑하라는 이 율법이 우리에게 주신 유일한 가르침이 아니라는 점에 우리는 주목할 필요가 있어요. 원수를 사랑하라고 명령한 모세의 율법에는 "눈에는 눈으로, 이에는 이로"라는 명령도 나란히 있어요 신 19:21; 레 24:20. 이 구절은 공정한 정의의 원칙을 중요하게 여긴 것으로, 어떤 사람이 죄를 범하면 그 사람이 지은 죄의 정도만큼 공정하게 벌을 가해야 한다는 것이에요. 모세의 율법 안에 원수 사랑과 공정한 처벌의 원칙이 함께 있다는 것은 그리스도인이 때로는 조건 없이 용서해야 할 때도 있지만, 공의의 원리에 따라 행동해야 할 때도 있음을 보여주는 것이랍니다.

이제 앞에 인용했던 로마서 12장 19절 말씀을 보도록 해요. 바울은 원수를 갚지 말라고 당부하는데 거기에는 중요한 조건이 하나 붙어 있어요. 그 조건은 원수를 "친히" 갚지는 말라는 거예요. 그 이유는 무엇일까요? 원수를 갚는 행동이 악한 행동이기 때문일까요? 아니에요. 그 구절 전체를 보면, "친히 원수를 갚지 말고" 다음에 "하나님의 진노하심에 맡기라 기록되었으되 원수 갚는 것이 내게 있으니 내가 갚으리라"라는 말씀이 나와요. 원수는 하나님이 갚아 주실 것이니 하나님께 맡기라는 거죠. 사실, 원수 갚는 일 자체가 나쁜 일이 아니랍니다. 만약 나쁜 일이라면 하나님께서 그 일을 하실 리가 없죠. 다만, 악한 일을 한 사람은 당연히 벌을 받아야 하는데, 벌을 내리는 일은 하나님께서 담당해 주신다는 거예요. 그것이 바른 질서이고 원칙이죠. 그래서 하나님께서 "친히 원수를 갚지 말고" 나에게 맡기라고 하신 거랍니다.

로마서 13장 1-7절 말씀을 보면, 하나님이 원수를 갚아 주시는 방법 가운데 하나가 "위에 있는 권세들"을 통해서라고 기록되어 있어요. "위에 있는 권세들"은 보통 국가기관을 뜻해요. 하나님으로부터 원수 갚는 일을 위임받은 대표적인 국가기관으로는 법원, 검찰, 경찰 등이 있죠. "위에 있는 권세들"은 상황에 따라서 폭넓게 해석되어, 가정에서는 부모님, 학교에서는 선생님을 뜻할 수 있어요.

기본적인 원리를 알았으니 지금부터는 적용해 보도록 해요.

우선, 그리스도인이 억울한 일을 당했을 때, 당한 만큼 가해자에게 갚아 주는 상황을 생각해 볼 수 있고요. 그다음으로 억울한 일에 관해 말이나 글로써 해명하는 상황을 생각해 볼 수 있어요. 이 두 가지 경우는 사실 모두 정당하고 옳은 일이에요. 문제는 어떤 방식으로 이 일을 하느냐 하는 것이죠. 그럼, 이 두 경우에 대해 자세히 살펴볼까요?

첫째로, 억울한 일에 대해 '직접' 갚아 주려고 하는 것은 가능한 한 자제하라는 것이 성경의 가르침이에요. 그렇다고 억울한 일을 당하고도 가만히 있으라는 말은 아니에요. 이런 상황에서 그리스도인이 할 수 있는 것은, 살아계신 하나님께 맡기거나 "위에 있는 권세"에 맡기는 거예요. 그것이 하나님께서 허락하신 방법이랍니다. 우리 친구처럼 학생이면 부모님이나 선생님이 되겠죠.

제가 친구에게 꼭 이야기하고 싶은 것은 억울한 일을 당했을 때, 하나님께만 맡기고 아무에게도 말을 하지 않는 것은 매우 위험할 수 있다는 점이에요. 반드시 부모님이나 선생님께 말씀드리고 도움을 받아 해결해야 해요. 물론 아주 개인적이고 사소한 일일 경우에는 그냥 하나님께 맡기고 넘어갈 수도 있어요. 예를 들어서 누군가 우리 친구에게 마음에 상처를 주는 말을 했다든지, 돈을 몇천 원 빌리고 갚지 않는다든지 등의 작은 일들 말이에요. 그러나 우리 친구의 학교생활이나 신앙생활 자체에 심각하게 상처를 입힐 수 있는 일을 당했을 때는 절대로 그냥 넘어가면 안 돼요. 예를 들어서 누군가에게 심한 구타를 당했다든지, 상습적으로 돈을 빼앗긴다든지, 성적으로 추행이나 폭행당했을 때는 친구 혼자 감당하기 어려우므로 반드시 부모님과 선생님께 알려서 그런 일이 되풀이되지 않도록 해야 하죠. 만일 부모님이나 선생님이 이 문제를 해결해 주지 못할 때는 경찰과 같은 공기관의 도움을 받는 것도 좋아요. 간혹, 보복이 두려워서 알리지 않는 경우가 있는데, 그러면 나중에 문제가 더욱 커질 우려가 있답니다.

둘째로, 우리 친구가 나쁜 말이나 행동을 하지 않았는데 억울한 오해를 받을 수 있어요. 이때 오해를 바로잡기 위해 정확하고 정직하게 해명하는 것은 바람직한 일이에요. 이때 해명을 하는 것은 원수를 갚는 것과는 다르답니다. 해명하는 것은 원수를 사랑하라는 명령을 어기는 것이 아니에요. 성경을 읽어 보면 하나님의 선지자나 사도들도 오해를 받았을 때 적극적으로 해명하기도 했거든요. 예를 들어 베드로가 성령 충만을 받은 후, 다른 나라 방언으로 복음을 전하는 것을 보고 사람들이 베드로가 술에 취해 헛소리한다고 오해하자 그는 이를 적극적으로 해명했어요. 스데반도 오해에 대하여 적극적으로 해명했고, 바울도 해명하는 설교를 많이 했어요. 따라서 우리는 기회가 오면 열심히, 그리고 적극적으로 해명하여 잘못된 부분을 바로잡을 필요가 있어요.

셋째로, 해명했는데도 계속 오해를 받거나, 혹은 해명할 기회가 없을 때, 많은 친구가 깊은 상처를 받거나 극단적인 방법으로 문제를 해결하려고 하는 경우가 있어요. 아마 우리 친구도 이런 상황을 만나면 마음이 답답하고 미칠 것 같은 느낌을 받게 될 거예요. 그런데, 바로 이런 상황이야말로 그리스도인의 차별성과 위력이 나타나는 경우랍니다. 만약 우리 친구가 이런 상황을 만나거든, 하나님께서 억울한 일을 풀어주시고, 해결해 주실 거라 믿고 하나님께 그 짐을 다 맡기길 바랄게요.

요셉을 떠올려 보세요. 요셉은 감옥에 갇혔어도 이전과 다름없이 성실하게, 동료 죄수들을 잘 섬기면서 하나님 앞에서 순결한 삶을 살았죠. 바로 '살아계신 하나님이 언젠가는 모든 진실을 밝혀주시고 바로잡아 주실 것'이라는 믿음이 있었기 때문이에요. 시간은 오래 걸렸지만, 하나님은 놀랍게도 요셉을 애굽의 총리로 만드셨고, 그의 억울함을 풀어주셨으며, 수백 배 이상의 축복과 위로를 주셨어요. 어때요? 놀라우신 하나님이죠?

  우리 친구들도 억울한 상황을 만나면, 오해를 풀기 위해 최선을 다하되, 잘되지 않더라도 이를 반드시 풀어주실 하나님께 모두 맡기세요. 그리고 억울한 마음에 집착하기보다는 오히려 나에게 주어진 지금의 순간에 성실히 임하는 여러분이 되기를 바랍니다.

33

기독교를 욕하는 악성 댓글에 어떻게 반응해야 하나요?

항상 기독교 얘기가 나오면 교회부터 비판하기 시작해서 결국 '하나님은 없다'로 끝나는 악성 게시글을 볼 때마다 마음이 아프고 하나님께 죄송해져요. 한 번은 제가 그런 글에 댓글을 달았는데 수십 개의 비난과 악성 글이 올라와서 당황한 적이 있어요. 그런 글이나 사람들을 보면 어떻게 해야 하나요? 남들이 하나님을 뭐라 하든 나만 신실하면 되는 건가요? 그게 하나님이 원하시는 것인지 궁금해요.

한때 제가 근무했던 신학대학원 게시판에 익명으로 글을 쓸 수 있게 한 적이 있어요. 그랬더니 경건한 신학대학원인데도 불구하고 차마 입에 담을 수조차 없는 글들이 너무 많이 올라와서 게시판에 들어오는 건전한 방문객들까지 시험에 들 정도였지요. 결국엔 게시판이 수준 이하의 글들로 도배될 때가 많아서 할 수 없이 학교에서 자기 아이디를 밝히고 게시판에 글을 올리도록 정책을 바꾸었어요. 그 후부터는 게시판의 생기가 사라져 버렸어요. 공식적인 행정 절차에 관해 묻는 글들만 간혹 올라올 뿐 사람들 마음속에 있는 솔직한 생각들이 거의 올라오지 않는 거예요. 한마디로 게시판이 재미없어진 것이지요. 익명으로 해 놓으면 사람들의 마음속에 있는 진솔한 생각이 드러나는데, 그것과 더불어 너무 상스러운 생각들도 같이 따라 들어오고, 기명으로 해 놓으면 상스러운 욕은 올라오지 않는 대신 사람들의 솔직한 속마음이 나타나지 않아요.

친구가 말한 것처럼 게시판에 기독교와 관련된 이야기가 게시되면 많은 논란이 일어나곤 하죠. 하지만 그런 것들을 무시하지 않고 때로는 참고해야 할 필요가 있어요. 왜냐하면, 그런 글들을 통해 기독교에 관하여 사람들이 가지고 있는 솔직한 생각들을 들여다볼 수 있기 때문이에요. 우리가 이 세상에서 사람들에게 복음을 효과적으로 전하려면 사람들이 기독교에 관해 가지고 있는 생각들을 알 필요가 있어요.

사람들이 올려놓은 기독교 비판 글을 잘 살펴보면 대체로 세 가지 유형이 있어요. 첫 번째는 기독교인들이 행한 도덕적인 잘못을 지적하면서 기독교인들의 바른 삶을 촉구하는 비교적 건설적인 글이에요. 두 번째는 기독교에 대하여 뚜렷한 이유도 없이 그냥 악감정을 가지고 비난하는 글이 있어요. 세 번째는 기독교의 교리들에 대하여 비판하는 내용이 있어요. 기독교를 비판하는 글이 어떤 유형이냐에 따라서 대응책을 달리할 필요가 있지요.

먼저, 기독교인이 행한 도덕적인 잘못을 비판하는 경우에 대해서 생각해 볼까요?

한국교회가 부흥하고 숫자가 많아지고 큰 교회들이 생기면서 요즘에는 많은 교회 목사님이 검소한 생활을 하지 않고 호화로운 생활을 한다고 비판하는 내용이 많이 올라오곤 하죠. 또 가정을 돌보는 일이나 직장생활을 성실하게 하지 않고 교회생활에만 푹 빠져 지내는 일부 교인을 비난하는 내용도 올라와요. 기도와 믿음으로 병을 고친다고 하면서 병원 진료를 거부하다가 병을 더 크게 키우는 교인을 비판하는 글도 올라와요. 또, 기독교인이라면서 거짓말을 밥 먹듯이 하고, 욕심을 부리고 다른 사람을 위하여 희생하는 삶을 살지 않는 생활태도를 비판하는 내용도 올라와요.

이런 비판의 글은 당연히 지적받을 것을 지적하는 것이에요. 기독교인이 나쁜 생활을 고치지 않고 고집스럽게 계속하니까 하나님께서 사람을 통하여 우리의 잘못을 지적하신다고 보면 되죠. 이런 비판의 글은 사실 교회의 이미지에 큰 타격을 줘요. 그리고 많은 사람이 실망하고 교회를 떠나는 계기가 되기도 하고요. 이런 글을 읽을 때는 마땅히 답변할 말도 없어요. 속상하고 부끄러운 생각만 들지요. 그렇지만 할 수 없어요. 그런 글을 읽을 때는 '아하, 하나님께서 우리에게 경고하시는구나'라고 생각하고 우리 자신을 돌아보고 반성하고 우리의 삶을 바로잡는 기회로 활용해야 해요. 말로 변명하려고 할 필요가 없어요. 그보다는 묵묵히 우리의 삶을 바른 삶으로 살아내는 실천에 힘을 쏟아야 해요.

다음으로 기독교에 대하여 뚜렷한 근거도 없이 악감정을 가지고 비난을 퍼붓는 경우를 생각해 볼게요.

이 경우에는 두 가지 대응법이 있어요. 하나는 아예 신경을 쓰지 않는 거예요. 감정이 아무리 상하고 화가 치밀어 올라와도 감정적으로 맞대응하는 일은 절대로 피해야 해요. 악성 댓글을 올리는 사람이 노리는 것이 바로 그것이기 때문이지요. 감정을 자극해서 같이 욕을 하고 멱살을 잡고 싸우는 자리로 우리를 끌어들이려는 거예요. 그렇다면 우리는 그런 유혹을 점잖게 무시해 버릴 수 있어야 해요.

비유를 하나 들어볼까요? 전쟁이 벌어졌어요. 적국의 전폭기가 침투해 들어오는 것을 막기 위해 대공포가 하늘을 뒤덮고 미사일이 하늘로 발사되고 있어요. 이때 어떻게 하면 비행기를 타고 대공포와 미사일이 난무하는 하늘을 안전하게 날아갈 수 있을까요? 대공포나 미사일의 사정거리 안의 하늘을 날면서 대공포와 미사일을 피해 갈 수는 없어요. 그것은 너무 어렵고 위험한 비행이에요. 그러면 어떻게 하면 될까요? 아예 하늘 높이 대공포나 미사일이 미치지 못하는 곳으로 유유히 날아가면 되는 거지요. 마찬가지예요. 감정적인 악플이 아무리 기승을 부려도 다 무시해 버리고 아예 반응하지 않는 것이 한 방법일 수 있어요. 우리는 그들이 무서워서 피하는 것이 아니니까요. 우리는 장엄하고 우주적인 하나님 나라의 백성들이라는 정체성과 자부심, 그리고 여유를 잃지 않아야 해요. 악플이 난무한다고 해서 그것들 때문에 하나님의 나라가 무너지는 것은 아니에요. 하나님의 나라는 꿈쩍도 하지 않아요.

또 다른 대응 방법은 게시판에 반박하는 글을 올리는 방법이 있어요. 때로는 이런 방법도 필요하죠. 이때 주의할 것은 상대방에 대한 예의를 갖추어서, 상대방의 인격을 존중하면서, 점잖고 우아한 언어로 잘못을 지적해야 한다는 거예요. 상대방이 수백 번 욕을 해도 우리는 항상 예의 바른 어조를 잃지 않으면서 글을 올리되, 할 말을 빠짐없이 하는 것이죠. 교회나 성경에 대해서 이렇게 변호할 자신이 없다면 아예 무시해 버리는 것이 좋아요.

마지막으로 기독교의 교리에 대하여 비판하는 경우를 생각해 볼까요?

믿음이 없는 사람들은 자신들의 논리나 경험에 맞지 않는다고 생각하는 기독교의 교리들을 비판하게 되어있어요. 예를 들어서 예수님에 대하여 기독교는 완전한 하나님이시면서 동시에 완전한 인간이라고 말하고 있어요. 그런데 이 말이 믿음이 없는 사람들에게는 논리적으로 이해가 되지 않는 것이죠. 그런 사람들은 '하나님이면 하나님이고 인간이면 인간이지 하나님이면서 동시에 인간이라는 게 말이 되냐?' '결혼도 하지 않은 처녀의 몸에서 어떻게 예수라는 인간이 탄생할 수가 있느냐?' '죽어서 몸이 다 땅속에 묻혀 썩어 버렸거나 화장하여 가루로 바다에 뿌려서 흔적이 남아 있지 않은데 어떻게 다시 살아난단 말이냐?' '물고기 두 마리와 보리떡 다섯 개를 가지고 어떻게 오천 명이 넘는 무리를 먹인단 말이냐?' '여호수아의 명령 한마디로 어떻게 해가 가던 길을 멈춘단 말이냐?'라며 기독교에 대하여 지적하곤 하죠.

믿지 못하면 당연히 그렇게 비판할 수 있어요. 그러므로 이런 비판들에 대하여 기독교의 교리는 논리적으로나 경험적으로 충분히 설득력이 있다는 점을 차근차근히 설명해 주는 것이 중요해요. 그것은 세상 사람들을 전도할 때도 꼭 필요하고 중요한 하나님의 일이죠.

사실, 이런 비판들은 교회에 많은 유익을 줄 수 있어요. 몇천 년 전부터 꾸준히 제기되어 왔던 이런 비판 덕분에 많은 신학자가 이런 비판에 답변하기 위하여 연구하고 고민하는 과정에서 기독교의 교리가 더 잘 정리되고 다듬어져 왔답니다. 이런 교리를 설명하는 것은 우리 친구들이 감당하기에는 너무 벅찬 일이에요. 그러므로 이런 비판을 대할 때 여러분은 직접 답변하려고 하지 말고 답변할 준비가 되어있는 분에게 도움을 요청하는 것이 좋아요. 그리고 장차 여러분이 어른이 되었을 때 명쾌하게 답변해 보겠다는 꿈을 가지고 그 꿈을 이루는 데 필요한 성경과 신학과 일반학문을 열심히 공부하겠다는 결의를 다져 보는 것도 훌륭한 일이 되겠죠?

34

교회를 싫어하는 선생님 때문에 너무 힘들어요

학교 선생님이 기독교를 유난히 싫어하시는데, 수업 시간마다 기독교에 대해 나쁜 얘기만 하세요. 제가 교회에 다니는 걸 아셔서 일부러 공격하기도 하시고요. 그래서 너무 힘든데, 제가 어떻게 하면 좋을까요?

주님께서는 제자들에게 이렇게 말씀하셨어요. "누구든지 나를 따라오려거든 자기를 부인하고 자기 십자가를 지고 나를 따를 것이니라"막 8:34. 이 말씀은 우리 친구 마음에 큰 부담이 되는 말씀이지요? 무거운 십자가를 지고 가는 것은 매우 힘든 일이니까요. 이 말씀에 대한 부담 때문에 어떤 사람들은 '아, 이 말씀은 목사님처럼 특별한 사명을 받고 교회를 위해 헌신할 사람들에게 적용되는 말씀일 거야'라고 생각하기도 해요. 그러나 그렇지 않아요. 본문에 보면 "누구든지"라고 되어있거든요. 즉,

'예수님을 믿는 사람이라면 예외 없이 모두'라는 뜻이에요. 신앙생활의 연륜이 오래된 사람이든, 이제 막 주님을 믿기 시작한 초신자든, 목사님이든, 장로님이든, 권사님이든, 평신도든 모든 성도에게는 각자가 지고 가야 할 자기 십자가가 있고, 이 십자가를 거부해서는 안 된다는 뜻이죠.

그렇다면 우리가 지고 가야 할 십자가는 무엇일까요? 십자가를 한마디로 정의하면 '주님을 바르게 믿을 때 찾아오는 어려움을 견디내는 것'이라고 말할 수 있어요. 이 어려움은 사람에 따라 각각 다르지요. 어떤 사람에게는 '질병'이 십자가일 수 있어요. 어떤 사람은 '직장생활'이 십자가가 될 수 있어요. 만약 직장에서 주일날에도 출근하라고 명령할 때 주일을 지키기 위해 직장에 나가지 않으면 어려움이 찾아오지요. 또 어떤 사람에게는 '가족'이 십자가일 수 있어요. 조상숭배를 하는 가정에서 주님을 믿고 조상숭배를 하지 않기로 결단하면 그때부터 다른 가족들로부터 미움과 괴롭힘을 당하는 십자가를 지게 되지요.

우리 친구의 경우에는 기독교를 공격하는 선생님이 매우 힘들고 어려운 십자가가 되고 있군요. 우리 친구가 그동안 겪어야 했던 어려움은 깊이 생각하지 않아도 금방 이해할 수 있겠어요. 성적 주는 것을 포함해서 모든 권한을 가지고 있는 선생님이 노골적으로 친구를 공격한다면 견디기 무척 힘들 거예요. 선생님은 지식이 많고 말을 잘하지만, 우리 친구는 기독교가 진리라는 것은 알아도 아직은 선생님에게 말로 대응하기가 매우 어려울 테니까요.

특히 '윤리'와 같은 과목을 다루는 선생님이 믿는 사람이 아니면 기독교에 대하여 적대적인 감정을 가지고 대할 수 있어요. 왜냐하면, 그 분야 담당 선생님이라면 철학을 전공했을 것이고, '인간이 어떻게 하면 진리를 알 수 있는가?' '인간이 어떻게 하면 바른 생활을 할 수 있는가?' 하는 문제들을 주로 공부했을 테니까요. 철학에서는 인간 자신의 이성적인 능력으로 진리를 알 수 있다고 주장하고, 또 인간이 자신의 힘으로 바른 생활을 할 수 있다고 주장해왔어요. 철학은 인간에 대한 자부심으로 가득 차 있는 학문이랍니다. 그런데 기독교는 인간 자신의 힘으로는 진리를 제대로 알 수 없고 바른 생활을 할 수 없다고 주장해요. 이런 주장은 철학자들의 이론과 부딪치죠. 더욱이 성경은 모든 인간이 다 하나님 앞에서 죄인이라고 말하고 있잖아요? 이 주장을 철학자는 절대 이해할 수 없죠. 따라서 철학, 윤리, 사상 등을 공부하는 사람 중에는 기독교에 대하여 적대적인 사람들이 많아요.

제가 전해 듣기로는 우리 친구가 선생님의 일방적인 강압을 잘 견뎌 오다가 끝내는 '기독교 밖에도 구원이 있다'라는 주장에 동의해버렸고, 이 일로 많이 후회하고 힘들어하고 있다고 들었어요. 물론 우리 친구가 끝까지 버텼으면 좋았을 걸 하는 아쉬움도 있지만, 우리 주님은 친구의 안타까운 마음을 잘 알고 계시리라고 생각해요.

베드로의 경우를 한번 생각해 볼까요? 베드로가 어린 여종 앞에서 주님을 세 번 부인했지요. 베드로가 정말로 주님을 배반할 마음이 있어서 그런 것은 아니라고 생각해요. 베드로도 인간이었기 때문에 순간적으로 겁이 나서 그렇게 행동한 것이지요. 그래서 베드로는 예수님을 부인한 직후 대성통곡하면서 자신의 실수에 대해 땅을 치며 후회했어요. 그런데 예수님은 부활하신 후 베드로에게 찾아오셔서 베드로를 이전과 똑같이 대해 주시고 받아주셨어요. 베드로의 중심을 알고 계셨기 때문이죠. 그렇지만 베드로의 마음속에는 주님을 부인한 행동에 대한 부담이 무거운 납덩어리처럼 남아 있었어요. 그런 베드로에게 예수님은 어떻게 하셨나요? 예수님을 세 번 부인했던 베드로에게 세 번 "네가 나를 사랑하느냐"요 21:15-17라고 물으심으로써 베드로에게 속마음을 말로 표현할 기회를 주셨어요. 이전에 말로 부인했던 죄책감이 있으니, 다시 말로 고백하게 하여 마음의 짐을 덜 수 있게 해주신 것이죠. 아마도 우리 주님께서 베드로에게 가지셨던 그 마음과 태도를 우리 친구를 향해서도 똑같이 가지고 계시리라고 저는 생각해요.

 그렇지만 우리는 앞으로 이런 상황을 또 만나게 될 거예요. 그럴 것에 대비해 저는 우리 친구에게 어떤 상황을 만나든지 겁먹지 말고 담대한 마음을 가지라고 요청하고 싶어요. 왜냐구요? 우리 주님은 살아 계시고, 우리 친구가 어떤 상황을 만나든지 항상 함께 계시기 때문이에요. 주님은 이렇게 말씀하셨어요. "볼지어다 내가 세상 끝날까지 너희와 항상 함께 있으리라"마 28:20. 다음에 비슷한 상황을 다시 만나면 그때는 아주 담대하게 우리 친구의 입장을 표현해 보길 바랄게요. 바로 옆에서 주님이 우리 친구의 손을 꼭 잡고 계시니까 주님 '빽'을 믿고 아무것도 두려워하지 말고 "그럼요! 예수님 외에는 다른 구원의 길은 없어요! 저를 구원해 주실 분은 오직 한 분 예수님뿐이에요!"라고 담대하게 말하세요. 주님이 함께 하시는데 뭐가 무서워요? 선생님이 우리 친구를 어떻게 하시겠어요? 학교에서 쫓아내시겠어요? 아니면 윤리와 사상 점수에 빵점을 주겠어요?

힘내세요! 사실 그럴 일은 거의 없지만, 상황이 정말로 나쁘게 전개되어서 점수 몇 점 깎인 것 때문에 원하는 대학에 들어가지 못하고 조금 못한 대학에 들어간다고 해도 틀림없이 하나님께서 더 좋은 것으로 채워주실 테니까요. 오히려 우리 친구가 그렇게 담대한 태도로 나가면 선생님이 겉으로는 우리 친구를 더 미워하겠지만 속으로는 친구를 무서워하고, 인정해 줄 거예요. 혹시 그런 태도 때문에 학급에서 왕따 될까 염려되나요? 그까짓 것, 주님을 위하여 왕따 좀 되면 어때요? 한편으로는 왕따를 당하지만 다른 한편으로는 아주 좋은 믿음의 친구들을 얻을 수 있을 거예요. 학급에서 믿음을 가지고 있는데 용기가 부족해서 숨어있던 다른 친구들이 우리 친구를 통해 힘을 얻고 모이게 될 거예요. 우리 친구 앞에 호랑이 한 마리가 날카로운 이빨을 드러내면서 위협하는데 알고 보니 발이 쇠사슬에 묶여서 꼼짝 못 하는 호랑이라면 어떨까요? 네! 쇠사슬에 발이 묶인 호랑이는 어떤 위협도 될 수 없어요.

크리스천이 세상에서 믿음을 표현할 때 약간의 손해는 볼 수 있어요. 그러나 분명한 것은 그럴 때 주님이 함께하신다는 것을 경험할 수 있어요. 이런 경험을 여러 번 하면서 우리는 믿음이 단단한 십자가의 군병으로 훈련되어가는 거예요.

평생 이스라엘 백성들을 지도하던 여호수아가 나이가 많아져서 더는 지도할 수 없게 되었을 때 고별 설교를 하면서 이렇게 자신의 결의를 밝혔어요. "만일 여호와를 섬기는 것이 너희에게 좋지 않게 보이거든 너희 조상들이 강 저쪽에서 섬기던 신들이든지 또는 너희가 거주하는 땅에 있는 아모리 족속의 신들이든지 너희가 섬길 자를 오늘 택하라 오직 나와 내 집은 여호와를 섬기겠노라"수 24:15. 이 말은 무슨 뜻일까요? 여호수아는 수백만 명의 이스라엘 백성 앞에서 "여러분 모두가 하나님을 떠나가고 우리 가족만 달랑 남아도 우리는 하나님을 믿는 길을 떠나지 않겠다!"라고 선언하는 거예요. 노아시대에는 세상 모든 사람이 하나님을 버리고 남은 사람은 노아의 여덟 식구뿐이었죠. 여호수아와 노아는 온 세상의 99.999%가 다 하나님을 떠나고 혼자 남고 철저하게 세상으로부터 왕따를 당해도 하나님을 믿는 믿음의 길에서 떠나지 않겠다는 마음을 가지고 있었어요. 우리 친구도 이들처럼 온 세상이 다 하나님을 떠나고 하나님을 믿는 자들을 괴롭혀도 '나는 하나님을 떠나지 않겠다'라는 담대한 결의를 다지는 친구가 되기를 간절히 기도해요.

35

수업시간마다 기독교를 비판하시는 선생님, 어떡하죠?

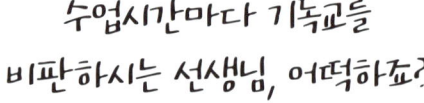

Q 고등학교 3학년 학생입니다. 학교 선생님께서 기독교에 대해서 굉장히 비판적이세요. 제가 목사님 자녀라는 이유로 수업시간에 성경에 대해서 부정적인 의도로 계속 물어보시고요. 대답할 때마다 '내가 이렇게 대답해도 되는가?'를 고민하게 되고 하나님 영광을 가리는 것 같아 심란합니다. 학교 선생님이셔서 잘못하면 대드는 것으로 보일 수도 있고... 정말 어찌해야 할지 고민입니다.

A 친구에게 질문하는 선생님은 순수하게 기독교에 대해서 알고 싶은 마음보다는 기독교에 반감이 크신 분이군요. 정말 진리에 대해 알고 싶어 하는 좋은 의도를 가진 분이라면 개인적으로 조용히 불러서 대화할 텐데, 반 친구들이 보는 앞에서 친구를 곤란하게 만드시는 것을 보니까요. 공개적인 수업시간에 이

런 상황에 놓일 때마다 친구의 마음이 매우 힘들었겠어요. 친구가 하는 말이 기독교인을 대표하는 말이 될 테고, 어떻게 말하느냐에 따라서 반 친구들이 기독교에 대해 반감을 품을 수도, 호의를 가질 수도 있는 상황이었을 테니 부담도 컸겠고요. 안타깝게도 앞으로도 이런 상황이 계속될 텐데, 그럴 때 우리 친구가 어떤 태도를 보이는 것이 좋을지 함께 고민해보도록 해요.

제가 보기에 선생님은 학생 신분에 있는 우리 친구에게 매우 어른스럽지 못한 행동을 하고 계세요. 학교 안에서 학생은 선생님보다 약자일 수밖에 없거든요. 학생은 선생님께 지식을 전달받는 처지이고, 선생님은 학생을 가르칠 권한과 함께 평가할 권한까지 가지고 있으니까요. 그런데 그런 지위를 이용해 공개적인 시간에 불필요한 질문을 하고 답변을 요구하는 것은 선생님이 자신의 힘을 부당하게 남용하는 것이라고 볼 수 있어요.

그뿐만 아니라 선생님은 수업시간에 교사로서 해야 할 직무도 망각하고 있어요. 종교에 관한 시간이 아닌데도 교과목과 관련 없는 불필요한 질문을 계속하시고, 특정 학생을 지목해 곤란하게 만들고 있으니까요. 더욱이 대학입시를 앞두고 매우 힘들고 예민한 고3 시기에 위로해 주고 격려해주시지는 않고 오히려 교과목과 상관없는 문제로 학생을 괴롭히는 것은 정말로 선생님답지 못한 행동이에요.

그러므로 저는 친구가 비록 약자의 위치에 있기는 하지만, 이렇게 불필요하고 도가 넘는 행동에 대해서는 예의 바르게 항의할 권리가 있다고 말해주고 싶어요. 물론 쉽지는 않을 거예요. 그렇지만 용기 내지 않으면 이런 일들은 앞으로도 계속될 수 있기에 예의 바르게 말씀드릴 필요가 있어요. 다시 한번 선생님이 수업시간에 공개적으로 질문을 해서 친구를 곤란하게 만드신다면, 이렇게 얘기해 보세요.

"선생님, 수업시간에 개인의 종교에 대해서 질문하시는 것은 이 수업의 목표와 성격에 맞지 않다고 생각해요. 이제 고3인 만큼 공부에 집중하고 싶습니다. 종교 문제 같은 개인적인 질문은 수업이 아닐 때 개인적으로 말씀하시면 좋겠어요"라고요. 수업시간에 공개적인 자리에서 이야기하기가 어렵다면, 선생님을 개인적으로 찾아가서라도 이런 내용으로 정중하게 부탁드리는 것도 좋겠어요. 그 외에도 부모님을 비롯해 친구가 믿을 만한 선생님을 찾아가 도움을 요청하는 것도 하나의 방법일 수 있어요.

친구는 선생님의 말씀을 멋지게 반박하는 상상도 해봤겠지만, 솔직히 친구가 아무리 훌륭한 믿음을 가지고 있다고 해도 선생님의 질문에 통쾌한 답변을 내놓기는 힘들 거예요. 왜냐하면, 선생님이 오랫동안 쌓은 지식과 경험을 아직 어린 우리 친구가 다 이해할 수 없을 테니까요. 더욱이 선생님은 단순히 우리 친구의 믿음을 확인하려는 것이 아니고 예수님을 믿는 것이 과연 옳으냐며 친구를 곤경에 빠뜨리려는 의도를 품고 계신 것으로 보여요. 그렇게 작정하고 던지는 질문을 아직 어린 우리 친구가 감당하기 어려운 것은 당연하지요. 교사와 학생이라는 관계에서는 더욱요. 그러므로 선생님의 질문에 대해서 "저는 하나님이 살아 계시는 것을 믿고 예수님이 나의 구주이심을 믿습니다"라는 신앙고백을 하는 정도로만 답하고, 선생님과 기독교에 대해서 논쟁하는 것은 피하는 것이 좋겠어요. 그렇게 친구의 믿음을 표현하는 것만으로도 충분히 대단한 고백이라고 칭찬하고 싶어요. 그 이상으로 불필요하게 논쟁에 휘말릴 필요는 없어요. 의도나 목적이 바르지 않은 질문에는 굳이 답변하지 않는 것이 좋고, 의도나 목적이 바르다고 해도 답변할 능력이 없다면 답변을 미루는 것이 바람직해요.

전도서는 "범사에 기한이 있고 천하만사가 다 때가 있나니"전 3:1라고 말씀하면서 "잠잠할 때가 있고 말할 때가 있으며"전 3:7라고 말씀하고 있어요. 지금 우리 친구가 만난 상황은 "말할 때"가 아니라 "잠잠할 때" 같아요. 예수님은 마태복음 7장 6절에서 이렇게 말씀하셨어요. "거룩한 것을 개에게 주지 말며 너희 진주를 돼지 앞에 던지지 말라 그들이 그것을 발로 밟고 돌이켜 너희를 찢어 상하게 할까 염려하라." 맞아요. 우리 친구가 마음속에 품고 있는 복음은 진주예요. 그러나 선생님은 우리 친구가 가진 진주의 소중함을 보지 못하고 오히려 진주를 짓밟고 조롱하고 있어요. 그런 마음을 가졌다면 아무리 좋은 진주를 보여줘도 그 가치를 모르죠. 지금 친구의 처지에서는 논쟁에 휘말리지 않는 것이 가장 현명한 방법이에요. 말하자면 논쟁할 수 있을 만한 실력을 갖출 때까지 작전상 후퇴하는 것이죠.

이 후퇴는 기독교에 대한 공격을 무시하라는 뜻이 결코 아니에요. 다만, 아직은 우리 친구가 대응할 수 있는 단계가 아니라는 뜻이죠. 그래도 기독교에 대한 선생님의 비판을 마음에 담아 둘 필요는 있어요. 그래야 우리가 복음을 전하는 일에 지혜롭게 접근할 수 있고, 또 세상이 보는 그리스도인의 잘못된 모습에 대해서도 반성하고 고쳐나갈 수 있으니까요. 기독교를 비판하는 사람들은 대부분은 다음과 같은 생각을 하고 있어요.

첫째, 기독교인들이 말로는 사랑과 정의를 외치지만 실제로는 이를 실천하기보다 오히려 손가락질받는 바르지 못한 삶을 살고 있다고 생각해요. 둘째, 사람의 다양한 생각을 인정하는 다른 종교들과 달리 기독교는 사람의 생각이 부패하고 타락했다고 비판하는 종교라는 인식이 강해요. 노력하고 수련하면 의롭게 될 수 있다는 다른 종교와 달리 기독교는 모든 사람을 죄인이라고 하니까요. 셋째, 현재 이 세상을 지배하는 사상은 눈에 보이는 물질이 세상 전부라고 말하는 '유물론'이에요. 그러나 기독교는 영혼이나 하나님, 내세가 존재한다고 주장하니 충돌이 일어날 수밖에 없죠. 특히 이성과 경험으로 이해할 수 없는 성경의 기적들과 하나님 나라에 관한 이야기들을 받아들이기 힘든 것은 당연하고요.

그렇다면, 논쟁은 하지 않더라도 기독교에 반감을 품은 사람들에 대해 우리가 할 수 있는 일은 무엇일까요? 첫째, 하나님을 믿는 믿음에 합당한 아름답고 바른 삶을 살려고 노력해야 해요. 우리가 말로만 사랑과 정의를 외치는 것이 아니라 실제 삶으로도 그런 삶을 살아갈 때 사람들은 우리가 말하는 진리에 마음을 열기 시작할 거예요. 둘째, 성경을 부지런히 읽고 연구해서 바른 지식과 믿음을 가지고 있어야 해요. 셋째, 기도가 필요해요. 사람들은 자기의 생각과 반대되면 무조건 비판하고, 눈에 보이는 것은 받아들여도 눈에 보이지 않는 것은 받아들이려고 하지 않거든요. 사람을 변화시킬 수 있는 분은 하나님뿐이세요! 그래서 우리는 상대방의 마음을 하나님이 움직이시도록 기도해야 해요. 또 상황에 따라 우리가 해야 할 말을 하도록 성령님의 도우심을 구하는 기도를 드려야 하죠. 예수님도 "너희를 넘겨줄 때에 어떻게 또는 무엇을 말할까 염려하지 말라 그 때에 너희에게 할 말을 주시리니"마 10:19라고 약속하셨으니까요.

이제 정리하겠어요. 우리 친구가 언젠가는 기독교의 진리를 변호해야 할 때가 올 것을 대비해서 진짜 하나님의 자녀다운 아름답고 바른 삶을 살도록 항상 힘쓰고, 말씀과 세상 사이에서 바른 가치관을 갖도록 신앙에도 학업에도 열심히 임하기를 바랄게요. 또 곤란한 상황에 부닥칠 때마다 성령님께서 할 말을 넣어주시고 상대방의 마음을 변화시키도록 기도로 무장해야 해요. 저도 쉽지 않은 시간을 보내고 있는 우리 친구를 위해 기도할게요.

36

이유 없이 무시하고 욕하는 친구를 크리스천으로서 어떻게 대해야 하죠?

Q 친구 중에 정말 아무 이유 없이 저를 무시하고 욕하는 친구가 있어요. 제가 만만한가 봐요. "서로 사랑하라"라는 말씀대로 살려고 제가 먼저 웃으며 다가가곤 하는데요. 오히려 제 기분만 상할 때가 많다 보니 이제는 자존감도 많이 떨어졌어요. 이럴 때는 어떻게 해야 하죠?

A 친구와의 관계 때문에 마음이 매우 힘들겠네요. 아마도 우리 친구가 하나님을 믿지 않았다면 그 친구와 싸워도 벌써 몇 번은 싸웠을 것이고, 관계도 이미 틀어져 버렸을 거예요. 하지만 말씀대로 살기 위해 자존감에 상처를 입으면서까지도 그 친구와 좋은 관계를 유지하려고 노력하는 모습은 친구가 하나님을 믿는 사람이라는 증거예요. 선한 일을 위해 오히려 참고 용납하는 것, 악을 악으로 갚지 않고 도리어 선한 일을 하는 것

12:17, 그것이 바로 크리스천이 살아내야 하는 삶이니까요.

그 친구가 우리 친구에게 함부로 대하는 이유가 뭔지는 알 수 없지만, 지금까지 사랑으로 용납하려고 노력했던 만큼 앞으로도 변함없이 그 마음으로 친구를 대해주기를 바라요. 그 친구가 우리 친구의 진심을 알아주는 날이 반드시 올 거예요. 설령 알아주지 않더라도 괜찮아요. 우리 친구의 진심은 이미 하나님께서 아시니까요. 이 일로 인해 우리 친구는 자존감이 많이 떨어졌다고 하지만, 저는 오히려 하나님의 백성답게 살아가고 있다고 자부하라고 말해주고 싶어요.

사실, 세상을 살다 보면 마음 내키는 대로 하기보다는 예수님처럼 견디고 용납해야 할 일이 많이 있어요. 예수님도 아무 잘못이 없으신데도 이유 없이 매질을 당했고 십자가에서 처형당하기까지 하셨죠. 그렇지만 묵묵하게 그 일을 감당하셨어요. 그게 하나님의 뜻을 이루는 일이었으니까요. 크리스천의 삶이란 그런 거예요. 지금 눈앞에 닥친 일만을 보면서 기뻐하거나 슬퍼하거나 분노하거나 좌절하는 것이 아니라, 이 일을 통한 하나님의 뜻이 무엇인지를 잠잠하게 바라보면서 세상의 방법이 아닌 하나님의 마음으로 하루하루를 사는 것이죠.

성경에 보면 그런 삶을 산 사람들이 많아요. 가장 대표적인 사람이 우리가 너무도 잘 아는 사도 바울이죠. 사도 바울의 삶을 살펴보면서 크리스천의 삶이 어떤 것인지 함께 생각해 보기로 해요. 바울은 고린도전서 4장 9-13절에 이렇게 말했어요.

"내가 생각하건대 하나님이 사도인 우리를 죽이기로 작정된 자 같이 끄트머리에 두셨으매 우리는 세계 곧 천사와 사람에게 구경거리가 되었노라 우리는 그리스도 때문에 어리석으나 너희는 그리스도 안에서 지혜롭고 우리는 약하나 너희는 강하고 너희는 존귀하나 우리는 비천하여 바로 이 시각까지 우리가 주리고 목마르며 헐벗고 매맞으며 정처가 없고 또 수고하여 친히 손으로 일을 하며 모욕을 당한즉 축복하고 박해를 받은즉 참고 비방을 받은즉 권면하니 우리가 지금까지 세상의 더러운 것과 만물의 찌꺼기 같이 되었도다."

바울은 어떻게든 한 사람에게라도 더 복음을 전하기 위해 헌신한 사람이에요. 이렇게 선한 일을 위해 헌신할 때, 옆에 있는 사람들이 "당신은 참 대단한 일을 하고 있군요! 우리도 응원하겠습니다!" 하며 격려해주고 알아주면 얼마나 좋을까요? 그런데 사람들은 오히려 바울을 어리석고 비천하다면서 비방하고 모욕하고 때리며 박해했어요. 바울은 이와 같은 자기 모습을 "죽이기로 작정 된 자 같이 끄트머리에 두셔서 세상의 구경거리가 되게 하셨다"라고 묘사하고 있어요. "죽이기로 작정 된 자"는 고대 로마의 원형 경기장에서 벌어진 검투 경기에서 검투사를 상대로 싸운 사람을 말하는데, 주로 죄수들이 끌려 나왔어요. 검투사와의 싸움에서 이기면 석방될 수 있었지만, 검투사는 칼싸움의 달인이기 때문에 죄수들은 이 싸움에서 모두 죽어 나갔죠. 피 흘리는 것을 구경하러 온 수만 명의 관중 앞에서 누더기를 걸친 채 끌려 나와 죽을 수밖에 없는 싸움을 해야 하는 죄수. 이것이 바로 바울이 처한 상태라는 거예요. 또, "끄트머리에 두셨다"라는 표현은 최종 결승전 대상이 되었다는 말이에요. 최종 결승전에는 가장 강하고 악독한 검투사가 등장하게 되어있었죠. 그러니까 바울은 하나님을 위하여 많은 것을 포기하고 헌신적으로 살았음에도 늘 이런 절박하고 힘든 처지에 몰려 있었던 거예요. 마찬가지로 우리 친구가 "서로 사랑하라"라는 말씀대로 살기 위해 화가 나는 마음을 뒤로 한 채 사랑으로 다가갔는데도 더 큰 상처를 안고 온 것 역시 어떻게 보면 이런 경우 중 하나라고 볼 수 있지요.

그렇다면, 왜 하나님은 우리에게 이렇게 억울하고 고된 삶을 선택하라고 하시는 걸까요? 과연 무엇을 위해서 이렇게 인내해야 하는지 성경에서 그 답을 찾아보기로 해요. 데살로니가후서 1장 4-5절은 이렇게 말씀하고 있어요. "그러므로 너희가 견디고 있는 모든 박해와 환난 중에서 너희 인내와 믿음으로 말미암아 하나님의 여러 교회에서 우리가 친히 자랑하노라 이는 하나님의 공의로운 심판의 표요 너희로 하여금 하나님의 나라에 합당한 자로 여김을 받게 하려 함이니."

이 말씀을 보면, 하나님께서 성도들이 받는 박해와 환난을 두 가지 관점에서 보신다고 되어 있어요. 하나는 "공의로운 심판의 표"이고, 다른 하나는 "하나님 나라에 합당한 자로 여김을 받는 것"이에요. 무슨 뜻인지 조금 어렵지요? 이 말의 뜻을 설명해 드릴게요.

'공의'라는 것은 '천칭'이라고 불리는 저울의 양쪽에 물건을 올려 놓았을 때, 양쪽의 무게가 똑같아서 균형을 이룬 상태를 말해요. 즉, 우리 친구가 그리스도를 따르면서 고난과 어려움을 당하기도 하지만 결국 하나님께서 모든 행위를 공평하고 정의롭게 판단하셔서 심판하실 것이고, 믿음으로 견딘 사람은 하나님 나라의 백성으로 여기신다는 뜻이에요.

우리 친구는 지금 친구 자신 때문이 아니라, 말씀대로 살기 위해서 자존감이 떨어지는 아픔까지 겪으며 인내하고 있어요. 이 일이 지금 친구를 아주 힘들게 하고 있지만, 하나님은 영적 싸움을 의연하게 감당하고 있는 친구를 보시고 "너는 하나님 나라의 백성답게 잘 해내고 있구나!"라는 칭찬으로 우리 친구를 바라보고 계실 거예요. 아무리 어려운 일을 만나도 하나님이 이렇게 격려하고 칭찬해 주시면 어려운 순간을 잘 이겨낼 수 있지 않겠어요?

참고로, 바울은 고린도전서 4장 1-5절에서 믿음 때문에 최선을 다했음에도 억울한 일을 만났을 때, 흔들리지 않고 의연하게 이겨낼 수 있는 다른 비결을 이야기했어요. 이것을 기억하면 우리 친구가 믿음으로 하루하루를 살아가는 데 큰 도움이 될 거예요.

그 비결은 바로 이것이에요. 바울은 사람들의 판단과 시선에 얽매이지 않으려 했고, 심지어 자기가 한 일에 대해 자기 자신조차 판단하지 않았어요.3절 다만 모든 평가를 하나님께 맡겼죠. "나를 심판하실 이는 주시니라"4절 라는 말씀처럼, 내가 할 수 있는 최선을 다해 어떤 일을 했다면 사람들이 어떤 평가를 하든 어떤 반응을 보이든 그것에 연연하지 않고, 오직 하나님께서 어떻게 판단하실까에 대해서만 생각했다는 것이죠. 우리 친구도 상대 친구의 반응과 상태에 연연하기보다 그저 하나님의 사람으로서 우리 친구가 해야 할 일을 하면 되는 거예요. 우리 친구가 주목해야 할 것은 상대 친구의 반응이 아니라, 나의 행동을 지켜보시고 판단하실 하나님의 시선이니까요.

이제 정리하겠어요. 우리 친구는 예수님의 명령에 따라 이웃을 사랑하고 원수를 사랑하는 삶을 살기 위해 노력하고 있는 아주 아름다운 친구예요. 힘들어도 이 노력을 중단하지 말고 계속하기를 바랄게요. 바울과 같이 앞서간 선배 크리스천들 또한 몸과 마음이 어려울 때가 많았지만 사람들의 판단이나 반응에 신경 쓰지 않고, 오직 하나님께서 어떻게 생각하실까에 대해서만 관심을 기울이며 오직 그분께 칭찬 듣는 것으로 만족하며 나아갔다는 점을 기억하며 힘을 얻기를 바랍니다.

6부

수련회, 교회생활

37. 교회에 막 다니기 시작했는데
    사람들에게 다가가기가 어려워요
38. 교회에서 맡은 일이 많아서 힘들어요
39. 부모님과 같은 교회에 다니기 싫어요
40. 다른 교회로 옮기고 싶어요
41. 졸립기만 한 예배, 꼭 참석해야 할까요?
42. 예배드릴 때, 편한 옷차림을 하면 안 되나요?
43. 스마트폰에도 성경이 있는데
    꼭 성경책을 가지고 다녀야 할까요?
44. 교회 수련회, 꼭 가야 하나요?
45. 교회 수련회와 학원 특강, 어디로 가야 할까요?
46. 수련회 때 분위기에 휩쓸려 서원했는데 어쩌죠?
47. 교회 전도사님과 잘 맞지 않는 것 같아요
48. 유명한 목사님들이 무너지는 걸 보면
    신앙에 회의가 느껴져요
49. 두 얼굴의 리더를 대하기가 힘들어요

37

교회에 막 다니기 시작했는데, 사람들에게 다가가기가 어려워요

 저는 교회에 다닌 지 얼마 안 된 새신자인데요. 교회 생활이 처음이라 아직 많이 낯설고 어색한 게 많아요. 딱히 친하게 지내는 친구도 없다 보니 교회 애들이랑 친해지기도 어렵고요. 먼저 다니던 애들은 이미 끼리끼리 친해서 제가 다가가기가 조금 힘들어요. 누가 딱히 나서서 챙겨주는 사람도 없고 해서 항상 애매한 상태인데 어떻게 해야 할까요?

질문에 대한 답을 하기에 앞서 우리 친구의 마음 씀씀이가 매우 착하고 예쁘다고 말해주고 싶어요. 우리 친구 나이에는 교회에 왔다가 잘 적응하지 못하면 교회에 대해서 실망하고 아예 나오지 않는 경우가 많거든요. 그런데 우리 친구는 이런 상황에서도 어떻게 하면 교회생활에 잘 적응할 수 있을지 고민하는 모습이 무척 기특하게 생각돼요.

우리 친구의 경우처럼 신앙생활을 처음 하는 사람에게 꼭 필요한 것 중 하나는 우리 친구를 예수님께로 데리고 가 줄 징검다리 역할을 하는 사람인데, 그런 도움 없이 혼자 힘으로 신앙생활을 하려니 많이 막막했겠네요. 친구의 고민에 대해 생각해 보면서 교회 안에 중고등부 교역자나 먼저 믿은 친구들이 새로 나온 성도들에게 좀 더 세심하게 배려해야 할 필요가 있다는 생각을 더 많이 갖게 되었어요. 그러나 지금은 친구가 다니는 교회 중고등부 책임자와 대화하는 시간이 아니고 아무도 몰라주는 우리 친구만의 어려움에 대해 고민하는 시간이잖아요? 그래서 저는 이 질문에 대해 교회 중고등부가 바뀌지 않는다는 것을 전제하여 해결책을 이야기해주고 싶어요. 이때 우리 친구가 꼭 기억해야 할 것이 있어요. 바른 교회생활은 하나님 나라의 영원한 축복에 참여하는 매우 중요한 일이기 때문에 교회의 배려가 조금 부족하다고 해서 피하거나 포기하면 안 된다는 점이에요. 그럴수록 오히려 우리 친구가 적극적으로 나서서 필요한 것을 챙기려는 자세를 가져야 하죠. 성경에 보면, '천국은 침노하는 자들이 차지하는 것'마 11:12이라고 기록되어 있는데, 바로 그런 마음으로 말이죠.

우리 친구는 '전화위복'이라는 말을 들어 봤지요? 나쁜 일을 잘 활용하면 오히려 좋은 일이 된다는 거예요. 우리 친구가 마음을 조금만 긍정적으로 가지고 이 어려운 순간을 지혜롭게 극복한다면, 이 일이 오히려 우리 친구의 믿음을 성장시키는 좋은 계기가 될 수 있어요. 그러면 우리 친구가 교회에 잘 적응하기 위해서 어떻게 하면 좋을지를 알아보기로 해요.

첫째로, 우리 친구가 기왕에 착하고 예쁜 마음을 가졌으니 조금 더 마음을 넓혀서 먼저 교회 친구들을 이해하기 위해 노력해 보세요. 사실 친구들이 나쁜 마음을 가지고 우리 친구에게 무관심한 태도를 보이는 것은 아닐 거예요. 친구들도 마음은 착한데, 훈련이 되어있지 않거나 미숙하거나 어색해서 우리 친구에게 먼저 다가오지 못하는 것이 틀림없어요. 그러니까 '저 친구들도 수줍고 서툴러서 나에게 잘 다가오지 못하는구나'라고 생각하면 우리 친구 마음이 조금은 편안해질 거예요. 그리고 발상의 전환을 한 번 해보세요. 먼저 교회에 다닌 친구도 서툴고 수줍다는 것을 알았으니, 우리 친구가 알고 싶은 것이 있으면 먼저 다가가서 물어볼 수도 있지 않겠어요? 그러면 아마도 친절하게 가르쳐 줄 거예요. 다른 사람이 나에게 다가와 나의 친구가 되어 주기를 기다리기보다는 내가 적극적으로 먼저 다가가서 친구가 되어 주는 것이 더 좋은 전략이에요. 사실 이런 방법은 예수님께서 하신 명령을 실천하는 것이기도 해요. 성경에 보면 "그러므로 무엇이든지 남에게 대접을 받고자 하는 대로 너희도 남을 대접하라" 마 7:12 라고 기록되어 있는데, 이 말씀은 예수님이 가르치신 말씀 중 최고로 손꼽히죠. 그래서 '황금률'이라고도 부르고요. 저는 우리 친구가 예수님의 가르침 가운데 가장 중요한 이 가르침을 먼저 실천할 수 있으면 해요. 친구가 먼저 그렇게 하는 것이 정말 멋지지 않겠어요?

둘째로, 우리 친구가 현재 겪는 이 어려움이 나중에 유익한 경험이 될 거라는 점을 기억해야 해요. "우리가 환난 당하는 것도 너희가 위로와 구원을 받게 하려는 것이요"고후 1:6. 이 말씀이 무슨 뜻인지 짐작이 가나요? 네! 우리 친구가 지금 겪는 이 어려움은 나중에 우리 친구가 다른 사람이 어려움을 극복하는 것을 도와주는 데 중요한 역할을 하게 된다는 거예요. 예를 들어서 나중에 새로 중고등부에 온 친구가 있을 때나, 혹은 더 나이가 들어서 우리 친구가 중고등부 부장 선생님을 맡거나 교역자로서 중고등부를 지도하는 직책을 맡게 되었다고 생각해 봐요. 그러면 교회에 처음 나왔을 때 힘들었던 경험을 떠올리면서 새로 나오는 친구들을 더 세심하게 배려하게 될 거예요. 만일 그런 경험이 없었다면 새로 나오는 친구들의 마음을 잘 이해하기 어려울 수도 있을 거예요. 아파 본 사람이 아픈 사람의 마음을 이해하고 도와줄 수 있는 것처럼요.

마지막 셋째로, 앞서 나누었던 방법들, 즉 사람들과의 관계에 대한 해법이 아닌 근본적인 방법이 있어요. 이것은 모든 크리스천이 꼭 깨달아야 할 중요한 진리인데, 우리 친구가 이 진리를 알게 된다면 교회생활을 하면서 다른 사람들과의 관계에 얽매이지 않고도 신앙생활을 잘할 수 있어요. 왜냐하면, 다른 사람들이 우리에게 어떻게 하든지 간에 친구는 절대로 혼자가 아니라는 걸 알게 되기 때문이에요. 우리가 믿는 하나님은 성부거룩한 아버지 하나님, 성자거룩한 아들 하나님, 그리고 성령거룩한 영 하나님, 즉 삼위일체 하나님이에요. 이 삼위일체의 하나님은 친구가 예수님을 구주로 영접하는 바로 그 순간부터 친구 안에서 영으로 함께 살아가세요. 그래서 우리는 언제 어디에 있든지 혼자 있는 게 아니죠. 외로울 틈이 없는 거예요.

이 사실은 성경 곳곳에 몇 번이나 기록되어 있어요. 어쩌면 성경 전체가 이 이야기를 하는 거라고 할 수 있을 정도로요. 한 번 찾아봅시다. 예수님은 부활하신 후에 제자들을 떠나실 것을 알려주시면서 제자들을 고아처럼 버려두지 아니하고 다시 오겠다고 약속하셨어요. "내가 너희를 고아와 같이 버려두지 아니하고 너희에게로 오리라"요 14:18. 이 약속대로 예수님은 지금 영으로 우리 안에 들어오셔서 우리와 함께 살고 계시죠. 지금도 친구 안에서 함께 살고 계신답니다. 그리고 우리 안에 들어오신 예수님은 포도나무와 가지가 붙어 있는 것처럼 딱 붙어서 절대로 떨어지는 일이 없을 것이라고 약속하셨어요요 15:5. 예수님이 내 안에 계시고 나는 예수님 안에 있는 거예요. 그뿐만이 아니에요. 로마서 8장 9절에서도 하나님의 영이 신자들 안에 거하신다고 이야기하고 있어요. 이렇게 하나님께서 우리 친구 안에서 함께 계시는 것을 안다면 친구들과의 관계나 사람들의 행동 때문에 크게 조바심내거나 상처받을 이유가 없어요.

학교를 비롯해 모든 공동체가 그렇듯이 교회도 사람들이 모인 공동체이기 때문에 관계로 인해서 어려움을 겪을 수가 있어요. 그러므로 사람들과의 관계가 조금은 낯설고 힘들더라도 너무 위축되지 않으면 좋겠어요. 교회는 다른 사교 모임과 달리 단지 관계를 맺기 위해서 모이는 것은 아니니까요. 연약한 사람들이 모여 하나 된 공동체를 만들어가다 보면 여러 어려움이 있을 수 있어요. 그래서 내가 먼저 다가가야 할 때도 있고, 서로를 용납해야 할 때도 있어요. 하지만 그런데도 내 안에 계신 하나님께서 기뻐하시는 길을 가는 것이 신앙생활이라는 걸 기억했으면 해요. 그러니까 혹시나 교회 중고등부에 적응하기가 힘들더라도 학생 예배에 참석하고 신앙생활 하기를 포기하지 마세요. 학생부 예배에 참석하는 것은 하나님 나라의 놀라운 축복을 받는 너무나 중요하고 좋은 통로이기 때문이에요.

이제 돌아오는 주일부터 중고등부 친구들에게 먼저 다가가는 용기를 낼 수 있기를 응원할게요. 그리고 지금 친구가 겪는 어려움과 외로움이 앞으로 우리 주님을 더 잘 섬기는 것을 돕는 좋은 경험이 될 수 있으면 해요. 그 과정이 힘들고 어렵더라도 하나님께서 함께하시기 때문에 친구는 어떤 순간에도 결코 혼자가 아니라는 사실을 꼭 잊지 말기를 바라요. 이 어려움의 시간을 잘 극복해내고 승리하는 친구가 되기를 기도할게요.

38

교회에서 맡은 일이 많아서 힘들어요

교회에서 1인 3역을 하고 있는 학생인데요. 교회 일과 공부를 함께 하려니 좀 벅차네요. 솔직히 교회 일 때문에 공부 시간을 많이 뺏기는 것 같아서 부담되는데 어떻게 하죠?

아마도 우리 친구는 작은 교회에서 신앙생활하고 있는 것 같네요. 보통 큰 교회에서는 봉사할 수 있는 어른들의 숫자가 많아서 학생들에게 봉사를 요청하는 경우가 많지 않지만 작은 교회나 시골교회의 경우에는 봉사할 인력이 부족하므로 학생들에게까지도 교회봉사를 요청하는 경우가 있죠. 먼저, 학교공부와 교회봉사 사이에서 어느 정도 균형을 맞춰야 하는가에 대해 말씀드린 후에 몇 가지 구체적인 경우들을 나누어서 생각해 보도록 해요.

우리 친구가 궁금해하는 문제는 교회봉사와 학교공부 가운데 어느 것이 더 중요한가, 학교공부를 희생시키면서까지 교회봉사를 해야 하는가 하는 문제일 것 같아요. 이 문제에 대하여 두 가지 원리를 기억할 필요가 있어요.

첫째로, 하나님 앞에서는 교회봉사와 학교공부가 모두 중요하다는 것이에요. 교회봉사는 영적인 일이고 하나님의 일이니까 중요하고, 학교공부는 세상적인 일이고 하나님과 관계없는 일이니까 덜 중요하다는 생각은 균형을 잃은 생각이에요. 오늘날에도 교회 일은 하나님의 일이고, 직장 일이나 학교 일은 인간의 일이라고 생각하는 기독교인들이 있어요. 특히 중세시대에는 교회 일은 거룩한 일인 반면 먹고살기 위해 하는 일 장사나 농사를 짓는 것 등은 하나님을 기쁘게 할 수 없는 세상의 일이라고 생각했어요. 정말로 하나님을 기쁘시게 해드리려면 세상의 일을 다 접고 수도원 같은 곳에 들어가서 오직 성경 읽고 기도하면서 영적인 훈련에만 집중해야 한다고 생각했지요. 그런데 이런 생각은 성경에서 나온 생각이 아니고 고대 그리스철학에서 나온 생각이에요. 고대 그리스철학에서는 물질은 악한 것이고 영혼은 선한 것으로 생각해서 가능한 한 물질과 관련된 일을 멀리하고 영혼과 관련된 일에만 집중하라고 가르쳤거든요.

성경은 그렇게 가르치지 않아요. 영적이든 물질적이든 이 세상에 있는 모든 것은 하나님이 창조하신 선한 것이에요 창 1:31. 영적인 것이 하나님과 더 가깝고 물질적인 것은 하나님으로부터 멀다는 생각은 성경에 전혀 없어요. 주님 오실 때를 영적으로 준비한다며 일하지 않는 사람들을 성경은 오히려 게으른 사람들이라고 책망하면서 일하기를 힘쓰라고 명령하고 있어요 살전 4:11. 그러므로 우리 친구는 교회봉사도 매우 중요하지만 학교공부도 이에 못지않게 중요하다는 점을 항상 기억해야 해요.

둘째로, 전도서에 보면 "범사에 기한이 있고, 천하 만사에 다 때가 있나니"라는 말씀이 있어요 전 3:1. 즉, 내가 꼭 해야 할 일이 무엇인지 분별할 줄 아는 사람이 바로 지혜로운 사람이라는 것을 알 수 있죠. 이 말씀을 생각하면서 우리 친구는 이런 질문을 스스로 해보아야 할 것 같아요. '지금 공부에 더 많은 신경을 쏟아야 할 때인가, 아니면 교회봉사에 먼저 시간을 쏟아야 할 때인가?' 저의 판단으로는 지금은 교회봉사보다 학교공부에 더 노력해야 할 때라고 봐요.

지금은 세상을 떠나셨지만 제가 존경하던 한 목사님이 계셨어요. 이분은 한국의 좋은 대학을 졸업하고 신학공부를 하신 분인데, 모든 힘을 다 바쳐 열정적으로 교회를 섬기시던 분이었어요. 그분은 저에게 늘 이런 말씀을 하셨어요. "교회봉사는 평생 할 수 있지만 공부는 때가 있으니 평생 교회봉사를 잘하기 위해서는 학교 다닐 때 열심히 공부해야 한다!"

저도 그렇게 생각해요. 학생 때는 봉사에 중점을 두기보다는 학교공부에 더 많은 시간을 쏟아야 할 때라고 생각해요. 그렇다고 이 말이 학생 시절에 교회봉사에서 아예 손을 떼라는 말은 결코 아니에요. 다만 성인이 되기 전에는 장차 본격적인 봉사를 하기 위해 영적인 힘도 비축하고 세상의 힘도 비축하는 일에 더 많은 시간을 쏟아야 한다는 뜻이죠. 개구리가 멀리 뛰려면 충분히 몸을 움츠려야 하듯이, 그리고 바닷물이 큰 파도를 일으키려면 가능한 한 바다 쪽으로 멀리 물러나야 하듯이 지금은 한 걸음 물러나야 할 때라는 거예요. 더욱이 공부에 지장이 초래될 정도로 교회봉사를 하는 것은 절제할 필요가 있어요.

물론, 모든 학생이 좋은 대학에 가고 좋은 성적을 내는 걸 목적으로 공부해야 한다는 말은 아니에요. 학생 시절에는 학생이라는 신분에 걸맞게 책임과 최선을 다해야 한다는 뜻이죠.

그러면 우리 학생들이 할 수 있는 교회봉사에는 어떤 것들이 있을까요?

예수님을 믿는 중고등부 학생이라면 기본적으로 중고등부 예배에 참석하는 것은 어떤 경우에도 양보해서는 안 돼요. 예배에 참석하는 시간 때문에 성적이 떨어지는 한이 있어도 이 시간만큼은 무엇에도 양보할 수 없죠. 하나님의 백성들이 세상에 사는 동안 하나님께 경배하는 시간보다 더 중요한 시간은 있을 수 없어요.

다음으로 각 교회 중고등부 안에 보통 성가대와 임역원 활동을 하면서 수련회에 간다든지 문학의 밤 같은 행사를 연다든지, 회지를 만드는 등과 같은 가벼운 활동들이 있을 거예요. 이런 활동들에 가능한 한 참석할 것을 적극적으로 권하고 싶어요. 한마디로 말해서 중고등부 안에서 주어지는 봉사 정도는 그렇게 시간을 많이 빼앗기지 않고 크게 힘들지 않아도 할 수 있는 봉사이기 때문에 감사한 마음으로 할 수 있는 한 열심히 하는 것이 좋아요. 중고등부 시절에 교회봉사를 하면서 함께 기도하고 함께 교제하고 함께 보낸 시간은 매우 좋은 공동생활 경험이고, 이 경험은 우리 친구들이 평생 신앙생활을 할 때 아주 아름답고 좋은 추억으로 남게 되지요.

중고등부 안에서 봉사하는 일 때문에 시간을 빼앗겨도 이 정도는 다른 시간을 아껴서 공부할 수 있도록 노력하면서 봉사하는 것이 좋아요. 그 마음을 하나님이 기뻐하시고 축복해 주실 거예요.

그런데 학생들이 할 수 있는 이런 봉사 외에 교회 규모가 작은 교회의 경우에는 학생들에게도 어른들과 함께 봉사할 것을 요청할 때가 있어요. 그렇다면, 여러분이 잘 판단한 후에 혹시 '나는 지금 꼭 공부해야 하는 시기야'라고 생각된다면, 교역자님께 잘 말씀드려서 성인이 되었을 때 봉사하는 것이 바람직하다고 생각해요. 다만 자신이 공부에 집중하지 않아도 되는 비전을 가지고 있는 경우나 즐거운 마음으로 봉사할 수 있는 시간이나 환경적인 여건이 된다면 열심히 봉사하는 것이 좋지요. 교회를 사랑하는 마음으로 신나서 봉사하다가 교회봉사하는 것이 적성에 맞고 평생 그런 삶을 살고 싶어 하는 마음이 강하게 생기면 그와 관련된 일, 또는 목회자의 길을 정하고 준비할 수도 있겠지요. 그것도 정말 좋은 선택이거든요. 아무튼 교회 봉사가 짐이 되지 않고, 즐거운 마음으로 할 수 있도록 하나님께서 우리 친구에게 가장 적절한 길을 주시길 바랄게요.

39

부모님과 같은 교회에 다니기 싫어요

저는 모태신앙으로 집사님이신 부모님을 따라 교회에 나가고 있는데요. 어릴 때는 몰랐는데 요즘은 부모님의 시선이 자꾸 신경 쓰여서 신앙생활이 자유롭지 않아요. 찬양할 때나 기도할 때 어디선가 저를 지켜보시는 것 같고, 또 교회도 크지 않아서 제가 뭐만 하면 부모님의 귀에 들어가고요. 솔직히 부모님과 떨어져서 조금 큰 교회에 다녔으면 좋겠는데, 어떻게 하면 좋을까요?

이 질문 속에서 우리 친구가 어린아이 시절을 벗어나 점차 성년을 향하여 자라가고 있다는 게 느껴지네요. 부모님으로부터 독립하려는 욕구를 갖는 것은 성년이 되면서 자연스럽게 겪는 과정이에요. 그러나 이 과정을 너무 성급하게 빠져나가려고 하기보다는 이 과정이 왜 주어졌을까를 생각하면서 신중하게 맞이하는 지혜가 필요해요. 그 이유는 일단 부모님으로부터 독립하면 다시 함께하는 생활을 회복하기가 사실 불가능하기 때문이에요. 더 중요한 이유는 부모님 아래서 신앙 생활하는 것이 우리 친구에게 엄청난 영적 유익을 가져다주기 때문이죠. 그래서 부모님과 함께 신앙생활을 하는 문제는 불편함이 뒤따르더라도 한 번 더 생각해 보고 신중하게 결정할 필요가 있어요. 무엇보다도 이 세상에서 우리 친구에게 가장 중요한 분인 부모님의 마음을 아프게 하는 일은 없어야 할 테니까요.

먼저 생각해 볼 것은 부모님의 시선 문제예요. 아마도 유초등부에 다닐 때까지는 큰 신경이 쓰이지 않다가 중고등부에 들어온 이후부터 부담을 느꼈을 거로 생각해요. 부모님의 시선에 부담을 느끼는 것은 그만큼 우리 친구가 성장했다는 증거예요. 그런데 잘 생각해 보세요. 이렇게 부모님의 시선을 받으며 교회 생활을 하는 것도 한 때랍니다. 점점 성장할수록 우리는 원하지 않아도 부모님의 시선에서 벗어나게 되거든요. 대학에 들어가서 활동 범위가 넓어지거나 직장생활을 시작하게 되면 부모님과 함께 교회에 다니고 싶어도 그렇게 할 수 없을지 몰라요. 그때가 우리 친구의 생각보다 그렇게 멀지 않아요. 따라서 무리하게 부모님한테서 멀어지려고 하기보다 지금 우리 친구가 얻게 되는 유익이 무엇인가를 곰곰이 따져보고 이 시기를 잘 누리고 즐기는 것이 좋다고 저는 생각해요.

그럼 부모님과 함께 신앙생활을 하는 것에는 어떤 좋은 점이 있을까요?

먼저 하나님의 시선을 의식하며 사는 삶이 어떤 것인가를 배우고 연습할 수 있는 좋은 훈련 기간이 돼요. 우리는 부모님의 자녀인 동시에 하나님의 자녀이기도 하기 때문이에요. 자녀로서 살아간다는 것이 무엇일까요? 하나님께서는 어느 곳에나 두루 계시며 그 자녀를 보호하시고 바라보고 계세요. 우리는 한순간도 하나님의 시선을 피해 숨어서 신앙생활을 할 수 없어요. 이걸 어려운 신학 용어로 '하나님의 편재성'이라고 하죠. 우리가 언제 어디에 있든지 우리의 생각, 말 행동 모두를 하나님의 시선으로부터 피할 수 없다는 말이에요.

시편 기자는 이런 하나님의 시선을 아래와 같이 노래하고 있어요. "주께서 내가 앉고 일어섬을 아시고 멀리서도 나의 생각을 밝히 아시오며 나의 모든 길과 내가 눕는 것을 살펴보셨으므로 나의 모든 행위를 익히 아시오니 여호와여 내 혀의 말을 알지 못하시는 것이 하나도 없으시니이다"시 139:2-4. 또 "내가 주의 영을 떠나 어디로 가며 주의 앞에서 어디로 피하리이까 내가 하늘에 올라갈지라도 거기 계시며 스올에 내 자리를 펼지라도 거기 계시니이다 내가 새벽 날개를 치며 바다 끝에 가서 거주할지라도 거기서도 주의 손이 나를 인도하시며 주의 오른손이 나를 붙드시리이다"시 139:7-10라고도 말하고 있어요. 우리가 하늘 꼭대기에 올라가도, 땅속 가장 깊은 곳에 들어가도, 바다 끝에 가서 숨어도 하나님의 시선을 피할 수가 없다는 말씀이죠.

그래요. 우리는 항상 살아 계셔서 어느 곳에나 계시는 하나님의 시선을 의식하면서 신앙생활하고 있어요. 그런데 때로는 '그 누구의 시선도 닿지 않는 곳에서 나 혼자만 있었으면' 하고 바랄 때가 있죠. 너무나 창피하고 부끄러운 일을 하고 나면 쥐구멍이라도 있으면 들어가 숨고 싶고, 하나님은 물론 아무에게도 간섭받지 않는 곳에 있고 싶다는 생각을 하기도 해요. 그러면 마음이 편할 것 같으니까요. 그러나 그런 곳은 아무 데도 없어요. 어느 때, 어느 곳에서도 하나님의 시선은 피할 수가 없어요. 그게 현실이에요. 그런 면에서 부모님과 교회 생활을 하는 것은 하나님 앞에서 어떻게 살 것인가를 배우는 기간이 될 수 있어요.

둘째, 부모님과 교회생활을 함께하는 것이 주는 유익은 또 있어요. 바로 신앙을 가진 부모님은 하나님이 주시는 복을 끊임없이 솟구쳐 내는 샘물의 진원지와도 같다는 점이죠. 즉, 부모님과 함께 신앙생활을 하는 지금, 자녀인 우리는 상상할 수 없을 정도의 엄청난 영적인 선물을 받고 있다는 이야기예요.

우리 친구들은 아마도 이삭의 두 아들인 '에서'와 '야곱'의 이야기를 잘 알고 있을 거예요. 에서는 부모님의 품을 벗어나 자유롭게 들판을 내달리며 호탕하게 사는 것을 좋아했죠. 반면에 야곱은 부모님과 함께 장막에서 지내는 것을 좋아했어요. 오늘날로 말하자면 에서는 부모의 간섭을 받지 않고 신앙생활을 한 것이고, 야곱은 부모님과 함께 신앙생활을 한 것에 비유할 수 있지요. 그 결과가 어떻게 되었나요? 혈통적으로는 에서의 것이었던 장자의 권리가 야곱에게로 넘어가는 엄청난 변화가 일어났죠. 또 야곱은 혈통 상으로 구주 예수님의 조상이 될 수가 있었어요. 혈통 상 예수님의 조상이 된다는 것이 얼마나 큰 복인지 상상이 가나요?

또 '노아' 이야기도 잘 알고 있을 거예요. 노아의 아들들과 며느리들이 아버지이자 시아버지인 노아와 함께 신앙생활을 한 결과가 어떻게 나타났나요? 온 세상 사람들이 모두 다 홍수 심판을 받아 죽을 때, 그들만이 방주에 들어가서 하나님의 심판을 피하고 살아남을 수 있었잖아요? 만일 노아의 아들들과 며느리들이 노아를 떠나서 자유분방하게 생활했다면 어떻게 되었을까요? 아마도 하나님의 심판을 받고 멸망했을 거예요.

신약성경에도 보면 바울 선생님은 "주 예수를 믿으라 그리하면 너와 네 집이 구원을 받으리라" 행 16:31라고 말하며 부모님의 신앙을 중히 여겼어요. 여기서 말하는 '너'는 가정을 거느리고 있는 아버지나 어머니를 뜻해요. 부모님이 예수님을 믿으면 그 자신뿐만 아니라 '집' 전체, 곧 가족들에게도 구원이 들어오게 된다는 것이죠. 대체로 부모님이 신앙생활을 하면 자녀들에게도 구원의 축복이 임하게 되어있어요. 실제로 아직 자기 의사 표현을 하지 못하는 어린 아기들은 부모가 아기들을 대신하여 신앙을 고백하고 세례를 받으면 구원을 받지요.

자, 이 정도면 부모님의 신앙을 본받아 부모님과 함께 신앙생활을 할 때 어떤 축복이 임하는지 분명히 알 수 있지요?

우리 친구가 부모님의 시선을 부담스럽게 느끼는 건 사실 당장 눈으로 보고 느껴지는 것만을 생각하기 때문이에요. '성가신 시선'이라는 관점을 바꾸어 다른 관점에서 보면, 부모님으로 인해 어마어마한 영적인 축복이 넝쿨째 굴러들어오는 데 이것을 놓친다는 게 말이 되나요? 그런 엄청난 기회를 꽉 잡아야 하지 않겠어요?

제가 신앙생활을 하면서 항상 부러웠던 것은 바로 부모님과 함께 교회생활하는 친구들이었어요.

우리 친구들! 길어야 몇 년 후면 원하지 않아도 부모님의 시선을 벗어나게 되어있어요. 우리 친구가 부모님과 함께 교회생활을 하는 시간도 그리 길지 않고, 한번 그 시간이 지나면 다시는 돌아오지 않아요. 그러므로 조금만 관점을 바꾸고 부모님과 함께 교회생활하는 기간을 즐기시기를 바라요. 부모님의 시선을 하나님의 시선이라 생각할 수 있기를 바라고, 또 부모님을 통해 오는 엄청난 영적인 축복을 모두 누릴 수 있기를 바랄게요.

40
다른 교회로 옮기고 싶어요

Q 얼마 전 친구를 따라 유명한 교회에 갔는데요. 찬양이 너무 열정적이고 좋은 거예요. 그래서 교회를 옮기고 정말 열심히 다니면서 맨 앞자리에서 손을 높이 들고 찬양하고, 성경공부도 했어요. 그런데 얼마 후 또 다른 친구 교회에 가게 됐는데 너무 분위기도 좋고 또 마음에 들었어요. 그전에도 교회를 옮기긴 했지만 이렇게 교회를 자주 바꾸는 것이 괜찮은 건지 모르겠어요. 답변해주세요.

A 신앙생활을 하다 보면 불가피하게 교회를 옮겨야 할 때가 있어요. 집 근처의 교회를 다녔는데 먼 지역으로 이사해서 교회에 나오는 것이 어려워지면 교회를 바꿀 수밖에 없어요. 또 교회가 성경이 가르치는 복음을 제대로 전하지 않고 잘못된 복음을 전하는 것이 분명한 경우에도 교회를 바꿀 수밖에

없겠지요. 예를 들어서 예수님을 인간으로만 생각하고 하나님으로 인정하지 않는다든가, 천국이 존재한다는 사실을 부인한다든가, 부활이나 예수님의 재림을 부인하는 교회라면 반드시 교회를 바꾸어야 해요. 그러나 우리 친구의 경우처럼 단지 찬양이 좋아서, 아니면 분위기가 마음에 들기 때문에 교회를 바꾸는 경우는 좀 더 신중하게 생각해 볼 필요가 있어요.

   교회를 옮기는 것이 옳은가, 아닌가를 알아보기 위해서는 교회생활이란 도대체 무엇인가에 대해 먼저 알아야 한답니다. 교회는 '예수님을 주님으로 고백한 하나님 백성들의 모임'이에요. 하나님의 백성들이 모여서 생활하는 것을 우리는 '교회생활'이라고 하지요. 그러면 교회생활이란 어때야 하는 걸까요?

   사도행전 2장 42절을 보면, 신약시대에 설립된 최초의 교회인 예루살렘 교회 성도들이 어떻게 지냈는지 기록되어 있어요. "그들이 사도의 가르침을 받아 서로 교제하고 떡을 떼며 기도하기를 힘쓰니라." 이 말씀은 교회생활을 네 가지로 정의하고 있어요.

   첫째는 사도의 가르침을 받는 일이에요. 사도의 가르침을 받는다는 것은 오늘날의 용어로 말하자면 예배시간에 설교 듣는 것을 뜻해요.

   둘째는 성도들이 서로 교제하는 일이에요.

   셋째는 떡을 떼는 일이에요. 떡을 뗀다는 말 안에는 성찬과 애찬이 모두 포함되어 있어요. 성찬식은 예수님의 몸과 피를 상징하는 떡과 포도주를 먹고 마시는 예식인데, 오늘날 개신교 교회에서는 성찬식을 일 년에 서너 번 정도 하지만 예루살렘 교회에서는 모일 때마다 성찬식을 했어요. 애찬을 함께 하면서요. 요즘에도 주일예배 드린 후에 온 교인들이 교회에서 식사를 함께하지요? 이것이 애찬이에요. 예루살렘 교회 성도들은 모일 때마다 함께 식사했답니다. 그런데 예루살렘 교회의 애찬은 오늘날 교회에서 점심을 한 끼 같이 먹는 것보다 훨씬 더 중요한 의미가 있었어요. 예루살렘 교회 성도들 가운데 상당수는 하루하루 먹고살기 힘든 가난한 사람들이었죠. 가난한 교인들이 식사할 수 있도록 집안이 넉넉한 성도들은 자기가 가진 재산을 교회에 헌납하여 식사를 마련할 수 있도록 힘을 다했어요.

넷째는 기도하는 일이에요. 당시에는 귀신 들린 사람들과 병자들이 많았는데, 예루살렘 교회 성도들은 귀신 들린 사람들에게서 귀신을 쫓아내기 위해, 또 병자들이 병을 치유 받고 건강을 되찾도록 함께 모여 기도했어요.

지금까지 살펴본 예루살렘 교회 이야기에서 우리는 교회생활이 무엇인지를 알 수가 있어요.

먼저 예배를 드려야 해요. 예배시간이나 성경공부 시간을 통해 하나님의 말씀을 들어야 하죠. 그리고 성찬식을 통하여 예수님의 몸과 피를 먹고 마시는 시간을 가져야 하고, 마음을 다해 헌금해서 교회운영도 돕고 가난한 사람들을 도울 수 있어야 해요. 그리고 교회 안에 있는 귀신 들린 자, 병든 자들을 돌보고 이들을 위하여 마음을 합해 기도할 수 있어야 해요. 교회생활은 단순히 교회에 왔다 갔다 하는 것을 말하는 것이 아니라 이 모든 것들을 다 포함하는 것이죠.

그런데 우리 친구는 지금 교회를 어떻게 생각하고 있나요? 교회는 찬양이 좋아야 한다고 생각하고, 찬양이 은혜롭지 못하면 찬양을 은혜롭게 하는 교회로 옮겨야 한다고 생각하는 것 같아요. 물론 찬양하는 것은 예배의 일부로서 꼭 있어야 하지만 교회생활 전체를 놓고 볼 때 그렇게 큰 비중을 차지하는 건 아니에요. 오늘날 교회의 예배에서 찬양이 차지하는 비중이 너무 커서, 마치 찬양이 좋으면 좋은 교회이고, 찬양의 비중이 작으면 별 볼 일 없는 교회라고 생각을 하는 사람들이 많은데, 이것은 많이 잘못된 거예요. 저는 찬양을 멋지게 잘한다고 하나님이 더 기뻐하시고 찬양을 못한다고 하나님이 덜 기뻐하신다고 생각하지 않아요. 찬양은 교회생활의 일부로서 정성을 다해서 열심히 하면 되는 거예요. 찬양이 교회생활의 전부도 아니고요. 따라서 찬양을 이유로 교회를 옮기는 것은 좋은 이유는 아니에요.

예루살렘 교회가 보여주는 교회생활의 특징들 가운데 주목해야 할 것이 또 한 가지 있어요. 그것은 가난하고 귀신 들리고 병든 성도들을 기도와 물질로 힘을 다해서 도왔다는 점이에요. 예루살렘 교회 성도들은 어떻게 이런 행동을 할 수 있었을까요?

예루살렘 교회 성도들은 자기중심적으로 교회생활을 하지 않았어요. 그들은 교회 안에 있는 약하고 힘없고 불쌍한 사람들을 위하여 자기를 희생하는 성도들이었던 것이죠. 정말 교회 안에 있는 다른 성도들의 아픔을 자기의 아픔으로 느끼고 이들의 아픔을 위해 할 수 있는 일을 다 하는 성도들이었어요.

바울은 고린도전서 12장 12-27절에서 교회를 사람의 몸에 비유했어요. 사람의 몸이 많은 지체로 구성되어 있는 것처럼 교회도 성도들이라는 지체들로 구성되어 있다고 했죠.

사람의 몸 안에는 210가지나 되는 많은 장기가 있어요. 이렇게 많은 장기는 보이지 않는 혈관이나 신경을 통하여 매우 긴밀하게 연결되어 있어요. 그래서 신체의 어느 부분이 아프면 이 아픔이 몸 전체로 전달되지요. 배가 아프면 곧이어 머리도 아파요. 머리가 아프면 배도 아프고요. 눈은 혈관을 통하여 산소와 영양분을 공급받지 못하면 죽어 버리고 말지요. 그러니까 아주 멀리 떨어져 있는 것 같아도 눈과 심장은 떼려야 뗄 수 없는 관계에 있어요. 한의원에 가보면 머리가 아픈데 침은 발가락에 놓아요. 그런데 희한하게 머리가 맑아지죠. 음식을 먹고 체한 사람의 경우에 엄지손가락과 검지손가락 사이를 눌러서 마사지해주면 체했던 배가 시원하게 내려가고 나아요. 왜 그럴까요? 사람의 몸 각각의 장기들은 머리끝에서 발끝까지 서로 아주 긴밀하게 연결되어 있기 때문이지요.

이처럼 교회 성도들은 그리스도의 사랑과 성령의 하나 됨이라는 영적인 끈에 의해 서로 긴밀하게 연결되어 있어요. 하나님께서는 성도들 각자가 서로의 아픔을 함께 느끼고 그들을 위해 자기를 희생하는 마음가짐으로 교회생활을 할 것을 요청하고 있어요. 그런데 지금 우리 친구는 어떤 생각을 가지고 교회를 바라보고 있나요? 우리 친구가 교회를 바라보는 시각은 '이 교회의 분위기가 나의 마음에 드는가?' 하는 것이에요. 우리 친구의 마음에 들면 교회에 나가고 그렇지 않으면 교회에 나가지 않는다는 것이나 다름없죠. 제가 보기에 이런 태도는 자기중심적인 태도이고, 어쩌면 이기적인 태도일 수도 있어요. 자기중심적인 태도는 인류를 살리시기 위하여 철저하게 자기를 희생하시고, 십자가 위에서 죽으신 예수님의 태도와는 정반대되는 태도이지요. 교회는 자기중심적인 삶을 버리고 다른 사람들을 위하여 사는 것을 훈련받는 곳이라고 생각한다면 우리 친구의 태도는 분명히 달라질 거예요. 단지 본인 마음에 안 든다는 이유 하나만으로 교회를 옮기는 것은 성숙한 크리스천의 태도는 아니에요.

마지막으로 한 가지 주의할 것이 있어요. 마음에 드는 교회를 찾아서 교회를 옮기는 일을 여러 번 반복하다 보면 교회 옮기는 것이 습관이 될 수 있다는 점이에요. 그러면 평생 한 교회에 정착하지 못하고 철새처럼 옮겨 다니게 되고, 교회를 너무 자주 옮기면 신앙이 곧고 바르게 자라기가 어려울 수도 있다는 점을 유의할 필요가 있어요.

41
졸립기만 한 예배, 꼭 참석해야 할까요?

Q 저는 요즘 예배만 드리러 가면 그렇게 졸려요. 항상 졸다가 오니까 기억에 남는 말씀도 없고요. 시간만 낭비하는 기분이에요. 이렇게 아무 생각 없이 가서 시간만 보내고 오는 예배인데, 꼭 가야 하는 건지 모르겠어요.

A 예배시간이 졸리고 지루해서 불필요하게 생각되는 건 아마 친구만의 생각은 아닐 거예요. 한창 에너지 넘치는 청소년 시기에는 흥미로운 영상이나 만화, 혹은 게임 같은 것을 하는 게 아니고서는 잠자코 한자리에 앉아 있기가 힘들 테니까요. 그런 면에서 학교 수업도 마찬가지로 힘들 것 같아요. 듣고 싶지 않아도 자리를 지켜야 하니까요. 하지만 졸리고 지루하다고 해서 학교생활을 그만둬야 할까요? 그렇게 생각하는 친구는 많지 않을 거예요. 물론 홈스쿨링 같은 방법으로 학업을 대신하는 친구들

이 있지만, 그것 역시 또 다른 형태의 학교나 마찬가지죠.

예배 역시 그런 차원에서 생각해 볼 수 있어요. 예배는 신앙생활의 출발점이자 기초예요. 우리 친구가 하나님의 자녀라면 친구의 일상 전체가 예배가 되어야 하지만, 동시에 성도가 함께 모여서 예배하는 시간도 등한시하지 말아야 하죠. 예배를 드리지 않으며 신앙생활을 한다는 것은 무척 위험하고도 어려운 일이거든요. 그래서 우리는 어떤 모양으로든 예배시간에 반드시 참석해야 해요. 우리 친구에게는 아픈 말일 수 있겠지만 이 원칙은 철저히 지켜져야 하죠.

예배가 뭐길래 이렇게 중요하다고 하는 걸까요?

예배에 대해서는 여러 가지로 정의할 수 있지만, 한마디로 표현하자면 '그리스도인이 하나님께 받은 은혜에 감사를 표현하는 시간'이라고 할 수 있어요. 하나님은 죄인이고 죽을 수밖에 없는 우리를 위해 외아들인 예수님을 세상에 보내셨어요. 그리고 우리가 치러야 할 죗값을 대신 치르고 죽게 하셨고, 또 죽음을 이기고 다시 살아나게 하셨어요. 이제 우리는 그분 때문에 죄인이 아닌 하나님의 자녀가 되어 하나님을 아버지라고 부르게 되었고, 몸은 죽지만 예수님처럼 부활해서 하나님과 함께하는 영원한 생명을 선물 받게 되었죠. 그뿐만 아니라 하나님은 우리가 이 세상에서 사는 동안 목자로, 아버지로 우리를 인도하시고 돌봐 주세요. 필요한 것들을 공급해 주시면서요. 이 큰 선물이 얼마나 감사한가요? 이 사랑이 얼마나 놀라운가요? 여기에 대해 우리의 감사를 표현하는 것이 바로 '예배'예요.

　우리 친구가 물에 빠져서 거의 죽게 되었다고 가정해 볼게요. 물살이 얼마나 거센지 아무도 다가가지 못하고 있었어요. 그런데 누군가가 목숨을 걸고 우리 친구를 구해준 거예요. 처음 건져졌을 때는 정신을 잃은 상태라 몰랐지만, 정신이 들고난 후에 생명의 은인에 대해 알게 되었어요. 그렇다면 그 사람에게 어떻게 반응해야 할까요? 당연히 직접 만나서 감사를 표현해야겠지요. 죽음이 코앞에 있었는데 덕분에 살아나게 되었으니 그분의 은혜를 기억하며 열심히 살겠다고 감사의 마음을 전해야 하지 않겠어요? 그런 자리가 어색하고 불편하다고 해서 피하거나 카톡이나 문자 메시지로 대신하거나, 직접 만나더라도 성의 없는 모습으로 앉아 있다면 상대방이 우리 친구의 감사를 진정한 감사로 받아들일 수 있겠어요?

　마찬가지예요. 아니, 우리는 단순히 물에서 건져진 것보다 더 큰 은혜를 하나님께 받았어요. 이 은혜는 너무 커서 내가 무엇을 한다고 해서 갚을 수 있는 정도가 아니에요. 이 세상은 잠깐 있는 곳이고 그 후에 영원한 천국과 심판이 기다리고 있는데, 하나님의 자녀인 우리는 심판이 아닌 천국 백성으로 살게 되는 엄청난 특권을 갖게 된 것이니까요. 그렇다면 우리는 가장 먼저 하나님을 찾아가 감사를 표현하고 또 나를 구하신 분의 뜻에 어긋나지 않게 바른 삶을 살겠다는 다짐을 표현해야 하지 않겠어요? 그래서 우리는 시간은 물론 마음도 구별해서 하나님이 어떤 선물을 주셨는가를 묵상하고 말씀 봉독과 설교, 선물에 대한 감사를 표현하며 기도와 찬양, 주신 선물에 감사하는 마음으로 살아가겠다는 결심을 새롭게 밝히고 기도, 정성스럽게 준비한 물질을 드리는 거예요 헌금. 이것이 바로 '예배'예요. 그러니까 예배가 무엇인지 확실히 안다면 예배에 임하는 마음가짐이 달라질 수밖에 없죠.

이토록 예배가 중요한데, 왜 우리 친구는 예배만 드리러 가면 졸게 되는 걸까요?

우리 친구는 목사님의 설교가 재미없거나 진행되는 예배 순서가 너무 지루해서 그렇다고 이야기할지도 모르겠어요. 물론 목사님의 설교나 예배 순서가 흥미롭게 진행된다면 덜 졸릴 수 있을 거예요. 그러나 예배는 수업을 듣듯이 성경말씀을 배우는 시간이 아니라는 것을 명심해야 해요. 우리는 예배 속에서 목사님의 설교와 순서들을 생각하기 이전에 하나님께서 주신 구원의 선물이 얼마나 놀랍고 감사한 것인가를 먼저 생각할 수 있어야 하죠. 그러면 예배에 임하는 마음가짐이 달라지고 이전보다 예배에 집중할 수 있게 될 거예요.

그런데도 예배시간마다 졸음이 온다면 저는 그 원인을 '습관'에서 찾고 싶어요. 아마 친구가 처음부터 그러지는 않았을 거예요. 예를 들면 전날에 시험공부나, 혹은 다른 일을 하느라고 잠을 충분히 자지 못해서 예배시간에 졸았을 수 있어요. 문제는 한 번이 두 번 되고, 두 번이 세 번, 네 번 되면서 습관으로 남게 되는 거죠.

사람의 몸은 자동으로 상황에 적응하는 능력이 있어요. 예배시간에 조는 일이 반복되면 몸은 서서히 그것을 기억하고 그 시간만 되면 '졸 시간이다'라는 신호를 보내요. 그러면 전날에 잠을 충분히 자서 졸 이유가 없어도 자동으로 졸게 되는 것이고요.

그러면 이렇게 예배시간에 조는 것이 습관이 되어버렸을 때는 어떻게 해야 할까요? 방법은 간단해요. 졸지 않는 습관으로 바꾸면 돼요. 물론 한 번에 되지는 않을 거예요. 이미 굳어버린 습관을 바꾸는 데에는 시간이 오래 걸리니까요. 하지만 실패하더라도 습관을 바꾸려고 시도하는 그 한 걸음이 중요해요.

마음으로 '나는 예배시간에 졸지 않겠다!'라는 결심을 단단히 하고 졸지 않는 훈련을 지금부터 시작해 보세요. 마음으로 단단히 결단하는 것이 중요해요. 예배 전에 늘 그렇게 결심하고 자리에 앉아 보세요. 아마 그래도 언제 그랬냐는 듯 또다시 이전처럼 졸음이 몰려올 거예요. 그때 우리 친구가 할 수 있는 모든 수단을 동원해서 졸음을 필사적으로 물리쳐야 해요. 필요하면 팔을 꼬집어도 괜찮아요. 머리를 좌우로 흔드는 것도 하나의 방법이고요. 아니면 눈동자를 가능한 한 크게 원을 그리면서 여러 번 돌려 보는 것은 어떨까요? 이렇게 예배시간에 졸지 않는 훈련을 반복하고, 또 조금이라도 깨어있는 시간을 늘려가다 보면 어느 순간 좋은 예배 습관을 갖게 될 거예요.

성경에서도 이런 연습과 훈련을 강조하고 있어요. 디모데전서 4

장 7절에 "경건에 이르도록 네 자신을 연단하라"라는 말씀이 있죠. 현재 많이 쓰이는 개역개정판이 아닌 개역한글판에서는 이 구절을 "연습하라"라고 번역했는데, 이 번역이 좀 더 정확한 것 같아요. 신앙생활의 좋은 습관은 그냥 자동으로 주어지는 것이 아니에요. 이 습관들은 꾸준히 연습해야만 얻을 수 있는 것들이죠. 기도나 말씀 읽기, QT도 마찬가지예요. 물론 '예배'도 그렇고요. 인내하는 가운데 이런 좋은 습관을 일상에서 계속 연습하면 우리의 마음과 몸이 거기에 익숙해져서 나중에는 자연스럽게 하게 될 거예요.

아무쪼록 우리 친구가 하나님께서 선물해주신 구원의 은혜, 그리고 지금도 함께하시는 은혜가 얼마나 큰지를 깊이 묵상할 수 있기를 바랄게요. 그러면 예배시간에 조는 것 정도는 넉넉하게 이겨낼 수 있는 감사가 생겨날 거예요. 동시에 오랫동안 이어진 잘못된 예배 습관을 바로잡기 위해 철저히 훈련할 수 있기를 기도할게요. 그런 연습 끝에 성경말씀처럼 '감사로 제사를 드리며 하나님을 영화롭게 하는'시 50:23 예배자가 될 친구를 응원합니다.

42

예배드릴 때, 편한 옷차림을 하면 안 되나요?

Q 예배드릴 때 모자, 반바지, 슬리퍼 차림이면 안 되나요? 성경에도 예수님이 계신 곳에 평상시의 복장으로 사람들이 모여서 설교를 들었잖아요. 교회에서 복장을 따지는 게 너무 형식에 얽매이는 건 아닌가요?

A 우리 친구도 잘 아는 이야기를 하나 해볼게요. 아시아의 한류열풍을 일으킨 〈겨울연가〉라는 드라마를 알지요? 이 드라마는 일본에서 폭발적인 반응을 일으켰고 주인공인 배용준 씨는 '욘사마'라는 별명을 얻으면서 큰 인기를 누렸어요. 이 드라마가 일본에서 인기를 끌었던 가장 중요한 요인 가운데 하나는 '사랑의 감정을 말로 솔직하게 표현했다'라는 점이래요. 일본 사람들은 마음속으로 사랑하고 있어도 멋쩍고 쑥스러워서 말로는 거의 표현하지 않는다고 해요. 그냥 상대방이 행동하는 것을 보고

간접적으로만 '나를 사랑하는구나'라고 짐작할 뿐 정말 사랑하는지 안 하는지를 분명히 알기가 어렵다는 거죠. 그런데 〈겨울연가〉에서 사랑하는 사람들끼리 자신의 마음을 말로 자연스럽게 표현하는 점에 시청자들은 많은 감동을 하였다는군요.

우리 친구도 아마 비슷한 마음을 가지고 있으리라고 생각해요. 우리 친구가 이성 친구와 교제한다고 가정해 볼까요? 그럴 때, 이성 친구가 마음속으로만 사랑하고 말로 표현하지 않는 것이 좋을까요? 아니면 사랑하는 마음을 말로 표현하고, 선물도 사 주고, 옷도 색다르게 입고 나오는 것이 좋을까요? 당연히 말로도 표현하고 선물도 사 주고 옷도 예쁘게 입고 만남에 나오는 것이 좋겠지요.

이처럼 하나님께 예배드릴 때는 그분을 진정으로 사랑하는 마음을 갖추는 것이 가장 중요해요. 예수님도 "하나님은 영이시니 예배하는 자가 영과 진리로 예배할지니라" 요 4:24 라고 말씀하셨어요. 모든 예배는 하나님을 진정으로 사랑하는 마음으로 드려야 해요. 그런 마음이 없이는 예배가 성립되지 않아요. 하나님을 사랑하는 마음이 없으면 온몸을 깨끗이 씻고, 세상에서 가장 깨끗한 옷을 갖추어 입고, 예식을 아주 경건하게 진행한다고 해도 헛수고하는 것이에요. 이런 예배는 '회칠한 무덤'과 같은 것이죠. 회칠한 무덤이란, 겉은 아름답고 예쁜데, 속에는 앙상한 뼈들이 가득 들어있는 것을 말해요. 이처럼 마음이 없는 예배는 겉모습이 아무리 좋아도 헛된 예배이고, 아예 드리지 않는 것만 못하지요. 하나님은 이런 예배를 싫어하시고 역겨워하시고 심지어 분노하기까지 하세요.

예수님은 "네 마음을 다하고 목숨을 다하고 뜻을 다하여 주 너의 하나님을 사랑하라"마 22:37라고 말씀하셨어요. '마음으로만' 하나님을 사랑하라고 하지 않으셨어요. 마음과 목숨과 뜻을 다하라는 말씀은 나의 마음뿐만 아니라 물질, 시간 등 내가 가진 모든 것을 총동원하여 하나님에 대한 사랑을 표현하라는 뜻이에요. 그렇게 해야만 하나님께서 받으시는 참된 예배가 되는 거예요.

우리가 식사할 때를 한번 생각해 볼까요? 사람들은 '밥 먹을 때 밥과 김치는 꼭 있어야 해!'라고 해요. 물론 밥과 김치만 있어도 기본적으로 식사를 할 수 있긴 하죠. 하지만 실제로 사람들은 그 이상을 요구해요. 밥에는 콩이나 보리도 들어가야 하고, 국도 있어야 하고 생선도 있어야 하고 고기도 있어야 하고 기타 나물 등 다양한 반찬이 갖추어져야 하죠. 그래야 식사다운 식사를 했다고 할 수 있는 거예요. 하나님께 드리는 예배도 마찬가지예요.

물론, 우리가 많은 준비를 할 수 있는 형편이 못될 때는 마음으로만 드리는 예배도 하나님께서 기쁘게 받으세요. 예를 들어, 도저히 헌금을 준비할 여력이 없고, 입고 갈 좋은 옷도 없을 때는 하나님을 사랑하는 마음 하나만 가지고 예배드려도 하나님은 기뻐하시지요. 이럴 때는 헌금도 준비하지 못했고, 좋은 옷도 없다고 예배드리는 것을 주저해서는 안 돼요.

우리 친구가 예수님의 설교를 듣던 당시의 청중들이 평상복을 입고 있었다고 했는데, 당시 청중들은 대부분 갈릴리 지방의 매우 가난한 사람들로서 옷을 사 입을 형편이 안 된 사람들이었음을 기억해야 해요. 또 기독교인들에 대한 방해와 핍박이 너무 심해서 옷을 잘 입을 수 있는 상황이 안됐죠. 그러나 현재 조금만 정성을 쏟으면 마음 이상의 것을 충분히 준비할 수 있는데도 준비하지 않고 예배드린다면 이 예배는 온전한 예배가 될 수 없어요.

그러면 이제부터는 옷에 대해 한번 생각해 볼까요? 옷은 몸을 따뜻하게 보호하여 몸이 병들거나 상하지 않게 보호해 주는 역할을 하지요. 그런데 우리 일상생활에서 옷은 꼭 그런 기능만 하는 것은 아니죠. 옷은 자기 마음을 표현하는 수단 가운데 하나이기도 해요. 그래서 여러분도 운동화 하나 고르는 것이나 티셔츠 하나를 사는 데에도 많은 신경을 쓰지요. 그뿐만 아니라 헤어스타일 하나 정하는 것도 그냥 아무렇게나 하지 않고요. 그런데 여러분, 친구들을 만날 때는 신경을 많이 써서 옷을 골라 입으면서, 하나님 앞에 나아갈 때 아무렇게나 입고 나가는 것은 문제가 있다고 생각하지 않나요? 나의 주인이시고, 온 세상을 다스리는 거룩하신 하나님 앞에 나아갈 때 마음의 준비는 기본이고 플러스알파로 가장 아름다운 모습을 보여야 하지 않을까요? 여러분이 만일 교장 선생님이나 유명한 사람을 만나러 간다고 가정해봐요. 그럴 때도 모자와 반바지, 슬리퍼 차림으로 나아갈 수 있을까요? 그렇다고 해서 예배드릴 때, 화려하고 비싼 옷을 입으라는 말이 아니에요. 나를 구원하신 하나님을 향한 마음과 정성을 바른 옷차림으로 표현하는 것이 좋다는 말이지요. 혹시 입을 옷이 별로 없다면, 있는 옷을 깨끗하게 빨아서 단정하게 입는 것도 마음을 표현하는 방법이에요.

성경을 보면, 하나님도 옷을 단지 몸을 보호하는 도구로만 보지 않으셨음을 알 수 있어요. 그 대표적인 예가 마태복음 22장에 기록된 혼인 잔치 비유예요. 이 비유에 보면 어떤 사람이 혼인 잔치에 초청받았는데 예복을 입지 않고 참석하죠. 결국, 이 사람은 혼인 잔치 자리에서 쫓겨나고 말아요. 혼인 잔치에 참석하는 사람들은 혼인을 축하하기 위해 오는 것인데, 대충 아무렇게나 입고 와서, 또는 잔치에 어울리지 않는 복장을 하고 와서 몇 마디 말로만 축하하는 것은 예의에 어긋나는 일이죠. 말로 표현하는 것도 중요하지만 자리에 걸맞게 예복을 입고 와서 축하하는 것이 당연해요.

또 창세기에서 하나님은 아담과 하와를 에덴동산에서 내보내실 때 가죽옷을 통해 아담과 하와를 향한 하나님의 마음을 표현하셨어요. 아담과 하와가 입은 가죽옷은 몸을 보호하기 위한 것만이 아니라 인류를 구원하시겠다는 하나님의 마음을 표현한 것이었어요. 그뿐만 아니라 구약성경을 읽어 보면 대제사장이 입는 옷, 쓰는 모자, 허리띠 등을 일일이 정해주시고, 심지어는 옷 만드는 방법까지 자세하게 지시하신 것을 볼 수 있어요. 또한, 요한계시록을 보면 신앙의 정조를 끝까지 지키고 주님을 따른 성도들을 '흰옷을 입은 자들'에 비유했는데, 이것 또한 옷이 마음 상태를 표현한다는 것을 잘 보여주고 있지요.

또한, 형식이 마음 상태에 영향을 끼칠 수도 있어요. 예를 들어서 아주 야한 옷을 입으면 마음도 옷의 영향을 받아서 야한 마음의 지배를 받게 되죠. 옷을 야하게 입고 마음을 경건하게 지킬 수 있는 사람은 별로 없어요.

이제 어느 정도 이해가 되셨나요? 하나님께 드리는 바른 예배는 마음의 준비는 기본이고 할 수 있는 한 옷 입는 것 하나까지도 세심하게 신경을 쓰며 드리는 것이라는 점을 우리 친구들은 유념하기를 바랄게요.

43
스마트폰에도 성경이 있는데 꼭 성경책을 가지고 다녀야 할까요?

요즘에는 스마트폰을 많이들 가지고 다니잖아요. 그리고 스마트폰 안에도 성경이 있어서 언제 어디서나 읽을 수 있는데 굳이 교회 갈 때 성경을 가지고 다녀야 할까요? 그냥 스마트폰 성경 어플을 열어서 보는 게 편리하지 않을까요?

'하나님의 말씀은 영원하지만 하나님의 말씀을 담는 그릇은 시대에 따라 변할 수 있다.' 이 말은 스마트폰 성경을 이용하는 데 대한 우리 친구의 질문에 판단의 방향을 제시해주는 좋은 기준이 될 수 있어요. 이 기준과 함께 다음과 같은 경험담도 참고할 필요가 있어요. 어떤 사람이 인터넷 한자 사전을 이용하여 우리말에 해당하는 한자를 쉽게 찾아서 문서작업에 편리하게 사용했어요. 문서작업 할 때 한글은 일일이 타이핑해야 하지만 한자는 완성된 글자가 준비되어 있어서 타이핑할 필요가 없었어요. 그런데 문제가 생겼어요. 한자를 손으로 직접 쓰려고 하니까 한자의 모양이 어렴풋이 생각이 나긴 하는데 글자를 쓸 수가 없는 거예요. 한자를 써 보지 않고 눈으로만 봐서 쓰는 실력은 길러지지 않았던 거죠. 이 사례는 스마트폰이나 인터넷을 지나치게 의존할 때 발생할 수 있는 문제점을 잘 보여주고 있어요.

앞서 말한 두 관점을 염두에 두면서 저는 우선 스마트폰 성경을 이용하는 것이 피할 수 없는 시대의 흐름이라는 점을 이야기하고자 해요. 그러나 이와 동시에 스마트폰 이용에는 단점과 한계가 있다는 것도 함께 이야기해 볼게요.

성경은 모세 시대 이전까지는 구전口傳의 형태로만 인간에게 주어졌어요. 모세 시대 이전에는 모두 암기하는 방법으로 후손에게 전달했지요. 그 많은 내용을 외워서 전달했다면 틀린 것이 많을 거로 생각하는 친구들이 있을지도 모르겠어요. 그러나 그렇지 않아요. 수만 번 이상 암송하다 보면 아주 정확히 내용을 전달하게 되죠. 오히려 내용을 정확히 숙지하지 못한 상태에서 기록으로 전달할 때 실수가 더 많이 나올 수 있어요. 학자들의 연구에 따르면 구전으로 전달된 성경은 오류가 전혀 없는 반면에, 기록으로 옮긴 성경 사본들에 오류가 많았다는 사실이 확인되기도 했답니다.

그러나 하나님의 말씀을 구전으로 전수하는 것에는 한계가 있어요. 멀리 있는 사람에게는 전하기가 어렵다는 문제가 있었던 거죠. 그뿐만 아니라 암송한 사람이 죽고 나면 하나님의 말씀이 끊어질 우려가 있었어요. 따라서 말씀을 영구적으로 보존하고, 또 더 많은 사람에게 전달하기 위해 기록으로 남기기 시작한 거죠. 원래 고대 문서들은 진흙을 굽고 말려서 만든 토판이나 돌에 기록했는데, 기술이 발달하면서 갈대를 말려서 엮은 파피루스라는 종이나 양가죽으로 만든 양피지 등에 기록했죠. 동양에서는 대나무를 말려서 만든 죽간이라는 것에다가 기록하기도 했고요. 그중에서 하나님의 말씀은 주로 파피루스나 양피지에 기록했고, 그 후에는 종이를 대량생산하는 기술이 발달하면서 다양한 종류의 종이에 기록하는 것이 정착되어 오늘날까지 이어지고 있죠. 특별히 컴퓨터 공학이 발달하고 파일에 정보를 저장할 수 있게 된 요즘에는 전자책을 비롯해 인터넷이나 스마트폰으로도 책을 읽을 수 있게 되었어요.

이처럼 하나님의 말씀은 과거나 현재나 변하지 않고 그대로이죠. 단지 말씀을 담아서 전달하는 그릇은 계속해서 변화해 왔어요. 이렇게 말씀의 내용에는 손상을 주지 않고, 또 말씀을 담아서 전달하는 목적에 어긋나지 않는다면 얼마든지 형태는 변할 수 있죠.

전자책이나 앱을 통해 성경을 보는 것도 마찬가지예요. 하나님의 말씀을 전자책에 담는다고 해서 말씀의 내용이 손상되지는 않아요. 또 말씀을 책에 담는 목적은 더 많은 사람에게 전달하고자 하는 것인데, 그런 점에서 전자책은 종이책보다 더 유리하다고 볼 수 있죠. 인터넷망만 연결되면 세계 어느 곳에서나 아주 쉽게 볼 수 있으니까요. 하지만 각각의 방법에 장단점은 있어요. 종이책은 책에 기록한 것이 확실하게 남지만, 시간이 지나면 부패하여 해체된다는 단점이 있어요. 그러나 전자책은 부패할 우려는 없지만, 전기가 없으면 들여다볼 수 없다는 문제가 있고요. 게다가 종이책은 일단 종이에 기록한 이후에는 기록한 내용을 조작하는 것이 불가능하고, 조작했다 하더라도 그 흔적이 분명히 남지만, 전자책의 경우는 아무런 흔적을 남기지 않고 내용을 손쉽게 조작할 수 있다는 문제가 있어요.

이러한 기술의 발달은 하나님께서 인간에게 주신 놀라운 재능을 발휘해 얻게 되는 열매들이고, 동시에 하나님께서 새로운 시대를 살아가는 우리에게 주신 선물이기도 해요. 그러니까 새로운 기술에 의해 더 좋은 방법들이 등장하면 이를 잘 활용하는 것은 당연하고 또 필요한 일이라 할 수 있어요. 그런 면에서 보자면 우리 친구들도 스마트폰에 성경 앱이나 찬송가 앱을 다운로드해서 활용하는 것은 얼마든지 가능한 일이에요. 우리 친구들이 새로운 기기들을 긍정적인 용도에 잘 활용함으로써 더 적극적으로 시대의 흐름에 대응하는 것도 필요한 태도죠.

그러나 종이책을 통해 성경을 전달해 온 전통이 수천 년 동안이나 유지되어 온 데는 그만한 이유가 있기 때문이라는 것을 우리 친구들이 생각해 볼 필요가 있어요. 그리고 종이책이 가진 강점들은 전자책이 크게 발전하는 환경에서도 유지될 것이라는 점 역시 기억해야 하죠. 사실 전자책은 편리하긴 하지만 동시에 중요한 단점도 안고 있어요. 어떤 것인지 살펴볼까요?

첫째로, 전자책은 의식적, 무의식적으로 읽는 사람의 마음을 불안하고 조급하게 만드는 특징이 있어요. 전자책은 전기의 힘으로 스크린에 떠오를 때만 읽을 수 있는 가상현실로서 실체가 잡히지 않는 것이고, 전기가 나가면 순식간에 사라져 버리는 특성이 있어요. 또 컴퓨터나 스마트폰은 모든 것을 광속에 가까운 속도로 빨리빨리 처리하기 때문에 이런 특징에 익숙해지다 보면 마음이 조급해지고 인내심이 없어지죠. 성경을 읽을 때도 마찬가지예요. 전자기기의 이런 특징 때문에 전자책을 읽을 때는 무의식적으로 그냥 눈으로 보고 마는 데 그칠 수 있어서 깊은 묵상을 하기가 힘들어져요. 이런 마음 상태는 기독교인의 경건훈련에 매우 좋지 않아요. 또 이런 불안함과 조급함은 영원성과 불변성을 특징으로 하는 하나님 말씀의 특징과 정반대되는 것일 뿐만 아니라 오래 참고 인내해야 하는 기독교인의 성품과도 어울리지 않죠. 반면 활자로 인쇄된 책은 실체이고 펴 놓으면 순식간에 사라지는 일은 없으므로 안정된 마음으로 차분하게 내용을 읽고 묵상할 수가 있어요. 이런 점에서 종이책이 전자책보다 신앙생활 하는 데 훨씬 유리하다고 볼 수 있어요.

둘째로, 전자책은 읽을 수 있는 페이지가 한두 페이지 정도밖에 안 되고, 나머지 페이지들은 시야 밖으로 벗어나 있어요. 물론 마음먹으면 볼 수 있긴 하지만 그 과정이 번거롭고, 그러다 보면 읽던 페이지는 다시 시야 밖으로 벗어나게 되죠. 따라서 내용의 앞뒤를 연결해 읽는 데 어려움이 있어요. 반면에 종이책은 책 전체를 언제든지 연결해서 읽을 수 있고 모든 페이지가 눈앞에 있죠. 특히 성경의 경우, 앞뒤 책을 연결해 읽는 것이 매우 중요한데, 이 점에 있어서 종이책이 전자책보다 훨씬 편리하고 유리하다고 볼 수 있어요.

셋째로, 하나님께 예배를 드릴 때는 하나님을 생각하고 하나님의 말씀을 듣고 보는 일에 전적으로 집중해야 해요. 그런데 스마트폰에는 여러 기능이 있고, 손가락 하나만 살짝 움직여도 얼마든지 다른 기능으로 전환될 수 있어요. 특히나 손에 전자기기가 들려있으면 시선을 빼앗기기 쉬운데, 그 와중에 전화나 문자가 오면 그것이 예배에 결정적인 방해가 될 수 있죠. 또 화면에 있는 다른 기능에 시선이 가서 예배의 집중력이 흐트러지게 되기도 하고요. 그래서 요즘에는 예배시간에 스마트폰을 아예 꺼놓게 하는 교회들도 많이 있어요. 그러나 이에 비해 종이책 성경은 예배의 집중을 방해하는 일이 전혀 없지요.

결론적으로 말해서 우리 친구들이 종이책 성경을 반드시 소지하고 될 수 있으면 종이책 성경을 직접 손으로 넘기고 읽어가며 깊은 묵상을 할 수 있으면 해요. 동시에 스마트폰 성경과 같은 것들은 보조 수단으로 적절히 활용하는 것이 좋은 방법이라고 생각해요.

44

교회 수련회, 꼭 가야 하나요?

교회 수련회는 꼭 가야 하나요? 수련회가 좋다는 애들도 있지만, 솔직히 저는 재미도 없고, 애들이 끼리끼리 어울려 다녀서 별로 가고 싶지 않아요. 게다가 예배드리거나 찬양 부를 때는 잠깐 뜨겁다가도, 일상으로 돌아오면 별반 달라지는 것도 없고요. 올해도 부모님과 선생님이 계속 가라고 하시는데, 정말 이런 수련회를 꼭 가야 할까요?

여름수련회는 중고등부 최대의 잔치지요. 매년 열리다 보니 부족한 점이나 부작용이 물론 있을 수 있죠. 그러나 부족한 부분을 보완하고 부작용에 조금 주의하여 참여하면 교회 수련회가 우리 친구들에게 주는 유익이 아주 많아요. 교회 수련회의 목적은 두 가지라고 볼 수 있어요. 하나는 '말씀을 통해 집중적인 은혜를 받는 것'이고, 다른 하나는 '공동생활을 훈련하는 것'이랍니다. 이 두 가지에 대해서 자세히 살펴볼게요.

먼저, 여름수련회의 목적이 '말씀을 통해 집중적인 은혜를 받는 데 있다'라는 점을 생각해 볼까요? 우리 친구들은 매주 한 번 교회 중고등부 예배에 가서 설교와 말씀 공부를 통해 하나님의 말씀을 배우고 있죠? 그런데 주일에 진행되는 말씀 공부만으로는 우리 친구들의 신앙이 건강하게 자라는데 부족한 점이 많아요. 왜일까요?

첫째는 주일날 하는 말씀 공부의 시간이 매우 부족하답니다. 우리 친구들은 학교와 교회 두 곳에서 공부하고 있지요? 학교에서는 주로 이 세상을 살아가는 데 필요한 학문과 기술, 즉 생활과 생존에 필요한 것들을 배우게 되죠. 그런데 학교에서는 그런 것들뿐만 아니라 은연중에 옳지 않은 가치관도 많이 가르치고 있다는 걸 알아야 해요. 하나님이 없다고 주장하는 '무신론'이나 이 세상은 우연히 저절로 생겨났다는 '진화론'이나, 경쟁에서 이기고 어떻게 해서든지 좋은 대학교와 돈벌이가 잘 되는 학과에 가야 하고, 그런 직업을 가져야 한다는 생각 등을 우리 친구들에게 주입하게 돼요. 학교는 하나님 앞에서 바르게 사는 법을 가르치지 못할 뿐만 아니라 사람답게 바르게 사는 길도 거의 가르쳐 주지 않아요.

교회에서는 구원의 길을 알려주는 동시에 하나님 앞에서와 사람들과의 관계에서 바르게 사는 길을 가르쳐주지요. 따라서 교회에서의 공부가 학교에서의 공부를 이겨야 하나님 보시기에, 그리고 세상에서 '바르고 옳은 사람'이 될 수 있어요. 그런데 현실은 어떤가요? 우리 친구들은 월요일부터 금요일까지 온종일 학교공부를 위해 투자해요. 하나님 말씀을 공부하는 시간은 주일예배 설교 30분 정도와 공과공부 시간 30분 정도가 전부예요. 합해서 약 1시간 정도죠. 일주일 중에 1시간 배우는 것으로 일주일 내내 배우는 학교 공부를 이길 수 있을까요? 턱없이 부족해요.

둘째는 주일에 하는 말씀 공부는 짧은 시간에 진행될 뿐만 아니라 주일 단위로 끊어지기 때문에 어떤 중요한 주제를 처음부터 끝까지 연결해서 공부하기가 어려워요. 이런 문제점을 극복하는 방법의 하나가 교회 수련회예요. 수련회 기간을 통해서 부족한 말씀 공부 시간도 보충하고, 한 주제에 대해 연결해서 공부할 수가 있죠. 이때 우리 친구들이 알아야 할 것이 하나 있어요. 수련회 때 한번 공부한 것으로 우리 친구들의 마음과 삶이 혁신적으로 변화될 것이라고 기대해서는 안 된다는 점이에요. 물론 수련회에 한 번 참석하고 정말로 마음과 삶이 확 바뀌어서 '새 사람'이 되는 일도 있어요. 이런 일은 하나님께서 특별한 은혜를 주셔야 가능해요. 그러나 그런 획기적인 변화가 없다고 해서 수련회의 말씀 공부가 쓸데없는 일이 되는 것은 결코 아니에요. 사람이 바뀌고 성장하는 데는 오랜 세월이 필요하고, 또 많은 공부와 실천을 통해 쌓은 것들이 삶에 서서히 영향력을 발휘하거든요. 수련회 직후에는 별다른 변화가 없어도 수련회에서 배운 내용이 마음 한 곳에 자리 잡고 있다가 오랜 시간이 지난 후에 나를 변화시킬 수 있다는 거예요.

자, 그럼 수련회의 두 번째 목적인 '공동생활 훈련'에 대해 살펴볼 게요. 이 두 번째 목적 역시 첫 번째 목적 못지않게, 아니, 어쩌면 그것보다 더 중요할 수도 있어요. 진정한 믿음 생활은 항상 '사람들과의 관계 안에서' 이루어지거든요. '사람과의 관계'가 얼마나 중요한지는 하나님에게서 발견할 수 있어요. 하나님은 '하나의 인격체'가 아니라는 것을 잘 알고 있죠? 우리가 믿는 하나님은 아버지 하나님성부과 아들 예수님성자과 거룩한 영의 하나님성령이라는 세 인격체로 되어있는 분이세요. 하나님께서 일하실 때는 언제나 성부와 성자와 성령님이 함께 상의하시며, 세 인격체 사이에서 완전한 일치와 조화를 이루며 일을 하신답니다. 우리는 여기서 하나님이 둘이나 네 개의 인격체로 계시지 않고 '세 인격체'로 계신다는 사실에 주목할 필요가 있어요. 두 명이 의견을 맞추는 것은 그리 어렵지 않아요. 네 명의 의견이 달라도 두 명씩 짝을 이루면 공동체가 깨지지 않고 유지될 수 있어요. 그러나 세 명이 의견을 하나로 맞추는 건 매우 힘들어요. 두 명이 의견이 일치되면 한 명은 왕따 당하기 쉽거든요. 의견을 맞추기가 매우 어려운 '셋'이라는 숫자임에도 불구하고 하나님은 세 인격체로 존재하시면서 항상 의견의 일치와 조화를 이루세요. 하나님이 세 인격체로 계신다는 사실은 하나님의 자녀들에게 신앙생활은 항상 '관계 안에서' 이루어져야 한다는 교훈을 주고 있어요.

우리 친구들이 장차 가게 될 천국 역시 철저한 공동생활 속에서 이루어지는 곳이에요. 장차 천국에서 살기 위해서는 이 세상에 사는 동안 반드시 공동생활을 훈련해야 하죠. 그런 면에서 수련회에서 행하는 공동생활 훈련은 장차 천국에 들어가서 생활하는 훈련을 미리 해보는 것과 같아요. 또 천국에서는 가족이나 혈연, 학벌 같은 것들을 다 버리고 하나님의 자녀와 백성의 자격으로 함께 생활하게 돼요. 우리는 수련회를 통해서 가족을 떠나고, 혈연도 떠나고, 공부를 잘하고 못하는 것을 따지지도 않고 '하나님의 자녀'라는 이유 하나로 숙식을 같이하면서 서로를 배려하고 돌보며 힘을 합하여 살아보는 훈련을 하는 거예요. 비록 수련회라는 행사 자체에는 부족한 점이 많아도 그 시간은 천국생활을 미리 맛보는 예비잔치와 같답니다. 각자가 지닌 개성이나 욕심을 절제하고 다른 사람과 관계를 맺어 의견을 맞추고 협력하면서 서로 돕는 '천국생활을 위한 예비훈련'이지요.

이제 우리 친구가 가장 고민하는 문제를 생각해 볼까요? 부모님이 수련회 참석을 권유하는 것으로 볼 때 아마도 우리 친구는 어려서부터 믿음 안에서 자라온 것 같고, 교회 중고등부 생활도 시작한 지 꽤 된 것 같아요. 우리 친구가 교회 중고등부에 처음 나온 친구가 아니라면, 교회에 처음 나오는 친구와는 수련회에 임하는 태도는 달라야 한다고 생각해요. 사실, 교회에 처음 나오는 친구는 교회 오래 다닌 친구들의 따뜻한 사랑과 관심, 어울림 등을 기대하고 수련회에 참석할 거예요. 그런데 제가 보기에 우리 친구는 이미 교회생활을 오래 해온 친구인데도 수련회에 관한 생각이나 기대가 처음 교회 나오는 친구와 별반 다르지 않은 것 같아요. 우리 친구는 수련회에서 다른 친구들의 사랑과 관심을 기대하기보다는 다른 친구들에게 사랑과 관심을 베풀어야 할 처지에 있다고 생각해요. 다른 친구들이 먼저 손을 내밀며 친하게 지내자고 다가오기를 기다리는 입장이 아니라, 오히려 수련회 기간 동안 잘 어울리지 못하고 혼자 겉도는 친구에게 적극적으로 다가가서 먼저 손을 내밀어야 한다는 거죠. 다른 친구가 다가오기까지 기다리지 말고 그 친구에게 먼저 다가가서 친하게 지내자고 손을 내밀어 보세요. 우리 친구가 다른 친구에게 '천국생활은 이렇게 하는 거야'라고 모범을 보여주세요. 그 친구가 무척 좋아할 거예요. 아마도 그 친구는 우리 친구가 먼저 손을 내밀어 주기를 기다리고 있을지도 몰라요. 자존심 때문에 손을 내밀지 않으면 좋은 친구, 친한 친구를 얻을 수 없어요. 자존심을 접어두고 적극적으로 다가가서 먼저 손을 내미는 사람만이 좋은 친구를 얻을 수 있다는 사실을 잊지 마세요.

45

교회 수련회와 학원 특강, 어디로 가야 할까요?

 이제 곧 방학인데요. 이때마다 늘 저를 고뇌하게 하는 것이 있어요. 마치 짜기라도 한 듯이 교회 수련회 날짜와 학원 특강 날짜가 겹치는 거 있죠? 솔직히 수련회보다 특강 쪽이 더 끌려요. 특강에 빠지고 수련회를 가자니 다른 애들한테 뒤처지는 것도 문제지만, 밀린 진도 따라가려면 여간 골치 아픈 게 아니거든요. 또 수련회를 한 번 간다고 해서 딱히 은혜를 많이 받는 것 같지도 않고 매번 그냥저냥 지내다 오는데, 다녀오면 피곤하기만 해요. 그렇다고 수련회에 빠지자니 뭔가 꺼림칙하고, 어떻게 하면 좋을까요?

저는 우리 친구의 고민을 들으며 너무나 큰 미안함과 죄책감을 느껴요. 한국 사회와 교회가 오늘날과 같은 모습을 갖게 된 데에는 기성세대에 속해 있는 저의 책임도 크니까요.

사실, 학생이라면 학기 중에는 열심히 공부하고, 방학에는 공부를 잠시 중단한 채 쉬면서 종교 활동을 비롯한 다양한 경험을 하는 것이 중요해요. 물론 학기 중에도 낮에는 열심히 공부하되, 해가 진 이후나 주말에는 쉬어야 하고요. 방학 기간에, 그것도 짧은 며칠조차 편안한 마음으로 수련회에 참석할 수 없을 만큼 공부의 부담을 주는 사회는 건강한 사회라 할 수 없어요. 아마 경쟁에서 살아남아야 하는 우리 친구가 이런 사회의 보이지 않는 압박을 무시하기는 쉽지 않을 거예요.

우리 친구가 수련회에 참석하느냐 아니면 학원 특강에 참석하느냐 하는 문제는 어느 한쪽이 절대적으로 옳고 다른 한쪽은 절대적으로 틀렸다고 말할 수 있는 문제는 아니에요. 만일 우리 친구가 주일예배와 학원 특강 사이에서 학원 특강으로 마음이 기운 거라면 주일을 거룩하게 지켜야 한다는 성경말씀에 반하는, 분명한 잘못이에요. 하지만 수련회의 경우는 주일예배에 대한 명령과 다른 문제이기 때문에 이것을 지키지 않는다고 해서 심각한 죄가 되지는 않지요. 이 문제는 우리 친구가 기도하며 자유롭게 결정할 수 있는 문제에요.

다만 저는 우리 친구가 학원 특강을 과감하게 포기하고 수련회에 참석하기로 결단하면 좋겠다고 생각해요. 제가 그렇게 권하는 이유는 우리 친구를 곤란하게 만들려는 것이 아니라, 바벨론의 압박을 이겨낸 다니엘이나 골리앗의 압박을 이겨낸 다윗처럼 시대의 압박을 이겨낼 수 있는 하나님의 강한 자녀로 자라났으면 하는 바람이 있기 때문이에요. 그렇지만 우리 친구가 학원 특강을 선택한다고 해도 저는 그 결정을 존중할 거예요. 그러니 이제부터 제가 하는 이야기를 편안한 마음으로 들어주세요.

먼저 말씀 몇 구절을 연결하여 생각해 보기로 해요. "그런즉 너희는 먼저 그의 나라와 그의 의를 구하라 그리하면 이 모든 것을 너희에게 더하시리라 그러므로 내일 일을 위하여 염려하지 말라 내일 일은 내일 염려할 것이요 한 날의 괴로움은 그 날로 족하니라"마 6:33-34. 한 군데 더 볼까요? "좁은 문으로 들어가라 멸망으로 인도하는 문은 크고 그 길이 넓어 그리로 들어가는 자가 많고 생명으로 인도하는 문은 좁고 길이 협착하여 찾는 자가 적음이라"마 7:13-14. 우리 친구도 잘 아는 말씀들이지요?

이 두 구절에서 크리스천의 삶에 대한 세 가지의 교훈을 생각해 볼 수 있어요. 첫째는 그의 나라와 그의 의를 먼저 구해야 한다는 거예요. 둘째는 내일 일을 위하여 염려하지 말라는 거예요. 셋째는 좁은 문으로 들어가라는 거예요. 이 세 가지 교훈에 지금 우리 친구의 상황을 대입해 보기로 해요.

첫째로 생각해 볼 문제는 우리 친구가 먼저 구해야 할 그 하나님의 나라와 그 하나님의 의가 무엇일까 하는 거예요. 지금 친구 앞에는 며칠 동안의 학원 특강, 그리고 수련회라는 선택지가 놓여 있어요. 이 둘 중에서 어느 것이 더 중요한 가치인지 잠시 생각해 볼까요? 사실, 학원에 가서 지식을 배우는 것도 하나님 나라와 의를 구하는 일이에요. 우리가 배우는 모든 학문은 하나님이 만드신 창조세계에 관한 것들이고, 모든 것에 하나님의 창조질서가 녹아 있기 때문이에요. 그렇다면 수련회 활동은 어떨까요? 수련회는 예수님을 구주로 영접한 친구들이 모여서 함께 교제하고, 예수님에 대해서 배우는 모임이기 때문에 하나님 나라와 의에 직접 관련되어 있지요. 그러면 창조세계에 대해 배우는 것과 예수님에 대해 배우는 것 중 어느 것이 더 중요할까요? 둘 다 중요하지만, 우선순위를 따지자면 당연히 예수님에 대해 배우는 것이 훨씬 중요해요. 더욱이 우리 친구는 대부분 시간을 학교와 학원에서 공부하는 데 쓰고, 예수님에 대해 배우는 일에는 극히 적은 시간을, 그것도 학교나 학원 공부에 최대한 피해를 주지 않는 범위 안에서 쓰는 것이 현실이잖아요? 그런데도 일 년에 겨우 며칠 정도를 예수님을 아는 친구들과 교제하고, 예수님에 대해 배우는 데 쓰는 것을 아깝게 생각한다면 하나님께 조금 인색한 것 아닌가요?

설령 수련회가 알차게 느껴지지 않는다고 해도 저는 수련회를 선택하는 편을 권하고 싶어요. 우리 친구가 학원 특강을 내려놓고 수련회를 선택한 행동 자체가 이미 하나님을 더 우선순위에 둔다는 뜻이니까요. 이런 작은 결정 하나하나가 믿음의 좋은 훈련이 되고, 이를 통해 우리 친구의 믿음도 점점 자라게 될 거예요.

둘째로, 우리 친구는 내일 일을 걱정하고 있어요. 학원 특강을 놓치면 친구들과의 경쟁에 뒤처지게 되고 나아가서 대학입시에도 불리할지 모른다고 걱정하고 있는 것 같아요. 그러나 주님은 일단 그의 나라와 그의 의를 먼저 구했다면 내일 일은 염려하지 말라고 분명히 말씀하고 계세요. 하나님은 그분을 더 중요하게 생각하고 선택하는 친구의 결정을 최고의 선택으로 바꾸어 주실 수 있는 분이죠. 당장 눈앞의 1, 2점에 연연하다 보니 성적이나 결과가 크게 보이지만, 하나님께서 우리 친구를 통해 이루고자 하시는 일들은 성적이나 대학입시라는 관문 앞에서 허무하게 무너지고 마는 그런 것들이 아니라는 걸 기억했으면 해요. 물론, 알아서 인도하실 거라 믿고 아무런 노력도, 수고도 하지 않는 건 안 되겠지만요.

제 경험을 하나 말씀드리려고 해요. 제가 네덜란드에서 박사학위 논문 쓰는 것을 일 년 남겨놓았을 때의 일이에요. 저는 그때 공부하느라고 너무 신경을 많이 써서 위궤양까지 얻어 힘든 나날을 보내고 있었어요. 그런데 제가 살던 곳에서 고속도로로 3시간이나 떨어진 독일의 한인교회에서 담임목사님 자리가 갑자기 공석이 되었으니 잠시 담임목사를 맡아 달라는 긴급한 요청이 왔어요. 담임목사를 맡으면 시간을 많이 빼앗기기 때문에 공부에 차질이 생기게 돼요. 그러나 저는 어려움을 만난 교회를 외면할 수 없어서 마음 단단히 먹고 그 요청을 받아들였어요. 그래서 1년 동안 자동차로 왕복 6시간이나 걸리는 독일 교회를 매주 오가면서 교회 일을 감당했어요. 그러나 하나님은 정말 말로 설명하기 어려운 기적적인 방법으로 도우셔서 교회도 열심히 섬기고 박사학위도 정해진 기간 안에 받을 수 있도록 도와주셨지요.

셋째로, 주님을 위해 손해를 보더라도 기꺼이, 즐거운 마음으로 감당할 수 있어야 진정한 신앙인이라고 생각해요. 사실, 세상은 선한 것보다 악한 것에 더 빨리 반응하고, 더 잘 받아들이기 때문에 하나님의 의를 위해 살아가다 보면 손해를 보고 곤란한 일을 당하는 경우가 많아요. 하지만 우리는 편안하고 쉽게 살기 위해 이 세상에 있는 것이 아니에요. 어그러진 세상 속에서 믿음을 지키고, 하나님의 뜻을 위해 헌신하는 것이 우리의 사명이죠. 그렇다면 크리스천은 항상 손해만 보고 어려움만 당하게 될까요? 그렇지 않아요. 좁은 길을 가는 친구를 하나님께서는 결국 가장 좋은 길로 이끌어주시죠. 그런 의미에서 우리 친구가 학원 특강을 며칠 빠지는 것으로 미래가 어그러질 일은 없다고 확신해요.

이제 제 권고를 마무리하려고 해요. 우리 친구가 수련회를 선택하든, 학원 특강을 선택하든 기도하는 가운데 매우 신중하게 선택하리라 믿어요. 어느 쪽을 선택하든 저는 친구의 결정을 존중해요. 다만 이 문제만이 아니라 앞으로도 우리 친구가 다니엘, 다윗, 요셉과 같이 하나님 앞에서 무엇이 최선인지, 무엇이 옳은지를 늘 고민하면서 신앙인으로서 진지하게 삶을 살아갔으면 해요.

46

수련회 때 분위기에 휩쓸려 서원했는데 어쩌죠?

Q 수련회 때, 앞으로 하나님을 위해 헌신하고 선교사로 헌신할 사람은 나오라고 해서 나갔는데요. 분위기에 휩쓸려 나가서 기도도 받고 뜨겁게 기도하기도 했는데, 그럼 저는 선교사로 헌신해야 하는 건가요? 이렇게 하나님 앞에 서원한 것을 지키지 않으면 안 되는 거죠?

A 서원에 관한 고민을 하고 있군요. 서원에 관하여 생각할 때 우선 우리가 도움을 받을 수 있는 성경말씀이 있어요. "사람이 여호와께 서원하였거나 결심하고 서약하였으면 깨뜨리지 말고 그가 입으로 말한 대로 다 이행할 것이니라"라는 민수기 30장 2절 말씀이에요. 그래요. 우리가 하나님 앞에 한 서원은 반드시 지켜야 해요. 그러나 여기에는 조건이 있어요. 이 서원이 바른 서원이라야 한다는 거죠.

구약성경에 보면 사사시대에 '입다'라는 선지자가 있었어요. 이스라엘의 지도자가 된 입다는 이스라엘을 공격해 온 암몬 자손과 싸우기 전에 하나님 앞에서 이렇게 서원을 했어요. "주께서 과연 암몬 자손을 내 손에 넘겨주시면 내가 암몬 자손에게서 평안히 돌아올 때에 누구든지 내 집 문에서 나와서 나를 영접하는 그는 여호와께 돌릴 것이니 내가 그를 번제물로 드리겠나이다" 삿 11:30-31. 입다는 하나님께서 승리하게 해주시면 돌아오는 길에 자기 집 문에서 제일 먼저 마중 나오는 사람을 하나님께 제물로 드리겠다는 성급한 서원을 하고 만 거예요. 전쟁에서 승리하고 난 뒤, 입다를 제일 먼저 마중 나온 사람은 바로 입다가 가장 아끼는 하나뿐인 딸이었어요 삿 11:34. 입다는 아차 싶었으나 하나님 앞에서 한 서원을 깨뜨릴 수 없어서 그토록 사랑하는 외동딸을 제물로 드려야만 했어요. 입다의 서원은 경솔하고 잘못된 서원이었어요. 바른 서원은 반드시 지켜야 하지만 서원이 잘못된 것이 분명한 경우는 하나님 앞에 경솔하게 서원한 것을 회개하고 지키는 것을 중단해야 하는 거예요. 잘못된 서원을 지키면 또 한 번의 잘못을 범하는 것이 되죠.

성경은 서원을 되돌릴 수 있는 두 가지 예외 규정을 두고 있어요. 하나는 나이 어린 여자아이가 서원한 경우예요. 이런 경우, 아이의 아버지가 듣고 아무 말이 없으면 서원을 이행해야 했고, 아버지가 듣고 허락하지 않으면 서원을 지키지 않아도 되도록 규정

했어요민 30:3-5. 다른 하나는 부부의 경우예요. 아내가 하나님 앞에 서원한 내용을 남편이 듣고 아무 말이 없으면 서원을 이행해야 하고, 남편이 허락하지 않으면 서원을 지키지 않아도 되었죠민 30:6-15. 이와 같은 규정들은 여자아이들과 아내가 성급하게 서원을 하다가 불행한 사태를 맞이하는 것을 막기 위함이에요. 이 두 규정 중에서 우리 친구와 관련된 건, 나이 어린 여자아이가 서원한 경우겠죠. 구약시대에는 13살까지를 '자기 힘으로 어떤 결정을 하거나 홀로서기를 할 수 없는 어린아이'로 보았어요. 그러니까 본문에서는 13살이 되기 전의 어린 여자아이를 가리킨다고 볼 수 있어요.

이 규정에 나타난 정신을 오늘날에 적용해 본다면, 성인으로 인정받기 전의 연령층인 유아, 어린이, 청소년들이 하나님 앞에 한 서원은 부모의 허락이 있어야 효력을 발휘할 수 있는 거죠. 우리나라는 주민등록증을 발급받는 나이가 법적으로 성인이 되는 때이니 주민등록증을 받기 전까지는 서원할 때 부모님의 허락을 받는 것이 안전하다고 생각해요. 그렇지 않은 상태에서 이미 서원했다면 부모님께 말씀드리고 허락을 받아야 하죠. 부모님이 불신자여서 말씀드리는 것이 부담된다면, 우리 친구를 믿음으로 잘 인도해 줄 수 있는 영적 지도자와 상의해 보는 것도 좋아요.

중요한 점은 성인이 하나님 앞에 바르게 서원한 일은 반드시 지켜야 하지만, 미성년자가 서원한 것은 물릴 수 있는 문이 열려 있다는 거예요. 이렇게 미성년자의 서원을 물릴 수 있게 한 이유는 미성년자는 하나님의 말씀에 대해서, 인간이나 사회에 대해서, 세상에 대해서도 충분한 지식을 가지고 있지 못한 상태여서, 잘못된 판단을 할 수 있기 때문이에요.

그럼, 이제 우리 친구의 경우를 생각해 볼까요? 우리 친구가 선교사로 헌신하고자 한 것은 잘못된 것이 아니에요. 선교사는 믿지 않는 다른 나라 사람들을 예수님께로 인도하는 너무나 귀한 일을 하는 분이죠. 하나님도 우리 친구의 서원을 기뻐하셨을 거예요. 그런데 여기서 꼭 기억해야 할 것이 있어요. 우리 친구의 서원은 확정된 서원이 아니라 '열려 있는 서원'이라는 거예요. 그러면 우리 친구의 서원은 언제까지 열려 있을까요? 첫째는, 부모님이나 부모님처럼 우리 친구를 도와줄 영적 지도자의 확실한 허락이 있을 때까지예요. 두 번째는 우리 친구가 성인이 되어 인생의 문제를 스스로 결정할 수 있는 때가 될 때까지죠. 저는 두 번째 시점에 더 주목했으면 해요. 즉 '선교사가 되겠다는 서원은 좋은 서원이니 확정하지 않은 상태에서 마음속에 간직하되, 성인이 되어 좀 더 심사숙고해 본 다음에 결정하라!'라고요.

선교사가 되는 것은 정말로 좋고 귀한 일인데 성인이 될 때까지 열린 상태로 두는 이유는 선교사로서 사는 것이 단순히 마음의 결심만으로는 해내기 힘든 일이기 때문이에요. 생소한 언어를 새로 배우고, 그 언어로 대화도 하고 설교와 상담도 할 수 있어야 하죠. 또한, 정든 고향과 고국을 떠나 타국에서 외롭게 지내야 하고요. 무엇보다 선교는 '순교를 각오하고 가야만 하는 길'이라는 거예요. 지역에 따라서 목숨을 걸고 선교활동을 해야 하기도 하고, 이런저런 위험이나 어려움은 어느 선교지든 다 뒤따르기 마련이죠. 수십 년 동안 노력해도 성도 한두 사람 얻기가 어려운 지역도 많아요. 이런 현실적인 상황까지 모두 다 알고 난 이후에도 선교사로 헌신하겠다는 마음이 바뀌지 않을 때, 진정한 헌신이 이루어지는 거예요.

물론, 우리 친구가 선교사로 헌신할 때 이런 모든 것들을 어느 정도는 각오했으리라고 생각해요. 그래도 성인이 되어 더 넓은 시각으로 볼 수 있을 때까지는 이 서원을 열린 상태로 두는 것이 좋은 또 하나의 이유는 혹시 하나님이 우리 친구에 대해 다른 계획을 갖고 계실지도 모르기 때문이에요. 우리 친구는 선교사가 되고 싶지만, 우리 친구를 잘 아시는 하나님은 국내에서 목회자로 교회를 섬기길 바라실 수도 있고, 선교사가 아닌 평신도로서 헌신하는 것을 염두에 두고 계시는지도 모르잖아요.

이런 예를 우리는 바울에게서도 찾을 수 있어요. 바울은 2차 선교여행을 떠나기 전, 오늘날의 터키 서남부 지역인 소아시아 지방에서 선교활동을 하려고 계획하고 있었어요. 그곳이 인구도 많고 바울 자신에게 편한 지역이었기 때문이에요. 그러나 하나님은 저 멀리 '에게해'를 건너, 오늘날 유럽으로 들어가는 관문인 '마게도니아 지역'의 선교가 더 급하다고 생각하셨어요. 그래서 소아시아 생각으로 꽉 차 있는 바울이 소아시아 지역으로 가는 걸 철저하게 막으시고 마게도니아로 가도록 인도하셨던 거예요. 이처럼 하나님의 계획과 우리의 계획이 다를 수가 있으니 서원을 열어 놓으라는 것이랍니다.

그렇다면 우리 친구가 선교사가 얼마나 어려운 일인가를 모른 채 덜컥 헌신했으니, 일찌감치 헌신을 포기하는 것이 나을까요? 만약 다소 경솔하게 혹은 분위기에 휩쓸려서 서원한 친구들이 있다면 또다시 쉽게 서원을 취소하지 말고 믿음이 자랄 때까지 서원한 내용을 마음 한편에 담아 두는 것이 바람직해요. 그 마음도 하나님이 주신 마음일 수 있거든요. 예수님의 수제자인 요한과 야고보가 예수님께 이렇게 부탁한 일이 있어요. "주의 영광중에서 우리를 하나는 주의 우편에, 하나는 주의 좌편에 앉게 하여 주옵소서"막 10:37. 이는 예수님이 대통령이 되시면 하나는 외무부 장관 자리에, 다른 하나는 국방부 장관 자리에 앉혀 달라는 출세 부탁이었어요. 이 요청을 듣고 예수님은 "너희는 너희가 구하는 것을 알지 못하는도다 내가 마시는 잔을 너희가 마실 수 있으며 내가 받는 세례를 너희가 받을 수 있느냐?"막 10:38라고 물으셨어요. 예수님이 말씀하신 '잔과 세례'는 '고난과 순교'를 뜻해요. 그런데 예수님의 그 속뜻을 이해하지 못한 요한과 야고보는 장관 자리를 약속해 주시는 줄 알고 "할 수 있다"라고 답해 버렸어요. 그러나 훗날 변화된 요한과 야고보는 예수님이 자신들을 고난과 순교의 길로 이끄실 때 그 이끄심을 거부하지 않았어요. 그들은 옛날에 주님이 물으셨을 때, 아무것도 모르고 덜컥 대답했던 일을 떠올리며 "주님, 그때는 제가 모르고 대답했는데, 이제는 기꺼이 주님의 잔과 세례를 받아들이겠습니다"라고 결단하고 고난과 순교를 감사한 마음으로 받아들였지요.

마찬가지로 우리 친구가 지금은 선교사가 어떤 삶인 줄 모르고 서원을 했지만, 나중에 다 깨닫고 난 후에 "정말로 고난의 길이지만 선교사의 길을 받아들이겠다는 옛날의 서원을 이제는 기꺼이 확정하겠습니다"라고 고백할 수도 있지 않겠어요?

47

교회 전도사님과
잘 맞지 않는 것 같아요

Q 저희 고등부에 전도사님이 새로 오셨는데, 저와 맞지 않는 부분이 너무 많아요. 설교 시간에도 하나님의 말씀보다 전도사님의 일거수일투족에 신경이 쓰여요. 그리고 고등부 일을 진행할 때, 전도사님께서 약속을 번복하시거나 실수하시는 모습을 보게 돼 화가 나고요. 너무 신경이 쓰여서 교회를 옮길까 생각도 드는데, 어떻게 해야 하죠?

A 먼저 우리 친구가 전도사님과 갈등을 겪는 이유가 단순히 전도사님의 지도 방식이 친구의 개인적인 성향과 맞지 않기 때문인지, 아니면 정말로 전도사님에게 중요한 결격사유가 있기 때문인지 아는 게 우선되어야 할 것 같아요. 만일 전도사님과의 갈등이 우리 친구의 개인적인 성향과 맞지 않기 때문에 초래된 것이라면 우리 친구 편에서 더 많은 반성이 필요할 것이고,

만일 전도사님에게 잘못이 있다면 전도사님이 더 많은 반성을 해야겠지요?

목사님이나 전도사님은 우리 친구들보다 더 훈련되어 있고 지식이 많으며 다양한 경험이 있는 경우가 대부분이에요. 그러나 목사님이나 전도사님도 완전한 분이 아니라 계속 자라가는 중이며 더 많은 것을 배워야 하는 분들이라는 것을 잊지 말아야 해요. 특히 중고등부를 맡아서 섬기시는 분들은 인생 경험이나 목회 경험이 많은 분들이 아니고 하나님으로부터 부르심을 받고 신학 공부를 막 시작한 분들이 대부분이라 시행착오가 있을 수 있어요.

물론 중고등부 시절은 이제 막 인생관이 자리 잡기 시작하는 시기이기 때문에 고민이나 궁금한 것들이 아주 많아서 신학 공부를 충분히 하고 인생이나 목회 경험이 많은 전문가가 맡아야 할 필요가 있어요. 하지만 그런 분들은 나이가 많아서 우리 친구들과 대화의 코드가 잘 안 맞을 수도 있죠. 그래서 불가피하게 경험은 적지만 대화 코드가 잘 맞을 것 같은 젊은 분들이 우리 친구들을 지도하게 되는 거고요.

친구가 위의 질문 외에 자세하게 적어 보내 준 글을 읽어 봤는데요. 전도사님께서 설교 시간에 자기의 주관적인 이야기들을 많이 한다거나 약속을 쉽게 어기곤 해서 많이 힘들었던 것 같아요. 저는 친구가 전도사님의 행동이 마음에 들지 않은 나머지 전도사님의 능력과 성품에 대해 사사건건 비판하고 판단하게 되지는 않을

지 걱정이 되네요. 그렇다고 우리 친구에게 무조건 참고 넘어가라고 한다면 그건 너무나 가혹한 일이겠죠. 목사님이나 전도사님이 하시는 일이라고 해서 무조건 지지하고 잘한 일로 여겨 주어야 하는 건 아니니까요. 아무리 지도자라도 잘못된 것은 잘못되었다고 지적받을 수 있어야 해요.

그렇다면 참고로 성경에서는 공동체 안에서의 문제를 해결하는 방법에 대해 뭐라고 말하는지 알아보는 것이 좋을 것 같아요. 이건 친구의 경우에 적용하라고 말하는 것이라기보다는 성경에서 말하는 문제 해결 방식을 살펴보면서 그 안에 있는 하나님의 뜻이 무엇인지를 알아보기 위한 것이에요.

마태복음 18장 15-17절 말씀을 보면, "네 형제가 죄를 범하거든 가서 너와 그 사람과만 상대하여 권고하라 만일 들으면 네가 네 형제를 얻은 것이요 만일 듣지 않거든 한두 사람을 데리고 가서 두세 증인의 입으로 말마다 확증하게 하라 만일 그들의 말도 듣지 않거든 교회에 말하고 교회의 말도 듣지 않거든 이방인과 세리와 같이 여기라"라고 기록되어 있어요. 이 말씀에서는 제일 먼저 "그 사람과만 상대하여 권고하라"라고 했어요. 이렇게 개인적으로 만나서 권고하여 문제가 해결되면 가장 바람직해요. 만약 당사자가 권고를 받아들이지 않는다고 해도 그 사람에게 직접 이야기하는 것은 꼭 지켜야 하는 단계예요.

둘째, 만일 당사자에게 말을 했는데도 잘못을 고치려 하지 않으면, 한두 사람을 데리고 가서 여러 사람이 함께 다시 한번 당사자에게 권고하라고 말씀하고 있어요. 만약 중고등부 내에서 문제를 일으킨 사람이 있다면, 그 사람에게 먼저 말해야 하고, 개선의 의지가 없을 때는 반 선생님과 고등부 부장 선생님께 상의하는 것이 좋다는 것이죠.

셋째, 이런 조처를 했는데도 해결되지 않으면 교회 차원에서 문제를 해결하라고 기록되어 있어요. 즉, 목사님을 통해 해결해야 한다는 것이죠. 원래 교회 질서상 모든 성도를 지도할 책임과 권한은 담임목사님에게 있으니까요.

자, 그럼 이 말씀이 무엇을 뜻하는 것인지 알아볼까요?

우선 교회 안에서 누군가가 나에게 잘못을 저질렀을 때, 혼자 성급하게 판단하고 행동해서 교회에 분란을 일으키지 말고 그 사람의 영혼을 위해 신중하게 대해야 한다는 것을 교훈해 주고 있어요. 교회 안에는 다양한 성격을 가진 사람이 있어서 얼마든지 문제가 발생할 수 있고, 문제를 일으킨 사람에 대해서 무조건 질책하기보다 먼저 사랑으로 권면할 수 있어야 한다는 것을 가르쳐 주죠. 또 하나님의 공동체를 거룩하게 세워나가기 위해 교회가 함께 고민할 수 있어야 한다는 점도 이 말씀을 통해 깨달을 수 있어요.

어떤가요? 교회는 완전한 곳이 아니에요. 연약한 사람들이 하나님 안에서 서로 격려하고 연합하면서 세워나가는 공동체죠. 워낙 다양한 사람들이 있기에 그에 따른 문제가 있을 수 있어요. 저는 우리 친구가 이 점을 기억했으면 좋겠어요.

지금은 친구가 지도자인 전도사님의 결점을 계속 발견하게 되니 마음이 매우 괴로울 것 같아요. 누구든지 한번 부정적으로 보기 시작하면 계속 부정적인 것들만 보게 되는 경향이 있거든요.

아마 많은 친구가 '천사같이 훌륭한 교역자나 신앙의 선배들을 만나서 지도받으며 신앙생활을 하면 믿음이 쑥쑥 자라날 거야!'라고 생각할 거예요. 맞는 말이에요. 특히 우리 친구처럼 인생관과 가치관을 세우는 시기에는 훌륭한 지도자나 모델이 필요해요. 그런데 꼭 알아야 할 중요한 사실이 있어요. 중고등학생의 경우, 사람들이 지닌 결점이 더 눈에 띄는 시기를 꼭 거치게 된다는 점이에요. 우리 친구가 원하지 않아도 사람들의 결점이 자꾸 눈에 들어오고, 부정적으로 보이기도 하고, 반항하고 싶기도 하죠. 이때, 믿고 의지하던 사람의 결점이 눈에 들어오게 되면 신앙생활 전체가 흔들리고, 회의를 느끼게 되고요.

이런 상황에는 어떻게 대처해야 할까요? 저는 친구에게 세 가지를 조언하고 싶어요.

첫째로, 우리 친구가 사람들의 결점을 점점 더 많이 알아가기 시작한다는 것은 이제 어른이 되어 가고 있다는 증거이며, 인간의 참된 모습에 눈을 뜨기 시작했다는 것을 뜻해요. 인간과 사회의 진실은 우리 친구가 생각하는 것보다 훨씬 더 어둡고 냉혹하기까지 해서 어린 친구들이 감당하기가 어려워요. 어른들은 어린 친구들이 세상의 그런 면을 보지 못하고 알지 못하도록 가려 주려고 하죠. 그러나 이제 우리 친구를 가려 주던 막이 점차 걷히기 시작해요. 이 막이 걷히면서 어둡고 냉혹한 진실을 알게 되면 인간과 사회의 실체를 비로소 파악하기 시작하는 거랍니다. 하지만 감사하게도 이 실체를 알면 알수록 우리는 하나님의 은혜가 왜 필요한지도 더 깊이 알게 되고, 그러면서 믿음도 성장하게 되죠. 이 '진실 알기'라는 용광로를 통과하는 과정에는 고통이 따라와요. 그러나 이 용광로를 통과하고 나면 어린 믿음이 웬만한 시련이 찾아와도 견뎌낼 수 있는 단단한 믿음으로 다듬어져 간답니다.

둘째로, 다른 사람들에게서 부정적인 모습을 발견할 때, 비판만 하거나 혹은 따라가는 친구가 되지 말고 그 모습을 '반면교사'로 활용하는 친구가 될 수 있기를 바라요. 반면교사라는 말은 어떤 사람의 행동을 보고 '아하, 저런 행동을 본받아서는 안 되겠구나'라고 판단하는 것을 뜻해요. 저는 친구가 다른 사람들이 보여주는 좋은 행동은 본받고, 다른 사람들이 보여주는 나쁜 행동은 반면교사로 삼을 줄 아는 성숙한 사람이 될 수 있기를 바라요.

마지막으로, 무엇보다 친구가 전도사님을 위해 기도해 줄 수 있으면 좋겠어요. 친구가 보는 전도사님의 연약한 부분을 있는 모습 그대로 받아들이고, 그 부분을 하나님께 맡기는 거죠. 우리에게 중요한 건 전도사님이나 교역자가 아니라 교회의 머리 되신 예수님을 바라보는 거니까요.

48

유명한 목사님들이 무너지는 걸 보면 신앙에 회의가 느껴져요

최근에 유명한 청소년 단체의 목사님을 폭로한 사건도 있었고, 사역자들의 비리나 성 문제 등을 자주 보게 되는 것 같아요. 그럴 때마다 너무 부끄럽고 충격이 커요. 모범이 되어야 할 목사님이 큰 죄를 짓고도 뻔뻔하게 설교하며 거룩한 척을 하다니요. 이제 목사님도 믿을 수 없는 현실이 슬프네요. 교회에서는 거룩해 보이지만 사생활은 엉망일 수 있다고 생각하니 설교도 귀에 잘 안 들어오고 신앙생활에도 회의감이 들어요.

저도 어른 지도자 가운데 한 사람으로서 이 글을 읽는 어린 친구들에게 미안한 마음뿐이에요. 우리가 바른 신앙생활의 모범을 보여주지 못한 것에 대해 하나님께 회개하고, 우리 친구들 앞에서 용서를 구하고자 해요. 친구처럼 나이도 어리고 신앙이 자라가는 시기에는 어른 지도자들의 가르침과 영향력이 절대적이지요. 그래서 어른들이 바른 신앙생활의 모범을 보여주지 못하면 친구의 믿음 자체가 흔들릴 수밖에 없어요. 하지만 저는 이번 글에서 목사님들의 잘못을 지적하기보다는 목사님이 잘못을 범한 상황 속에서도 우리 친구들이 믿음을 잃지 않는 방법에 대해서 함께 고민해보려고 해요. 저는 우리 친구가 이 어려움을 극복할 수 있는 방법을 세 가지 관점에서 이야기해주고 싶어요.

첫째로, '믿음'에 대해 생각해 보기로 해요.
믿음은 하나님을 믿는 친구들이 간직해야 할 가장 중요한 생활철학, 또는 생활원리예요. 믿음에 대한 다양한 의미들 가운데 하나를 잘 보여주는 사건이 창세기 15장 1-6절에 기록되어 있어요. 소돔왕국을 중심으로 한 다섯 나라의 연합군이 적대관계에 있던 네 나라의 연합군에 패배해서, 소돔에 살고 있던 아브람의 조카 롯이 포로로 잡혀갔어요. 아브람은 자기 밑에 있던 318명의 군사로 기습작전을 펼쳐서 강대한 네 나라의 연합군으로부터 롯을 구해냈지요. 그러나 언제 그들이 보복해 올지 몰라 불안해하고 있었어요. 이때 하나님이 아브람에게 찾아오셔서 그의 '방패'가 되어 주겠다고 말씀하시며, 동시에 '상급', 즉 선물을 약속하셨어요. 그러자 아브람은 그토록 얻고 싶었지만 끝내 얻지 못한 것에 대해 하나님께 말씀드렸어요. 아브람에게는 자식이 없었거든요. 더구나 아내 사래도 폐경기에 들어서서 아기를 갖지 못하는 상황이었고요. 그래서 자기 집에서 자라난 종 엘리에셀을 상속자로 삼겠다고 했지요. 이

때 하나님은 사래가 아들을 낳을 것이며, 그 아들이 상속자가 되어 그를 통해 하늘의 별과 같이 많은 후손이 나올 거라 약속하셨어요. 생물학적으로도, 이성적으로도, 상식적으로도 사래가 아들을 낳는다는 것은 말도 되지 않는 일이었어요. 그러나 아브람은 이 약속이 반드시 이루어질 것을 믿었어요. 이처럼 '진정한 믿음'은 상식적으로나 이성적으로 이해되지 않아도 하나님에 대한 신뢰를 끝까지 잃지 않는 것이라고 할 수 있어요.

우리 친구의 질문에 이 원리를 적용해 볼까요? 우리 친구는 목사님이라면 바르고 모범적인 생활을 해야 한다고 생각하고 있어요. 이 생각은 지극히 상식적이고 이성적인 생각이에요. 그러나 하나님은 우리 친구에게 묻고 계세요. "목사님이 바르고 모범적인 생활을 하지 않는 모습을 보더라도 너는 끝까지 나를 믿을 수 있겠니?"

사실, 종교지도자들의 타락이 어제오늘만의 일은 아니에요. 예수님이 계실 당시에도 성전을 돌보던 최고의 종교지도자인 제사장들의 죄악이 엄청났죠. 여러분, 놀라지 마세요. 예루살렘 성전에서 이루어지는 가장 중요한 종교 행사가 제사인데, 정작 제사를 담당한 제사장은 모두 불신자였어요. 이들은 하나님의 거룩한 성전을 돈 버는 장사터로 만든 사람들이기도 했지요. 예수님은 이런 모순된 현실 속에서 하나님을 믿는 길을 가르쳤던 거예요. 교회의 역사를 봐도 교회 지도자들이 타락하고 부패한 생활을 하지 않은 시대는 단 한 번도 없었어요. 반면 믿음의 길을 잘 지켜 온 신앙인들은 교회 지도자들이 극도로 부패하고 타락한 시대에도 하나님을 향한 순결하고 강한 믿음을 지켜 왔지요.

　둘째로, 믿음 생활이란 주위에서 어떤 소용돌이가 일어나도 하나님 한 분만을 바라보고 나아가는 거예요. 주위에서 일어나는 소용돌이에 마음을 빼앗기면 신앙생활을 제대로 할 수가 없게 돼요. 물 위를 걸어서 예수님께 가던 베드로가 예수님만 바라보고 나아갔을 때는 물 위를 걸을 수 있었지만, 옆으로 눈을 돌려서 물결이 거세게 일어나는 바다를 보는 순간 물속에 빠져버린 것처럼요. 이제 우리 친구는 목사님의 모습이 어떠하든지 거기에 눈 돌리지 말고, 하나님만 바라보며 앞으로 나아가는 훈련을 해야 해요. 설령 모든 사람이 다 하나님을 떠나고 우리 친구 혼자 남는 한이 있더라도 끝까지 하나님을 섬기는 삶을 포기하지 않겠다고 단호히 결심해야 해요.

　셋째로, 우리 친구 주위에서 일어나는 모든 일은 하나님의 허락 아래 일어나는 일들이란 점을 기억해야 해요. 그 일이 좋은 일이든, 나쁜 일이든 그 일을 통해 하나님이 우리 친구에게 주시고자 하는 교훈이 분명히 있어요. 따라서 우리 친구는 목사님이 바른 생활을 하지 못하는 현실에서도 하나님이 주시는 교훈을 배울 수 있어야 해요. 이를테면 '목사님처럼 복음을 위해 삶을 헌신한 사람조차도 하나님을 배반하고 타락할 수 있다면, 그렇지 않은 성도들은 그럴 위험성이 더 크니까 더더욱 조심해야 한다' 같은 것이죠.

즉, 목사님들의 일그러진 모습을 타산지석_{남의 산에 있는 돌이라도 나의 옥을 다듬는 데에 쓸 수 있다는 뜻으로, 다른 사람의 허물과 실패까지도 자신을 수양하는 데 도움이 된다는 뜻} 혹은 반면교사_{본이 되지 않는 말이나 행동으로 도리어 깨달음과 교훈을 주는 대상}로 활용하라는 거예요. 구약성경에 보면 다윗 왕이 충성스러운 부하인 우리아의 아내 밧세바를 얻기 위해 그를 전쟁터에서 죽게 만든 뒤 밧세바를 빼앗은 아주 비열한 사건이 기록되어 있어요. 다윗이 밧세바를 빼앗기 위해 저지른 악행은 목사님의 바르지 못한 생활과는 비교도 되지 않을 만큼 악한 죄였어요. 우리는 이 사건을 보며 어떤 교훈을 얻어야 할까요? 다윗처럼 하나님으로부터 많은 사랑과 인정을 받은 최고의 신앙인도 이렇게 넘어질 수 있다면, 우리처럼 믿음이 약한 사람들은 훨씬 더 쉽게 죄에 빠져들 수 있으므로 더더욱 조심해야 한다는 거예요.

친구가 기억할 것이 하나 있어요. 세상에는 신앙의 모범을 보여주지 못하는 목사님들도 계시지만, 정말 훌륭하고 모범적인 목사님들도 많이 계신다는 점이에요. 그러니까 어두운 면만을 보고 너무 실망하지 않도록 주의하기로 해요. 그리고 어떤 혼란한 상황이 친구의 마음을 흔들더라도 하나님 한 분만을 온전히 바라보며 꿋꿋하게 믿음 생활을 해나가기로 해요. 유혹에 무너지는 사람들을 보며 '나는 저렇게 살지 말아야지'라는 결심을 새롭게 하면서 그 일을 기회로 삼아 믿음을 한층 더 성숙시켜가는 하나님의 사람이 되기를 바랍니다.

49

두 얼굴의 리더를
대하기가 힘들어요

Q 찬양 팀원 중에 학교에서는 담배 피우고 욕을 하는 친구가 있는데, 교회만 오면 천사처럼 변해요. 그런데도 버젓이 리더로 서고 있어요. 그런 친구도 하나님이 세운 사람일까요?

A 먼저, 우리가 지도자를 생각할 때 기억해야 할 본문은 로마서 13장 1-2절이에요. "각 사람은 위에 있는 권세들에게 복종하라 권세는 하나님으로부터 나지 않음이 없나니 모든 권세는 다 하나님께서 정하신 바라 그러므로 권세를 거스르는 자는 하나님의 명을 거스름이니 거스르는 자들은 심판을 자취하리라."

바울은 이 말씀에서 "위에 있는 권세들에게 복종하라"라고 명령하고 있어요. 물론, 로마서에 기록된 권세는 국가를 가리키는 말이지만 오늘날 위에 있는 권세들은 아주 넓은 의미로 이해될 수 있어요. 국가를 말하기도 하고, 집에서는 부모님, 학교에서는 선생님, 교회에서는 목사님, 학생회 회장이나 리더 등을 가리키기도 하죠. 우리는 어떤 공동체에 속해 있든 공동체를 지도하고 이끌어 가도록 하나님이 세우신 지도자들에게 순종해야 할 의무가 있어요. 이 의무는 모든 기독교인이 기본적으로 지켜야 하는 것들이죠.

그런데 로마서 13장을 계속 읽다 보면, 당시의 국가권세가 갖추어야 할 조건에 대해 기록되어 있는 것을 보게 됩니다. 바로 3-5절 말씀이죠. "다스리는 자들은 선한 일에 대하여 두려움이 되지 않고 악한 일에 대하여 되나니 네가 권세를 두려워하지 아니하려느냐 선을 행하라 그리하면 그에게 칭찬을 받으리라 그는 하나님의 사역자가 되어 네게 선을 베푸는 자니라 그러나 네가 악을 행하거든 두려워하라 그가 공연히 칼을 가지지 아니하였으니 곧 하나님의 사역자가 되어 악을 행하는 자에게 진노하심을 따라 보응하는 자니라 그러므로 복종하지 아니할 수 없으니 진노 때문에 할 것이 아니라 양심을 따라 할 것이라."

즉, 국가는 선을 행하는 국민에 대해서는 격려와 칭찬을 해주고, 악한 일을 행하는 국민에게는 벌을 주는 역할을 해야 한다는 뜻이에요. 본문에는 '칼을 가지고 보응한다'는 말이 있는데, 여기서 말하는 '칼'은 사법권을 뜻하는 것이죠. 즉, 국가는 악을 행한 자들에게는 법적으로 제재를 가할 수 있다는 말이에요. 만약, 국가가 선한 일을 하는 사람을 칭찬해주고 악한 일을 하는 사람에게 벌을 내린다면, 국가에 주어진 일을 아주 모범적으로 잘하는 것입니다. 바로 이런 질서를 위해 하나님께서 국가를 세우시고, 그 일을 잘 책임질 훈련된 리더들을 두신 거죠. 그리고 국민은 그런 국가의 권세에 순종해 더 좋은 사회를 만들어야 하는 의무를 지고 있답니다.

그런데, 여기에서 기억해야 할 것이 있어요. 바울이 그 말씀을 기록할 당시 국가는 크리스천들에게 그다지 선한 존재가 아니었다는 점이에요. 오히려 믿는 성도들을 핍박하고, 죽이기까지 하는 극한 상황이었죠. 그런데도 바울은 국가에 대하여 순종하라는 명령을 하고 있어요. 왜냐하면 국가를 세우신 분이 하나님이시기 때문이에요. 그리고 당시에는 성도들이 국가에 복종하지 않으면 이로 인해서 교회가 더 핍박을 받거나 복음을 전파하지 못하게 되는 상황에 부닥칠 수가 있었어요. 그래서 바울은 모든 국가 권세에 복종하라고 이야기한 거예요.

그렇다면, 지도자가 요구하는 것에는 무조건 복종해야만 할까요?

이 질문에 대해서는 에베소서 6장 1절에서 힌트를 얻을 수 있어요. "자녀들아 주 안에서 너희 부모에게 순종하라 이것이 옳으니라."

이 본문을 보면 부모에게 순종하되 한 가지 조건이 있는 것을 알 수 있어요. 그 조건은 "주 안에서" 순종하라는 것이에요. 주 안에서 순종하라는 말은 주님의 뜻에 어긋나지 않는 한도 내에서 순종하라는 뜻이에요. 우리는 기본적으로 부모님께 순종하는 자녀가 되어야 해요. 하지만 부모님이 하나님의 뜻에 반대되는 요구를 할 때도 순종할 수는 없는 거예요. 이를테면 '교회에 다니지 말라'거나 비도덕적인 일을 시킬 때는 그 요구에 순종해서는 안 되죠.

이제 아셨죠? 한마디로 부모의 뜻보다 더 중요한 것은 하나님의 뜻이에요. 모든 권위를 인정하고 그것에 복종하되 하나님의 뜻보다는 앞설 수 없다는 것이죠.

우리 친구의 질문도 이 말씀으로 판단할 수 있죠. 리더의 생활이나 인품이 바르지 못한 것에 대해 많은 갈등이 일 때마다 우리는 이 지도자가 과연 하나님이 세우신 지도자인지 의심하게 되고, 위선적인 지도자의 요구에 따라야 하는지 의문이 들 거예요. 그럴 때 어떻게 대처해야 하는지를 설명해 드릴게요.

먼저 지도자나 리더가 올바른 요구를 하는데 그의 인품이나 생활이 뒷받침되어 주지 못할 때는 그 지도자의 인품이나 생활과는 상관없이 그 지도자의 올바른 요구에는 마땅히 순종하는 것이 옳은 태도예요. 예를 들어서 찬양 리더가 '온 맘과 힘을 다해 하나님을 찬양합시다!'라고 할 때 '자기는 뒤에 가서 별짓 다 하면서 우리에게만 찬양하라고? 나는 기분 나빠서 안 할 거야!'라고 생각하는 것은 바람직한 태도가 아니에요. 이때는 리더나 지도자의 개인적인 인품이나 생활이 어떤지 생각하지 말고 순종해야 해요. 목사님이 성도들에게 '성경말씀 열심히 읽으세요. 기도 열심히 하세요. 전도 열심히 하세요. 하나님 앞에서 정직하게 사세요'라고 우리 친구에게 권고했다고 해요. 그럴 때 만약 목사님이 그렇게 살지 않았어도 이 말 자체는 틀린 말이 아니잖아요? 그렇다면 여러분은 그 말씀에 순종하는 것이 바른 태도예요.

그럼, 말만 하고 실천은 하지 않는 리더나 목사님은 어떻게 되는 거냐고요? 그 일은 하나님께 맡기세요. 만일 벌을 주실 일이 있다면 모든 것을 다 아시는 하나님이 직접 손을 쓰실 거예요. 그리고 우리 친구도 그 사람 때문에 시험에 들거나 혼란스러워하지 말고 하나님 앞에서 올바르게 행동하면 돼요. 하나님 앞에서 몸과 마음을 다해 찬양하는 것이 바른 일이면 찬양 리더의 인품이나 생활을 상관하지 말고 바르게 하면 돼요.

그러면 이렇게 인품과 생활이 따르지 않는 친구도 하나님이 세우신 리더로 인정해야 할까요? 네, 맞아요. 하나님이 세우신 리더로 인정하는 것이 바람직한 태도예요. 하나님은 우리가 인격적으로나 능력 면에서 완전한 자격을 갖추었기 때문에 우리를 쓰시는 것이 아니에요. 부족한 부분이 많은데도 하나님께서 은혜로 써주시는 거예요.

베드로가 예수님을 세 번이나 부인하고 배반했음에도 불구하고 베드로를 귀하게 쓰셨어요. 다윗은 사울 왕이 질투에 눈이 멀어 자신을 죽이려고 했고 하나님이 보낸 선지자 사무엘을 평생 근심시키며 하나님의 법을 어기는 행동을 했지만 그런데도 사울을 끝까지 하나님이 세우신 종으로 예우해 주었어요. 이와 같은 다윗의 태도를 본받을 필요가 있어요.

문제가 된 친구가 위선적인 모습을 가지고 있는 것은 사실이지만 다른 면에서는 좋은 점이 있을 수 있어요. 그리고 그 친구가 어느 순간 자기의 잘못을 깨닫고 변화되어 정말로 찬양과 생활이 일치된 사역자가 될지 누가 알겠어요?

그러므로 우리는 다른 사람의 잘못을 냉철하게 꿰뚫어 보는 바른 눈을 갖도록 힘쓰되, 다른 사람의 잘못을 거울삼아 자신을 철저하게 돌아보고 반성하는 계기로 삼아야 해요. 그리고 다른 사람에 관한 판단은 하나님께 맡기고 오히려 그 친구를 위해 기도해 주며 인간의 연약함을 보다 더 넓은 마음으로 이해하는 크리스천이 되도록 노력해야 한답니다.

7부

우상숭배, 타종교, 이단

50. 제사음식을 먹어도 되는 건가요?
51. 템플스테이에 가도 되나요?
52. 물건들에 담긴 상징을 믿는 것도 우상숭배인가요?
53. 좋아하는 것과 우상숭배의 차이는 뭔가요?
54. 성당에서 영세를 받았는데 다시 세례받아야 하나요?
55. 개신교와 천주교는 어떻게 다른가요?
56. 교단은 왜 이리 많은 건가요?
57. 자유주의 신학이 뭔가요?
58. 애국가에 나오는 '하느님'이 '하나님'인가요?
59. 다른 종교에도 십계명과 비슷한 법이 있다는데요?
60. 이단인지 아닌지 어떻게 구분하죠?
61. 이단기업의 제품을 이용하면 안 되나요?

50

제사음식을 먹어도 되는 건가요?

Q 친구와 추석 제사에 관해서 이야기를 나누었어요. 저는 지금까지 제사를 지내면 안 되고, 제사음식도 먹어서는 안 된다고 믿었거든요. 그런데 친구는 그렇지 않다고 해요. 그래서 제가 믿어 왔던 대로 친구에게 잘 설명해 보려고 했는데, 사실, 제사하면 왜 안 되는지는 알아도 왜 제사음식을 먹어선 안 되는지는 잘 모르겠어요.

A 아주 중요한 질문을 했어요. 이 질문은 신앙이 한 단계 높은 차원으로 올라가고자 할 때 넘어야 하는 작은 산과 같은 거예요. 이 작은 산을 넘으면 그때부터는 시야가 확 트이면서 한 단계 더 성숙한 신앙생활의 길로 들어서게 되지요. 그렇지만 이 작은 산을 넘지 못하면 신앙생활이 제자리에서 맴돌고 앞으로 나아가지 못하는 수가 있어요. 이 질문을 했다는 것은 신앙

이 한 계단 올라가기 직전의 단계에 와 있다는 뜻이에요.

　옛날에는 음식 문화가 대체로 종교의식과 관련이 있는 경우가 많았어요. 우리나라의 경우를 보더라도 설날이나 추석에 먹는 음식은 거의 조상에게 제사를 지내기 위해 준비하는 음식들이죠. 각각의 음식마다, 또 상에 음식을 배열하는 순서에도 종교적인 의미가 담겨있어요. 그리고 명절 음식들은 먼저 조상에게 차례를 지내고 난 후에 사람들이 먹게 되어있죠. 서양도 비슷해요. 특히 고대 사회에서는 대부분 고기가 이방신을 위한 제사용으로 바쳐진 후에 시장으로 나온 것들이었답니다.

　이런 경우에 하나님을 바르게 섬기기를 원하는 기독교인들은 고민하지 않을 수가 없었겠죠? 동양의 조상 제사나 서양의 이방신 제사나 모두 악한 영인 귀신을 숭배하는 것이니까 귀신에게 바쳤던 음식을 과연 먹어야 하는가? 말아야 하는가? 하는 문제로 말이에요.

　사실 이 두 가지 선택 중 어떤 것을 선택해도 하나님 앞에서 잘못하는 것은 아니랍니다. 어떤 사람들은 제사 후에 나온 음식을 보는 순간 자꾸만 귀신이 생각나고, 그 음식을 먹으면 마치 귀신들과 관계를 맺는 것 같은 꺼림칙한 느낌을 받을 수 있어요. 아직 하나님이 주신 것에 대한 완전한 자유로움이 없는 상태라서 그럴 수 있답니다. 이런 경우에는 마음에 거리낌이 없이 완전히 자유로운 마음이 생길 때까지 제사음식을 먹지 않는 것이 바른 선택이에요.

물론 제사음식을 먹었다고 해서 귀신과 실제로 관계를 맺는다거나 하는 것은 아니지만 그런 기분을 느꼈다면 실제로 신앙생활 하는 데 나쁜 영향을 끼칠 수 있으니까요.

반대로, 제사 후에 나온 음식들을 아무 거리낌 없이 대하는 사람도 있어요. 그런 사람들은 아마도 이런 생각을 할 거예요. '제사는 마음의 문제이고, 음식은 음식일 뿐이다'라고요. 그리고 모든 음식 재료는 하나님께서 만드신 선한 것이니까 그저 맛있게 먹고 영양분을 섭취하고 힘을 얻어서 하나님을 바르게 섬기면 문제 될 것이 없다는 마음으로 그 음식들을 대하겠죠. 사실 이런 마음이 조금 더 성숙하고 자유로움이 있는 태도라고 할 수 있답니다. 하지만 그 둘 중 어느 길을 선택하든 하나님 앞에서 잘못하는 것은 아니에요.

이 소식을 듣고 사도 바울은 자유롭게 고기를 먹는 성도들의 생각이 옳다고 생각했어요. 바울은 고기가 아무리 우상에게 바쳤던 제물이라도 음식물 그 자체는 우상숭배와 관계가 없다고 보았어요. 이 세상에 존재하는 모든 것은 다 하나님이 만드신 것이에요. 따라서 비록 우상숭배에 사용된 고기라도 마음으로 우상을 숭배하지 않고 다만 영양분을 섭취하기 위한 식사로서 섭취한다면 문제 될 것이 없다고 본 것이지요. 바울은 이처럼 우상에게 바쳤던 고기라도 고기 그 자체는 하나님의 선물이니까 감사한 마음으로 먹으면 된다고 생각하는 성도들을 보고 믿음이 강한 자라고 불렀어요.

그런데 믿음이 약한 사람들이 바울의 마음에 걸렸어요. 믿음이 약한 성도들은 우상에게 바쳐졌던 고기는 우상숭배를 하는 것과 관련이 있다고 생각했어요. 이들은 우상에게 바쳐졌던 고기를 보면 바로 우상숭배가 머리에 떠오르는 것을 막을 수가 없었어요.

이 성도들은 믿음이 강한 사람들이 우상에게 바쳤던 고기를 맛있게 먹는 것을 도저히 이해하지 못했죠. '믿음이 강하다고 하면서 어떻게 우상에게 바쳤던 제물을 저렇게 자유롭게 먹을 수가 있을까?' 그들은 이렇게 생각하면서 시험에 빠져들었어요. 이들은 우상에게 바쳤던 제물이 하나님의 선물이라는 말을 받아들일 만큼 신앙이 강하지 못했던 것이죠. 사도 바울은 이처럼 믿음이 약한 성도들이 옆에 있을 때 믿음이 강한 사람들이 고기를 먹어서 이들을 시험에 빠뜨린다면 고기를 먹는 행위는 죄라고 말했답니다. 무슨 말인가요? 고기를 먹느냐 먹지 않느냐 하는 것보다 더 중요한 것은 같이 신앙생활을 하는 형제나 자매들에게 어떤 영향을 주느냐 하는 문제라는 거예요.

물론 우상에게 제물로 바쳤던 고기를 먹는 것 그 자체는 잘못된 것이 아니지만, 만일 이 행동 때문에 옆에 있는 신앙이 약한 사람이 시험에 든다면 고기를 먹는 것을 절제하는 것이 바른 행동이라는 거예요. 그럼 어느 때까지 절제해야 할까요? 바로 신앙이 약한 사람이 잘 자라서 우상에게 바쳐진 고기 그 자체는 우상숭배와는 아무런 관련이 없다는 사실을 깨닫고 마음에 거리낌 없이 고기를 먹을 수 있을 때까지예요.

그러니까 '고기 몇 점 때문에 사람을 시험에 들게 하지 말라! 고기를 먹고 사람을 시험에 들게 할 것이냐, 아니면 고기 몇 점을 먹지 않고 사람을 시험에 들지 않게 할 것이냐?' 이 두 길 가운데 두 번째 길을 선택하라고 사도 바울은 권고하고 있는 것이죠. 고기보다 사람이 훨씬 더 중요하다는 것이에요.

믿음이 강한 성도가 믿음이 약한 성도를 앞에 놓고 '너는 신앙이 잘못되었다. 왜 음식물을 우상숭배와 연결하느냐? 네 생각을 고쳐라! 우리 생각이 진리니까 우리는 계속해서 떳떳하게 우상제물을 먹어야겠다!'라는 태도를 보이지 말라는 것이죠. 그러면 믿음이 약한 형제들이 감정이 상할 것이고, 자칫하면 고기 몇 점 때문에 믿음이 약한 형제들을 잃어버리는 더 큰 비극이 나타날 수 있다는 것이지요.

그렇다고 해서 믿음이 약한 형제들의 수준에 계속 눈높이를 맞추고 머물러 있으라는 말은 결코 아니에요. 사랑과 인내로 잘 설득하고 가르쳐서 다 같이 고기를 먹을 수 있는 수준까지 성숙해 가야 하지요. 그런데 이렇게 성숙하는 데는 시간이 걸리니까 믿음이 강한 사람들은 약한 사람들이 자연스럽게 변화되고 성숙할 때까지 윽박지르지 말고 참고 기다려야 하는 거예요.

참고로 우리 친구가 등산하다가 절에 들르는 때도 비슷한 일을 만날 수 있어요. 절에서 점심시간에 등산객들을 위하여 점심을 대접하는 곳이 많아요. 그런데 절에서 만든 음식이 대부분 무공해와 유기농으로 재배한 채소류로 만들기 때문에 맛이 있어요. 믿음이 강한 사람은 절에서 만든 음식이라도 음식물 그 자체는 하나님의 것이므로 불교를 믿지 않아도 음식은 맛있게 먹어도 된다고 생각해요. 그러나 여러분과 함께 산에 오르는 믿음의 친구가 절에서 만든 음식에 대하여 꺼림칙한 마음을 가지고 있어서 절에서 만든 음식을 먹지 못한다고 생각해 보세요. 만일 그 친구가 절에서 만든 음식을 먹지 말자고 말하면 먹지 않는 것이 바른 선택이에요. 절에서 만든 음식을 한번 먹는 일 때문에 그렇게 소중히 맺어온 믿음의 친구와 감정이 상한다거나 그 친구를 잃는다면 너무 큰 손해가 아닌가요? 이럴 때는 절 음식 먹는 것을 절제함으로써 믿음의 친구를 잃는 일이 없어야 하겠어요.

이제 정리해 볼까요?

첫째로, 우상에게 바쳤던 음식물이라 할지라도 음식물 그 자체는 우상숭배와는 관계없으니 우상을 숭배하는 마음이 없다면 자유롭게 먹어도 됩니다.

둘째로, 그러나 우상에게 바쳤던 제물을 먹는 것을 꺼림칙하게 생각하는 동료들이 있다면 그들의 믿음이 성숙해져서 음식물을 자유롭게 먹을 수 있을 때까지 그들과 함께 있을 때는 그 음식물을 먹는 일을 절제해야 하지요.

51

템플 스테이에 가도 되나요?

Q 학교에서 템플 스테이에 가는 프로그램이 생겼는데요, 선생님께서 종교와 상관없이 참석하라고 하셨어요. 템플 스테이에 참여해도 마음이 영향을 받지 않으면 문제가 없는 것 아닌가요? 들어보니까 일과 중에 절을 한다든지 불교의식을 치르는 시간도 있는 것 같던데 어떻게 해야 할지 모르겠어요.

A 템플 스테이Temple stay는 불교의 포교국에서 세 가지의 목적을 가지고 시작한 프로그램이에요. 여기서 '포교국'이란 개신교 교단에서 전도를 담당하는 전문 부서인 '전도부'와 같은 기관이라고 보면 되는데, 과연 그들이 이런 프로그램을 시행한 목적이 무엇일까요?

첫 번째 목적은 불교를 전파하기 위한 불교 전도 전략의 하나예요. 교회에서 믿지 않는 사람들에게 전도하는 것과 같은 것이죠. 그동안 전도 활동에 소극적이었던 불교계가 최근에는 매우 적극적으로 전도 활동에 나서고 있는데, 그렇게 된 데에는 기독교의 영향이 크다고 볼 수 있어요. 한국에 기독교가 전파된 지 한 세기 남짓밖에 되지 않았음에도 한국교회는 지난 몇십 년 동안 세계에서 유례를 찾기 힘들 정도로 크게 부흥하고 성장했어요. 그것은 바로 기독교의 활발한 전도 활동 덕분이지요. 불교계도 이 같은 기독교의 태도에 자극받아 적극적으로 불교 전도에 나서게 된 것이지요.

두 번째 목적은 절이 현대인들에게 훌륭한 휴식 공간을 제공하기 때문이에요. 불교 사찰들은 대부분 풍광 좋고 물 맑고 공기도 깨끗한 깊은 산 속에 있어요. 그래서 절을 찾아가면 자연스럽게 좋은 환경을 접하게 되지요. 그런데 이렇게 깊은 산 속에 절이 있는 것은 다른 나라들과 달리 우리나라에서만 독특하게 나타나는 특징이에요.

예를 들어 전 국민의 90% 이상이 불교를 신봉하는 대만, 태국, 캄보디아 같은 나라에 가보면 불교 사원이 도시 한복판에 있는 것을 볼 수 있죠. 우리나라에서 절이 산속 깊이 들어간 이유는 고려시대에서 조선시대로 넘어가면서 국교가 불교에서 유교로 바뀐 것과 관련이 있어요. 유교가 국가의 종교로 채택되자 국가 차원에서 불교를 핍박하고 사람이 사는 마을에서 활동하지 못하도록 내쫓았던 것이죠. 그래서 어쩔 수 없이 핍박을 피해 산속으로 들어갈 수밖에 없었어요.

　세 번째 목적은 불교문화가 한국의 전통 종교와 전통문화를 알리는 수단이 되기 때문이에요. 한국 개신교의 역사는 150년 정도밖에 안 되지만, 불교는 이미 신라시대에 들어왔으니까 천 년을 훌쩍 넘는 긴 역사를 가지고있어요. 이 긴 세월 동안 불교는 한국인들의 전통 종교 및 문화를 잘 받아들이고 절충하면서 발전하게 됐죠. 그래서 한국 불교를 잘 살펴보면 천 년 동안 녹아든 우리나라 전통 종교와 문화의 모습을 발견할 수 있어요. 그래서 한국적인 종교와 문화를 외국인들에게 소개할 때 불교 사찰문화를 소개하면 도움이 되는 것이 사실이지요.

　우리가 알고 있는 템플 스테이는 이런 여러 가지 목적을 가지고 있답니다. 템플 스테이는 두 종류의 프로그램으로 나눌 수 있어요. 하나는 절에 가서 식사하고 잠만 자고 나오는 프로그램이고, 다른 하나는 승려들과 2-3일 동안 함께 생활하면서 직접 그들의 일정에 참여하는 프로그램이에요. 후자는 새벽과 저녁 예불에 참여하고, 부처상 앞에서 절을 하고, 승려들과 대화 시간을 통하여 불교 교리를 듣는 것으로 구성되어 있죠. 우리는 이 두 가지 프로그램에 대해서 각기 다른 시각으로 바라볼 필요가 있어요.

　이 프로그램의 참여 여부에 대해 말하기 전에 우리 친구가 분명히 알아두어야 할 것이 있어요. 이 프로그램에 참여하거나 참여하지 않는 것은 어디까지나 개인이 자유롭게 선택할 수 있는 권리라는 거예요. 대한민국 헌법에는 종교의 자유가 보장되어 있어서 누구에게라도 종교 행위를 강요해서는 안 돼요. 만일 친구가 종교적인 이유로 참여하지 않겠다고 의견을 말하면 선생님은 반드시 우리 친구의 의견을 존중해야만 해요. 만일 선생님이 우리 친구의 의견을 무시하고 강제로 참여시키면 헌법을 어기는 것이죠. 그러니까 프로그램에 참여하지 않는 것 때문에 혹시 불이익을 당해도 어쩌나 하는 염려는 하지 않아도 돼요. 자신의 의견을 선생님께 당당하게 말하세요.

앞서 살펴본 두 가지 경우에 어떻게 처신하는 것이 좋을지 생각해 보아요.

첫째, 절에 가서 단지 식사하고 잠만 자고 나오는 프로그램의 경우 참여하지 않는 것이 최선이겠지만 어쩔 수 없이 참여해야 한다면 그것이 죄가 되거나 문제가 되지는 않아요. 하지만 아무리 가벼운 프로그램이라 해도 친구가 앞장서서 적극적으로 참여 의사를 밝히는 것은 좋은 방법이 아니에요. 가능하면 피해야 해요. 다만 피하기 어려우면 참여하더라도 그것 때문에 양심의 가책이나 죄책감을 느끼지는 말라는 얘기죠.

여러분 중에는 절에서 주는 음식을 먹거나 절에 있는 숙박시설에서 자는 것에 꺼림칙한 기분을 떨쳐 버리기 어려운 사람들이 있을 거예요. 이럴 때는 분위기에 영향을 받아서 정신적으로 압박감을 느낄 수 있고 특히 잠잘 때 이상한 꿈에 시달릴 수 있어요. 이런 친구들은 이런 가벼운 프로그램에도 참여하지 않는 것이 좋아요.

둘째, 절에서 새벽예불과 저녁예불을 하고, 부처상에 절하고, 승려에게 불교 교리를 배워야 하는 프로그램이라면 문제가 달라져요. 이런 프로그램에는 절대로 참여하지 말아야 해요. 믿음이 약한 친구든 믿음이 강한 친구든 모두 마찬가지예요. 만약 프로그램에 참여하지 않는 것 때문에 선생님 눈 밖에 난다든지, 수행평가에서 점수를 조금 깎인다고 하더라도 희생을 각오하고 참여를 거부해야 해요. 왜 그럴까요? 새벽예불에 참여하거나 부처상 앞에서 절하는 것은 명백하게 부처를 신으로 경배하는 행위로 "나 외에는 다른 신을 네게 두지 말라"라고 하신 십계명 가운데 첫 번째 계명을 범하는 죄이기 때문이에요.

그러면 어떤 친구는 이렇게 생각할 수도 있어요. '행동으로는 절을 하지만 마음으로는 절을 하지 않으면 되는 것 아닌가?'라고요. 일제 강점기 때 신사에 참배한 기독교인들도 '내가 어쩔 수 없이 신사 앞에 절은 하지만 마음으로까지 절을 하는 것은 아니야'라고 스스로 위로하면서 참배했어요. 그러나 주기철 목사님을 비롯한 몇몇 성도들은 끝까지 참배를 거부했다는 것을 우리는 익히 들어서 잘 알고 있어요.

중요한 것은 행동의 목적이 무엇인가를 따져보는 것이에요. 식사와 같은 일상적인 행위는 어떤 종교를 가졌든 상관없이 모든 사람이 해야 하는 일이기 때문에 행동 그 자체에는 문제가 없어요. 배가 고파서 밥을 먹는 것은 종교 이전에 하나님께서 사람들의 생명을 유지하기 위해 세우신 창조질서니까요. 반면에 예불에 참석하거나 절을 하는 행동은 그 자체가 잘못된 거예요. 마음으로는 부처를 경배하지 않는다고 하면서 행동으로는 경배한다면 이 사람은 겉과 속이 다른 것이니까요.

우리는 살면서 계속 이런 시험과 선택의 길 앞에 놓이게 될 거예요. 특히 이 경우처럼 하나님의 뜻이 아닌 일을 강요받을 때도 있죠. 그러나 우리는 믿음을 지키기 위해 감수해야 할 것은 감수해야 해요. 의도 자체가 바르지 않다면 절대로 타협해서는 안 되죠. 하나님을 향한 믿음을 지키기 위해, 그리고 죄의 빌미를 만들지 않기 위해 선생님에게 자신의 종교적 소신을 당당히 밝힐 수 있는 친구가 되었으면 좋겠어요. 그런 순수한 믿음을 가진 친구를 하나님께서 기뻐하실 거예요. 이런 곤란하고 어려운 일을 만날 때, 기도하면서 하나님께 지혜를 구하세요. 그리고 믿음의 길이 아닌 것은 거부할 수 있는 믿음의 친구가 되기를 바랍니다.

52

물건에 담긴 상징을 믿는 것도 우상숭배인가요?

Q 요즘 걱정거리를 가져간다는 '걱정인형'이나 좋은 꿈을 꾸게 해준다는 '드림캐처' 같은 걸 선물하는 경우를 간혹 봤는데요. 점치는 것은 확실히 우상숭배이지만, 그런 것 말고 좋은 의미를 지니는 물건들을 선물하거나 가지고 있는 것도 우상숭배가 될 수 있나요?

A 갈라디아서 4장 3절을 보면, 바울은 예수님을 믿기 전의 갈라디아 교인들의 상태를 이렇게 묘사하고 있어요. "이와 같이 우리도 어렸을 때에 이 세상의 초등학문 아래에 있어서 종노릇 하였더니."

여기서 "어렸을 때"는 예수님을 믿기 전의 상태를 뜻해요. 즉, 갈라디아 교인들은 예수님을 믿기 전에 "초등학문"의 손아귀에 사로잡혀 있었어요. "초등학문"이 뭘까요? 아마 "학문"이라는 말이 나오니까 영어나 수학 같은 과목이 연상되기도 할 텐데, 바울이 말한 "학문"은 그런 뜻이 아니라 '종교'를 뜻해요. 그런데 종교에도 무슨 초등종교가 있다는 건지 이해가 안 되지요? 우리가 "초등"이라는 말을 들으면 언뜻 '초딩'이라는 단어를 생각할 텐데, '초딩'이라는 단어는 유치하다는 뜻이잖아요? 마찬가지로 초등학문이란 '유치한 종교'를 뜻해요.

그러면 어떤 것이 유치한 종교일까요? 이에 대해 골로새서 2장 20-21절에서는 이렇게 설명하고 있어요. "붙잡지도 말고 맛보지도 말고 만지지도 말라 하는 것이니." 바울이 말하는 초등학문 곧, '유치한 종교'는 눈에 보이는 어떤 대상에 초인적인 능력이 있다고 생각하고 그것을 숭배하거나 두려워하는 태도를 뜻해요. 바울은 이런 태도를 엄격하게 금지하고 있죠.

바울이 말하는 초등학문 곧, 유치한 종교의 예를 몇 가지 들어 보겠어요.

첫째, 오래전에 어떤 학교에 귀신이 살고 있다는 스토리를 담은 〈여고괴담〉이라는 영화가 상영된 적이 있었는데, 이처럼 특정한 장소에 특정한 귀신이 살고 있다고 생각하고 두려워하는 것은 유치한 종교행위예요.

둘째, 어떤 사람은 부적에 재앙을 막아주는 신비스러운 능력이 있다고 생각하고 부적을 써서 집 곳곳에 붙여 놓기도 해요. 이것도 유치한 종교행위예요.

셋째, 명절날 집안에서 조상들의 이름을 적은 위패를 모셔놓고 그 앞에 절을 하는 경우가 있어요. 이 위패에 죽어서 귀신이 된 조상의 영혼이 머물러 있다가 절하는 사람들의 정성을 보고 가정에 평안을 가져다준다고 믿는 것도 유치한 종교행위예요.

그 밖에도 귀신 앞에 음식을 가득 차려 놓고 굿판을 벌이거나, 불상 앞에서 백팔 번 절하면 소원이 성취된다고 믿는다거나, 집 안에 들어올 때 손을 깨끗이 씻거나 그릇을 깨끗이 닦으면 마음속에 있는 죄가 없어지고 마음이 깨끗해진다고 믿는 행위도 모두 유치한 종교행위라고 볼 수 있어요.

그러면 이제 우리 친구가 질문한 '걱정인형'이나 '드림캐처'의 경우는 어떤지 생각해 보기로 해요. 걱정인형이나 드림캐처는 척박한 산악이나 초원에서 살아야 했던 북남미의 원주민들이 지어낸 전래동화로부터 유래했어요. 이 전래동화의 배경에는 수천 년 동안 가난 속에서 살아야 했던 원주민들의 애환이 담겨 있어요. 이들은 가난을 탈출할 수 있는 현실적인 방법이 없었기 때문에 비현실적인 방법으로 부자가 되는 길을 상상했어요. 예를 들면 마술이나 요술과 같은 신비스러운 힘을 빌려서 말이죠. 걱정인형과 드림캐처도 비슷해요.

걱정인형은 다음과 같은 전래동화로부터 온 거라고 알려져 있어요. 어느 가난한 가정이 베틀로 천을 만들어 팔아 생계를 유지하고 있었어요. 그런데 어느 날, 팔려고 만들어 놓은 천을 도둑맞아서 식구들이 슬픔에 빠졌어요. 아이들은 남아 있는 자투리 천으로 인형이라도 만들어 팔아 돈을 벌어보려고 했죠. 여기까지는 현실 이야기인데, 이제부터 비현실적인 상상의 이야기가 덧붙여져요. 어느 날 팔기 위해 만든 인형이 살아 움직이기 시작하고 인형을 사 간 사람이 일 년 동안 가족이 먹고살 수 있는 돈을 주고 가는 일이 일어난 거예요. 인형이 마법을 부렸던 것이지요. 이 이야기에는 가난하게 살아온 아이들의 애환이 담겨 있어요.

드림캐처는 갓난아이를 낳고도 일을 해야 하는 고달픈 원주민들의 삶에서 유래했어요. 갓난아이를 돌봐 줄 사람이 없어서 바구니에 넣어 들판 모퉁이에 놓아두고 일을 하던 한 어머니가 거미 모형의 모빌 비슷한 것을 만들어서 갓난아이가 심심하지 않게 달아 주었지요. 갓난아이는 이 모빌을 보면서 놀다가 스스로 잠이 들었어요. 여기까지는 현실 이야기예요. 그런데 이 단계에서부터 비현실적인 상상의 이야기가 덧붙여졌어요. 어떤 할머니가 거미를 죽이려는 손자로부터 거미를 살려 주자, 거미가 이에 대한 보답으로 곤충이 거미에 걸리듯 나쁜 꿈을 걸러 주는 신비한 능력의 거미줄을 짜는 법을 가르쳐 주었다는 거예요. 그것이 악몽을 잡아 좋은 꿈을 꾸게 해준다는 드림캐처가 된 것이죠.

사실, 이런 이야기들은 북남미의 원주민들에게만 있는 것이 아니라 전 세계에 골고루 퍼져있어요. 알라딘의 요술램프 이야기도 사막이라는 척박한 환경에서 평생을 가난하게 살아야 하는 아이들의 소망이 담긴 이야기죠. 우리나라의 흥부와 놀부 이야기도 신비스러운 능력을 갖춘 박의 이야기를 통해 부자로 잘살고 싶어 하는 소원을 표현하고 있어요. 고대 근동의 전래동화 중에는 이런 이야기도 있어요. 천국에서는 포도나무 하나에 만 개의 가지가 나오고, 한 개의 가지에 만 개의 포도송이가 열리고 한 개의 포도송이에 만개의 포도알이 열리고, 한 개의 포도알로 드럼통 만 개의 포도주를 얻을 수 있다는 이야기이지요. 물론 사실은 아니지요. 이 이야기 안에는 늘 배가 고팠던 서민들의 소망이 담겨 있어요. 그러므로 걱정인형이나 드림캐처와 같은 것들을 통해 우리는 그 이면에 담긴 가난하고 어려운 사람들의 소망을 잘 이해하고, 헤아리는 마음을 가질 필요가 있어요.

그런 의미에서 우리 친구들이 어떤 소품이나 인형들이 예쁘고 귀여워서 모으거나 가지고 노는 것이나, 사랑하는 사람이 애정과 관심의 의미를 담아서 준 선물을 소중히 간직하는 것은 문제 될 것이 없어요. 그러나 이런 인형이나 소품들 그 자체에 어떤 마술적이고 신비스러운 능력이 있어서 우리 친구의 앞날을 지켜 준다거나 걱정거리를 없애 준다고 의미 부여를 하는 태도에 대해서는 단호하게 선을 그을 필요가 있지요. 이런 시도는 앞에서 바울이 금지하고 있는 초등학문, 곧 유치한 종교행위에 말려 들어갈 위험을 안고 있기 때문이에요.

우리 친구 중에는 하나님을 믿으면서도, 아주 작은 인형이나 소품에 재미 삼아 의미를 부여하는 것까지 간섭하는 것은 조금 지나치다고 생각하는 친구도 있을 거예요. 그런데 '가랑비에 옷 젖는 줄 모른다'라는 말이나 '물방울이 바위를 뚫는다'라는 말이 있어요. 작은 일에서 하나님이 아닌 다른 것들에 마음을 열기 시작하면 나중에는 큰일에도 하나님을 멀리하게 될 수 있어요.

하나님을 믿으면서도 동시에 다른 대상을 믿는 종교생활을 '종교혼합주의'라고 해요. 이스라엘 백성들은 애굽(이집트)을 나와 가나안 땅에 들어간 이후에 바로 이 종교혼합주의에 빠져들기 시작했어요. 그들은 마음의 큰 부분에서는 하나님을 믿었지만, 가나안에 살던 사람들이 농사의 신 바알을 섬기면서 농사짓는 것을 보고 '농사지을 때만큼은 바알 신을 잠깐 의지하자'라고 생각하고는 그 풍습을 따라 했지요. 이 때문에 이스라엘은 하나님의 노여움을 샀고 마침내는 멸망하고 말아요.

우리가 하나님을 사랑하고 믿는다고 하면서 조금이라도 하나님이 아닌 다른 대상을 은밀하게 믿고 의지하는 것을 하나님은 기뻐하지 않으세요. 하나님은 우리 마음의 100%를 온전히 하나님께만 드릴 것을 요구하시는 분이에요.

사실 걱정인형이나 드림캐처는 인간이 만든 소품에 지나지 않고 우리를 지켜 줄 마술적인 능력이나 힘이 전혀 없어요. 그러니까 우리 친구들은 아주 작은 부분에서라도 이런 어리석고 유치한 것들에 의미 부여를 하지 않도록 주의해야 해요. 오직 우주의 창조주이시자 우리의 구원자이신 영광스럽고 능력이 무한하신 하나님 한 분만을 의지하고 이 한 분만으로 만족하는 신앙생활에서 떠나지 않기를 바라요.

53

좋아하는 것과 우상숭배의 차이는 뭔가요?

Q 저는 요즘 아이돌 가수가 정말 좋아요. 처음에는 음악 프로그램만 챙겨보는 정도였는데, 이제는 아이돌 가수의 일거수일투족을 다 알고 싶고, 검색하다 보면 하루가 갈 정도예요. 또 주일날 예배도 빠지고 콘서트에 간 적도 있어요. 혹시 제가 아이돌 가수를 좋아하는 게 우상숭배인가요? 좋아하는 것과 우상숭배의 차이를 알고 싶어요.

A 공부 잘하는 비결은 질문을 잘하는 것으로부터 시작되지요. 좋은 질문이라면 질문 안에 이미 답을 알려주는 실마리가 들어있기 때문이에요. 우리 친구가 '좋아하는 것'과 '우상숭배'의 차이를 알고 싶다고 질문했는데, 이 질문은 아주 좋은 질문이에요. 아마도 친구는 어떤 대상을 좋아하는 것이 우상숭배가 될 수도 있다는 염려를 가지는 동시에 우상숭배와 좋아하는

것은 별개일 것이라는 희망도 품고 있는 것 같아요.

맞아요. 이 두 가지 의문은 모두 중요한 문제들이에요. 우선 좋아하는 것과 우상숭배는 다르답니다. 그러나 좋아하는 태도는 쉽게 우상을 숭배하는 태도로 나아갈 수가 있지요. 좋아하는 것은 자연스러운 태도로서 그 자체가 잘못된 것은 아니지만 우상숭배는 죄악이에요. 그러면 좋아하는 것과 우상숭배가 어떻게 다를까요?

먼저 어떤 대상을 '좋아한다'라는 것에 대하여 같이 생각해 보기로 해요. 우리 친구들이 아이돌 가수들을 좋아하는 이유는 그들이 우리 친구들에게 즐거움을 안겨주기 때문이겠죠? 마찬가지로 요즘 '스마트폰'이 필수 소지품이 된 이유는 스마트폰을 통해 친구들과 소통하고 듣고 싶은 음악도 듣고 재미있는 영화나 만화도 시시때때로 볼 수 있어 친구들의 마음을 기쁘게 해주기 때문이 아닌가요? 게임이나 텔레비전 프로그램도 마찬가지고요.

이처럼 음악, 게임, 드라마, 영화, 만화, 스마트폰 등을 사용하여 즐거움을 누리는 생활을 '문화생활'이라고 해요. 인간은 문화생활을 하는 존재라는 점에서 다른 동물들과 다르죠. 동물들은 생존에 필요한 물질적인 것들이 충족되면 살아가는 데 아무 지장이 없어요. 그러나 인간은 단순히 본능적이고 물질적인 필요가 충족되는 것만으로는 살아갈 수 없어요. 다른 동물들이 생물학적 육체만을 가지고 있지만, 인간은 그 육체 안에 하나님이 창조하여 넣어주신 영혼을 가진 존재이기 때문이에요.

문화생활은 영혼의 필요를 충족시키는 방법들 가운데 하나예요. 하나님께서는 문화생활을 통하여 즐거움을 누리는 것을 허락하셨어요. 예를 들어서 전도서 9장 7-9절에 보면 이런 말씀이 있어요.

"너는 가서 기쁨으로 네 음식물을 먹고 즐거운 마음으로 네 포도주를 마실지어다 이는 하나님이 네가 하는 일들을 벌써 기쁘게 받으셨음이니라 네 의복을 항상 희게 하며 네 머리에 향 기름을 그치지 아니하도록 할지니라 네 헛된 평생의 모든 날 곧 하나님이 해 아래에서 네게 주신 모든 헛된 날에 네가 사랑하는 아내와 함께 즐겁게 살지어다 그것이 네가 평생에 해 아래에서 수고하고 얻은 네 몫이니라."

이 본문에는 즐거움을 누리면서 사는 삶을 하나님께서 기뻐하신다고 기록되어 있어요. 예를 들면, 식사 자리에서 즐겁고 유쾌한 마음으로 먹고 마시라는 거예요. 살기 위해 어쩔 수 없이 먹는 게 아니라, '야, 참 맛있다'라고 감탄하면서 즐거운 마음으로 식사하라는 거지요. 할 수만 있다면 다양한 요리를 개발해서 식탁을 풍성하게 차리고 잔치 분위기에서 웃으며 식사하라는 말이기도 해요.

또, 본문에 보면 '의복을 희게 하며 머리에 향 기름을 바르라'라고 했지요? 이 말씀은 옷차림에도 신경을 쓰라는 거예요. 깨끗하고 예쁘게 옷을 잘 차려서 입으면 좋다는 말이죠. 필요하다면 향수도 좀 뿌려서 멋을 내고요. 그러면 마음이 즐거워지고 보는 사람도 유쾌해지기 때문이지요. 옷을 후줄근하게 입고 있으면 마음도 덩달아 초라해지곤 하잖아요? 이처럼 성경은 즐거운 마음으로 문화생활을 하라고 권하고 있어요. 음악, 춤, 영화, 만화, 드라마, 스마트폰, 게임기와 같은 도구들은 우리의 생활을 즐겁게 해주는 역할을 하지요. 그러므로 이를 적절히 활용하여 우리의 생활을 윤택하게 하는 것은 하나님이 허락하신 일이기도 해요.

그런데 중요한 문제가 하나 있어요. 어떤 대상을 좋아하는 태도는 쉽게 그 대상에 대한 집착으로 이어질 수 있어요. 여기서 우리가 기억해야 할 말씀은 십계명 가운데 첫 번째 계명이에요. "너는 나 외에는 다른 신들을 네게 두지 말라"출 20:3. 이 말씀에서 "나 외에는"이라는 표현은 '내 옆자리에는'이라는 뜻이에요.

우리 친구들의 마음속에 하나님의 자리가 있지요? 당연히 하나님이 가장 중요하고 높은 자리를 차지하고 계실 거예요. 이 말씀은 하나님이 계신 자리의 높이와 같은 높이의 옆자리에 하나님이 아닌 다른 것들을 두지 말라는 뜻이에요. 어떤 대상을 좋아하되 하나님만큼 좋아하지 말라는 거예요. 그런데 어떤 대상에 대해 집착할 만큼 좋아하는 것은 그 대상을 하나님의 자리에 올려놓는 태도와 같아요.

하나님께 드리는 예배를 빼먹으면서까지 아이돌 가수에게 집착했다면 그것은 하나님보다 아이돌 가수를 더 중요시했다는 뜻 아니겠어요? 이런 태도는 "나 외에는 다른 신들을 네게 두지 말라"는 하나님의 말씀을 어긴 행동이에요. 아이돌 가수를 좋아하는 것은 좋지만 교회생활이나 학업에 해를 끼칠 정도로 좋아하면 그 가수를 하나님처럼 숭배하는 거예요.

혹시 우리 친구 중에 아이돌 가수들처럼 노래하고 춤추는 일에 인생을 바치고 싶은 친구들이 있나요? 얼마든지 그런 마음을 가질 수 있어요. 노래와 춤에 재능이 있으면 노래와 춤을 연습하는 데 시간을 보낼 수도 있을 거예요. 그러나 이런 때에도 노래와 춤을 하나님만큼 중요시해서는 안 되는 거예요. 그것보다는 노래와 춤을 하나님을 위해서 사용할 수 있는 길을 모색해봐야겠지요?

친구가 얘기한 아이돌 가수 외에 다른 문화생활에서도 이 균형을 지키는 게 아주 중요해요. 스마트폰도 우리 생활을 편리하게 해주죠. 수많은 앱을 찾아 이용하거나 즐기는 일에 많은 시간을 허비하기도 해요. 잘못하면 건전하지 못한 음란물 프로그램에 접할 수도 있고, 스마트폰에 얽매여 손에서 놓지 못한 채 스스로 통제하기 어려운 지경에 이를 수도 있어요. 그러므로 최대 사용 시간을 정해두고 절제하면서 하나님 앞에서 이 기계 문명을 어떻게 사용하는 것이 옳은 일인지 생각해봐야 해요. 게임과 TV 시청 역시 학업에 지친 마음을 쉬기 위해 잠깐씩 하는 것은 괜찮지만 하루에 몇 시간씩 집착적으로 매달리는 태도는 반드시 자제해야 해요. 더욱이 게임을 하면서 돈을 걸고 하는 것은 절대로 해서는 안 되는 일이에요.

하나님께서는 이스라엘 백성들에게 '좌로 치우치지도 말고 우로 치우치지도 말라'는 말씀을 주셨어요 신 5:32; 수 1:7. 이 말씀의 원리를 이 문제에도 적용해 볼 수 있어요. 한쪽으로 치우치지 말라는 말씀은 하나님 중심에서 그 어떤 쪽으로든 치우치지 말아야 한다는 교훈을 준답니다. 그렇다고 해서 너무 극단적인 선택을 하는 것 역시 바람직하지 않다는 교훈도 얻을 수 있어요. 예를 들어 아이돌 가수, 스마트폰, 텔레비전 등에 집착하게 될 것을 우려해 아예 단절하는 것이나, 반대로 이런 것들이 너무 좋아 빠져드는 것 모두 잘못된 극단적인 태도예요.

생활을 좀 더 즐겁고 윤택하게 하려고 문화적 도구를 활용하는 것은 이를 '좋아하는 태도'이지만, 예배생활이 방해받을 정도라면 '우상으로 숭배'하는 태도라 볼 수 있어요. 우리 친구들은 이런 문화적 도구의 힘에 눌리거나 휩쓸리지 않고 이들을 어떻게 활용해 하나님을 기쁘시게 할 것인지 항상 생각해 봐야겠지요? 우리 친구들이 누리는 문화를 현명하게 바라보고 활용하여 더욱 즐겁고 생기 넘치는 삶을 살아가는 친구들이 되길 바랄게요.

54

성당에서 영세를 받았는데 다시 세례받아야 하나요?

Q 제가 어릴 때 성당에서 영세를 받았는데요. 얼마 전 친한 친구의 전도로 교회에 다니게 됐어요. 그러면 저는 세례를 다시 받아야 하나요? 그리고 구원받는 것과 세례는 어떤 연관 관계인가요?

A 우리 친구가 제시한 두 번째 질문, 곧 구원과 세례가 어떤 관계에 있는가 하는 문제부터 먼저 살펴본 후, 첫 번째 문제를 다루도록 할게요. 두 번째 질문에 대한 답을 알면 첫 번째 질문에 대한 답은 어렵지 않게 알 수 있으니까요.

'사람이 어떻게 해야 구원을 받을 수 있는가'하는 질문에 대해서는 우리 친구들이 모두 잘 알고 있으리라고 생각해요. 예수님이 우리의 죄를 대신해 십자가에서 돌아가셨다는 사실을 믿고 우리가 죄인임을 고백하고 예수님을 '나의 구주'로 영접하면 우리는 그 순간 바로 구원을 받는 거예요. 이것은 우리 친구들이 교회에서 목사님, 전도사님, 교회 선생님들께 배웠기 때문에 잘 아는 진리이죠. 우리가 예수님을 구주로 영접할 때 우리 안에 어떤 일이 일어날까요? 이 질문에 대한 답을 알면 우리의 구원에 대한 문제가 더욱 분명해지지요.

먼저 우리가 알고 있는 하나님에 관한 지식을 한 가지 떠올려 보도록 해요. 우리는 어떤 하나님을 믿고 있지요? 네, 삼위일체 하나님을 믿고 있어요. 우리는 아버지 하나님이신 성부와 아들 하나님이신 성자와 아버지가 아들을 통하여 보내신 성령 하나님을 믿어요. 성부와 성자와 성령은 언제나 함께 일하시지요. 성부가 일하시는데 성자와 성령은 팔짱을 끼고 구경하고 있고, 성자가 일하시는데 성부와 성령이 구경하고 있고, 성령이 일하시는데 성부와 성자가 팔짱 끼고 구경하는 일은 없어요.

그렇다고 해서 성부와 성자와 성령이 항상 똑같이 전면에 나서서 일하시지는 않아요. 성부가 전면에서 일하시면 성자와 성령은 한걸음 물러서서 도우시고, 성자가 전면에서 일하실 때는 성부와 성령이 한걸음 물러서서 도우시죠, 마찬가지로 성령이 전면에서 일하시면 성부와 성자가 한걸음 물러나서 도우십니다. 예를 들면 천지를 창조하시는 일은 성부가 전면에 나서서 하셨어요. 그리고 성자와 성령이 성부를 도와서 일하셨지요. 인간의 죄를 대신 짊어지고 죽으셨다가 부활하시는 일은 성자가 전면에 나서서 일하시고 성부와 성령이 도와주셨어요.

    그러면 성령은 어떤 일을 전면에 나서서 하실까요? 성령이 전면에 나서서 하시는 일은 성자 예수님이 십자가 위에서 이룩하신 구속의 사역을 신자들에게 적용하는 일이에요. 신학에서는 조금 어려운 말로 성자 예수님이 하신 일을 '객관적인 구속사역'이라고 하고 성령님이 하시는 일을 '주관적인 구속사역'이라고 해요. '객관적'이라는 말은 '나와는 관계가 없다'라는 뜻이에요. 예를 들어서 백화점에 좋은 물건이 많이 쌓여 있어도 내가 돈을 주고 그 물건을 사지 않으면 나와는 아무런 관계가 없지요? 이럴 때 '객관적'이라는 말을 쓰는 거예요. '주관적'이라는 말은 '나와 관계가 있다'라는 뜻이지요. 백화점에 있는 물건을 돈을 주고 내가 사서 내 것이 된 상태를 '주관적'이라고 하는 거예요.

    그렇다면, 예수님의 십자가 사건이 왜 객관적이냐? 예수님이 아무리 고귀한 희생을 하셨어도 내가 예수님을 믿지 않고 예수님이 하신 일이 나에게 적용되지 않으면 나와는 아무런 상관없는 그림의 떡이 되고 말기 때문이에요. 그러면 예수님이 십자가 위에서 이룩하신 일을 나에게 적용하는 일을 누가 하느냐? 바로 성령이 하시는 거예요. 우리가 예수님을 구주로 고백하면 그 순간에 예수님이 이룩하신 객관적인 구속사역을 성령이 우리 마음속에 적용하여 우리를 실질적으로 구원해 주시는 거예요.

    옛날에 암행어사가 탐관오리에게 마패를 보이며 벌하던 것처럼,

성령께서는 우리의 영혼 속에 들어오셔서 예수님의 구속사역이라는 마패를 들이대며 영혼의 깊은 곳에 있던 죄와 사망의 세력을 쫓아내고 우리를 구원해 주시는 거예요. 그러면 허물과 죄로 죽었던 우리의 영혼이 살아나는 거죠. 이처럼 예수님이 십자가 위에서 하신 일을 무기로 우리의 영혼 속에 있는 죄와 사망의 세력을 깨끗이 쫓아내고 우리를 구원하는 성령님의 사역을 '성령세례'라고 하지요. 고린도전서 12장 13절에 "한 성령으로 세례를 받아 한 몸이 되었고 또 다 한 성령을 마시게 하셨느니라"라는 말씀이나 고린도전서 6장 11절에 "우리 하나님의 성령 안에서 씻음과 거룩함과 의롭다 하심을 받았느니라"라는 말씀은 모두 성령세례를 가리키는 거예요. 그러니까 우리가 구원받기 위해서는 '성령세례'를 받아야 해요.

그러면 어떤 사람이 성령세례를 받을까요? 특별히 방언도 하고 병 고치는 능력도 받고 귀신을 쫓아내는 능력을 받아야만 성령세례를 받은 것일까요? 아니에요. 예수님이 우리 죄를 위하여 십자가 위에서 돌아가셨다는 사실을 믿고, 예수님을 구주로 영접한 모든 사람은 다 예외 없이 성령세례를 받은 거예요.

여러분 모두 예수님을 믿지요? 그리고 지금이라도 죽으면 천국에 간다는 믿음이 있지요? 그러면 여러분은 모두 성령세례를 받은 거예요.

이처럼 구원의 문제에 있어서 중요한 것은 성령세례예요. 그러면 성령세례와 물세례는 어떤 관계가 있을까요?

  간단하게 얘기하면, 성령세례를 받는 순간 바로 구원을 받은 것이기 때문에 물세례를 받지 않아도 구원에는 아무런 문제가 없어요. 물세례를 받았느냐 받지 못했느냐를 가지고 구원받았느냐를 결정할 수 없어요. 그러면 물세례는 왜 받을까요?

  첫째로, 물세례는 성령세례를 받아 구원받았다는 것을 다른 사람들에게 보여주기 위하여 받는 거예요. 성령세례는 영혼 안에서 일어나는 일이기 때문에 다른 사람들이 알 수 없어요. 우리가 구원받은 이후에는 구원받은 사람들이 함께 모여 교회생활을 해요. 교회를 형성하려면 구원받은 사람들을 불러 모아야 하는데 그러기 위해서는 구원받은 사람인지 아닌지 구별해야 하지 않겠어요? 따라서 교인들이 다 모인 곳에서 물세례를 받으면 '아하 저 사람은 구원받은 사람이구나'라고 알게 되지요. 교회의 가족으로 받아들이는 거예요. 동시에 교회 회원으로서 행사해야 할 여러 가지 권리와 의무를 주죠.

  둘째로, 성령세례는 물세례보다 앞서는 거예요. 왜냐하면 예수님을 믿는다는 것을 확인하고 나서 물세례를 주는데, 예수님을 믿는다는 것 자체가 성령세례를 받았다는 뜻이기 때문이에요. 그런데 물세례를 받기 전까지 마음의 결단을 내리지 못했고, 성령세례도 받지 않았다면 어떻게 될까요? 그래도 물세례를 받기로 마음에 결정하고 세례를 받으면 그 순간에 성령세례를 받는 거예요.

  물론, 아주 악한 의도를 가지고 마음으로는 예수님을 아예 믿지 않으면서 인간적인 이익을 위하여 물세례를 받는 경우가 극히 드물지만 있을 수도 있어요. 예를 들어서 이단종파가 교회를 어지럽히기 위하여 물세례를 받고 교회로 침투해 들어오는 일이 있을 수 있어요. 이런 경우엔 물세례를 받았다고 해서 성령세례를 받은 것으로 인정할 수 없어요.

한편, 물세례를 받는 방식은 교파마다 그 모양이 조금씩 다를 수가 있어요. 예를 들어, 장로교에서는 목사님이 손에 물을 적셔서 머리에 대는 약식 물세례 방식을 취하고 있는 반면에 침례교에서는 예수님이 세례 요한에게 세례를 받으실 때처럼 온몸을 물에 온전히 푹 담그는 방식으로 물세례를 베풀죠. 여기서 중요한 것은 일단 성령세례를 받았다면 물세례를 장로교 방식으로 받든, 침례교 방식으로 받든 형식은 문제가 되지 않는다는 점이에요.

천주교에서 영세를 받은 경우도 마찬가지예요. 중요한 것은 성령세례를 받았느냐 하는 거지요. 따라서 천주교인이라도 예수님이 구주임을 분명히 믿고 성령세례를 받았다면 영세도 세례받은 것으로 인정해 주어야 해요. 그러나 믿음의 확신이 없는데도 불구하고 영세를 세례받은 것으로 인정해 주어서는 안 되겠지요.

55

개신교와 천주교는 어떻게 다른가요?

Q 학교에서 개신교는 천주교가 종교개혁을 하면서 새롭게 탄생하게 된 거라고 배웠어요. 그렇다면 개신교와 천주교는 뿌리가 같다는 뜻이잖아요. 어떻게 보면, 개신교 안에서도 감리교, 장로교, 침례교, 성결교 같은 교파가 있듯이 개신교와 천주교도 비슷한 게 아닐까 하는 생각도 드는데요. 개신교와 천주교는 비슷하면서도 유독 다른 종교로 취급되는 것 같아요. 개신교와 천주교가 어떻게 다른 건지 알려주세요.

A 한자를 쓰는 나라들에서는 가톨릭교회를 천주교라고 부르기도 해요. 그러나 사실 천주교라는 명칭과 가톨릭이라는 명칭은 전혀 다른 뜻을 지니고 있어요. 천주는 '하늘의 주님'을 뜻하니까 천주교는 하늘의 주님을 믿는 종교인 반면에 가톨릭이라는 말은 '보편적인'이라는 뜻이니까 가톨릭교회는 세

상 어느 곳에나 존재하는 참된 교회라는 뜻이에요. 가톨릭이라는 용어가 사용되기 시작한 것은 1054년에 유럽의 교회들이 동쪽에 있는 교회_{동방교회}들과 서쪽에 있는 교회_{서방교회}들로 나눠지기 시작하면서부터예요. 당시 동방교회가 정통을 의미하는 '오르소독스'orthodox라는 용어를 붙여서 자기들이 정통교회_{동방정교}라고 주장하자, 서방교회는 이에 맞서서 자신들이 지구상 모든 곳에 있는 참된 교회라는 의미로 자신들을 가톨릭교회라고 부르기 시작했지요. 우리나라에서 천주교라고 부르는 교단도 서방의 가톨릭교회를 가리키는 것이고요.

가톨릭교회가 성경이 말하는 교리와 다른 교리를 말하기 시작한 것은 성경 66권에 속하지 않은 외경을 경전으로 받아들이기 시작하면서부터였어요. 외경은 성경과 비슷한 내용을 담고 있지만, 저자가 의심스럽고 내용도 허황한 것들이 많아서 초대 교회가 철저하게 검사하여 가짜 경전임을 밝혀낸 문서들이에요. 이 문서들은 성경의 내용에 그리스 사상을 비롯한 이방 사상이 적당히 가미되어있어 호기심 많고 무속성향이 강한 일반 대중이 재미있게 읽을 수 있게 되어있죠. 요즘에도 〈노스트라다무스의 예언〉이라든가 〈천국에 다녀온 이야기〉, 〈다빈치 코드〉와 같은 책들이 서점에 나오면 불티나게 팔리잖아요? 이렇게 호기심을 자극하는 이야기들이 늘 대중들에게 인기가 있죠.

외경에서 특히 문제가 되는 부분은 '연옥'에 관한 교리예요. 연옥이란, 인간이 구원받기 위해서는 세상에서 사는 동안 선행을 많이 해야 하는데, 천국에 가기에는 부족하지만, 지옥에 갈 정도는 아닌 사람들이 불로 죄를 씻으며 고통 속에서 머무른다는 곳이에요. 가톨릭교회에서는 천국에 갈 만큼 선행을 채우지 못한 사람들은 연옥에서 오랜 시간 고통을 받게 된다고 가르치고 있어요. 그런데 이 연옥에서 빠져나오는 방법이 있다고 해요. 현세에 사는 사람들이 연옥의 사람들을 위해 성인들을 힘입어 속죄의 제사를 지내면 그들의 고통을 줄여 줄 수 있다는 거예요. 지금도 가톨릭교회에서는 연옥에 있는 신자들을 위한 미사_{기독교에서 말하는 예배에 해당함}나 연도_{계속 이어서 하는 기도}를 계속하며 하나님께 마리아나 순교자들, 혹은 기타 성인들이 행한 공적들을 봐서라도 연옥에 있는 신자들이 그곳에 머무르는 기간을 줄여달라고 간청하는 기도를 드려요. 마리아나 순교자들이나 성인들은 자기 자신을 구원하고도 남을 만큼 넉넉한 선행을 한 자들이라고 생각하기 때문이죠. 이것을 '잉여공로설'이라고 해요. 정리하자면, 예수님을 믿는다고 해서 바로 구원을 받는 것이 아니라 '이 세상에 사는 날 동안 얼마나 바르게 살았는가'를 기준으로 천국으로 직행하느냐 아니냐가 결정된다는 거예요. 순교자나 특별히 선행을 많이 한 성인 같은 극소수의 사람들은 천국으로 직행해도, 하나님이 보시기에 만족할 만한 선행을 하지 못한 대부분 신자는 모두 연옥으로 들어가게 된다는 것이지요.

　가톨릭교회는 연옥 외에도 선조림보나 유아림보에 대해서도 말하고 있어요. '림보'는 가장자리라는 뜻으로, 천국이나 지옥의 가장 자리를 가리켜요. 즉, 이 말은 구약시대의 의인들이 선조림보라는 곳에 들어가서 재림 때까지 머물다가 재림 때가 되면 하나님 나라에 들어간다는 거예요. 선조림보는 하나님을 보지 못하지만 그렇다고 해서 수난을 당하지도 않는 어정쩡한 곳이에요. 또한, 믿지 않는 유아들은 지옥에 떨어지지 않고 유아림보라는 곳에 들어가서 영원히 머무르게 되는데, 유아림보는 하나님을 보지 못하고 구원받을 희망도 없지만, 감각적인 고통은 당하지 않으면서 하나님을 알고 사랑하며 자연적인 기쁨을 누릴 수 있는 곳이라고 해요. 다만 '유아림보' 개념은 2007년 교황 베네딕토 16세의 지시로 폐기되었죠. 진리의 말씀이 아닌 외경을 기본으로 교리를 세우다 보니, 800년 가까이 지속된 교리가 이렇게 폐기되기도 하는 거예요.

　이 외에도 가톨릭교회에서는 예수님의 어머니 마리아를 거룩하고 신적인 존재로 여기고 있는데, 이 관습도 이방종교에서 온 거라 할 수 있어요. 중세시대의 이방종교 중에 처녀 신인 미네르바를 숭배하는 관습이 있었는데, 가톨릭교회가 이 관습에 영향을 받아서 미네르바 대신 마리아를 특별한 존재로 떠받들게 된 거예요. 마리아는 구주이신 예수님의 육신의 어머니이니까 논리적으로 생각하면 얼마든지 여신으로 승격될 만한 조건을 갖추고 있다고 생각했거든요. 구세주이신 예수 그리스도를 낳은 어머니라면 당연히 구주보다 더 위대하게 여겨질 수 있지 않겠어요? 하지만 우리는 마리아가 신적인 존재도, 공경할 만한 특별한 대상도 아닌 그저 하나님께 은혜를 입은 한 사람에 불과하다는 걸 잘 알고 있지요.

중세 말기에 루터와 칼빈 등 개혁신학자들은 가톨릭교회가 주장하는 구원의 교리들이 성경이 말하는 내용과는 다르다는 사실을 발견하고, 구체적으로 어떤 것들이 다른지를 지적하기 시작했어요.

첫째로, 가장 큰 차이는 구원을 얻는 방법에 있어요. 가톨릭교회는 선행이 구원의 필수요소라고 가르쳤어요. 그러나 성경은 우리의 죄를 대신 지시고 십자가에서 죽으시고 부활하신 예수님을 믿기만 하면, 예수님의 완전한 선행에 의지하여 구원받을 수 있다고 가르치죠. 구원은 하나님의 은혜로 값없이 주어지는 하나님의 선물이니까요. 더욱이 성경은 자기 자신을 구원하기에 충분할 만큼 선행을 할 수 있는 사람은 단 한 사람도 없다고 가르치고 있어요. 이 세상에 "의인은 없나니 하나도 없으며"롬 3:10라는 것이 성경의 가르침이죠. 그러니 다른 사람들에게 나누어 줄 수 있을 만큼 넉넉한 선행을 한 사람은 있을 수가 없어요. 성경이 가르치는 것은 단순해요. 예수님을 믿으면 아무리 죄가 많은 사람도 천국에 들어가고, 예수님을 믿지 않으면 제아무리 착하고 선하게 산 사람도 지옥에 들어간다는 거예요. 덧붙일 것도, 뺄 것도 없이 이것으로 끝이죠. 물론 성경에도 행위에 대해 기록한 말씀들이 있지만, 그것은 천주교에서 말하는 행위와는 매우 달라요. 천주교에서는 행위를 구원의 조건으로 여기고 있지만, 개신교에서 말하는 행위는 구원의 감격을 경험한 사람에게서 자연스럽게 나타나는 삶의 변화를 말해요. 그래서 성경에서는 믿음 없이 행위만 강조하는 바리새파 사람들을 지적하는 이야기들이 많이 있는 것이고요.

둘째로, 가톨릭교회는 사람이 육체적으로 죽은 다음에 주님이 재림하실 때까지 머무르는 장소로 천국 이외의 제3의 장소들을 말하고 있어요. 그러나 성경은 딱 두 군데만을 말하죠. 하나는 천국이고, 다른 하나는 지옥이에요. 모든 성도는 현세에서 선행을 어느 정도 행했느냐와 상관없이 예수님을 믿기만 하면 천국으로 직행하고, 아무리 선행을 많이 했더라도 예수님을 믿지 않았다면 지옥으로 직행하는 거예요.

셋째로, 성경은 마리아가 예수님의 어머니라는 이유로 특별하게 대우하지 않아요. 그저 보통 여인들과 똑같이 죄를 범한 하나의 인간으로 대할 뿐이죠. 마리아도 예수님이 부활·승천하신 후, 예수님의 형제들이나 제자들과 함께 다락방에 모여서 죄를 회개하며 성령을 구하는 기도를 간절하게 드렸던 한 사람의 성도일 뿐이에요.

이처럼 구원의 문제라는 아주 중요한 핵심 교리에 있어서 개신교와 천주교는 다른 입장을 취해요. 이것은 개신교가 타협하고 수용할 수 없는 핵심적인 것들이기 때문에 두 종교가 다른 길을 갈 수밖에 없는 거예요. 이러한 과정을 통해 우리는 신앙생활을 할 때 성경말씀이 아닌 다른 어떤 경전이나, 사람의 생각, 주장 등에 의지해서는 안 된다는 교훈을 얻을 수 있답니다.

56

교단은 왜 이리 많은 건가요?

목회자가 꿈인 제 친구가 있는데요. 그 친구 얘기를 들어보니 뭐가 이리 복잡한지요. 장로교, 감리교, 침례교, 순복음 등 여러 교단이 있더라고요. 같은 예수님을 믿는데 어째서 그렇게 많은 교단이 있나요? 분명 똑같은 예수님, 똑같은 하나님을 믿는데 왜 그렇게 갈라지게 된 건지 궁금해요.

우선, 갈라지게 된 원인에 대해 답변하기 전에 개신교의 각 교단이 어떻게 만들어졌는지를 먼저 알 필요가 있어요. 그러면 지금부터 500년 전의 유럽으로 시간여행을 떠나 볼까요?

16세기 유럽은 천주교의 세상이었어요. 천주교는 인간이 구원을 받으려면 착한 일을 많이 해야 한다는 잘못된 교리를 가르쳤죠.

그러자 문제가 생기기 시작했어요. 하나님으로부터 인정받을 만큼 충분한 선행을 할 수 있는 사람이 없었기 때문이지요.

마침내 사람들은 지푸라기라도 잡는 심정으로 자기가 하지 못한 선행을 대신할 수 있는 것들에 매달리기 시작했어요. 어떤 사람은 거룩하게 살다 간 사람에게는 자기들이 구원 얻는 데 필요한 선행 이외에도 남은 선행이 있을 테니 그것을 좀 달라고 해보자는 생각으로 죽은 성인들에게 기도하기도 했고, 어떤 사람은 성인이 남긴 유골에 뭔가 신비스러운 힘이 있을지도 모른다고 생각하여 유골숭배를 하기도 했고, 어떤 사람은 돈을 주고 속죄표를 사기도 했어요. 속죄표란, 당시 천주교가 성경지식이 없었던 교인들에게 팔았던 표인데, 이 표를 사면 죄사함을 받을 수 있다고 주장했어요.

이때 '마르틴 루터'라는 신학자가 등장했어요. 루터는 성경을 연구하다 보니 천주교가 가르친 구원관이 잘못되었다는 사실을 알게 되었어요. 성경은 '인간이 착한 일을 한다고 해서 구원이 주어지는 게 아니라 예수님을 구주로 믿을 때 값없이 은혜로 주어지는 것'이라고 말씀하는 것을 알게 된 것이지요. 루터는 천주교의 잘못된 구원관을 비판하기 시작했어요. 그러나 천주교는 루터의 비판을 거부하고 루터와 루터를 따르는 사람들을 핍박하고 괴롭혔죠. 그러자 루터를 따라서 성경이 가르치는 참된 구원관을 받아들인 사람들은 천주교를 탈퇴해야만 했고, 이 사람들의 숫자가 폭발적으로 늘어났어요. 이 사람들을 개신교인이라고 부르게 되었어요.

루터의 뒤를 이어 프랑스에서 '존 칼빈'이라는 신학자가 등장했는데, 칼빈은 대부분 문제에 대하여 루터에게 동의했지만, 성찬에 대해서는 생각이 달랐어요. 루터는 성찬식을 할 때 포도주를 마시면 포도주가 진짜로 예수님의 피로 변하고, 떡을 먹으면 떡이 진짜로 예수님의 몸으로 변한다는 로마 가톨릭교의 화체설을 받아들이지 않았지만, 믿음으로 떡을 떼고 포도주를 마시면 예수님이 육체로 함께 임재하신다는 공재설을 주장했어요. 그러나 칼빈은 포도주가 진짜 예수님의 피로 변하거나 떡이 진짜 예수님의 몸으로 변하는 것이 아니며, 또 예수님이 몸으로 임재하시는 것은 아니지만, 믿음으로 포도주를 마시고 떡을 먹으면 부활하신 예수님이 영으로 임재하신다고 주장했어요.

루터와 칼빈은 이 문제에 있어서 서로의 주장을 양보하지 않았어요. 그러자 자연스럽게 개신교인들은 루터를 따르는 사람들과 칼빈을 따르는 사람들로 나누어지기 시작했죠. 여기에는 지리적인 영향도 있어요. 독일에서 활동했던 루터는 독일 중부와 북부에 사는 사람들에게 전도했어요. 루터를 따르던 사람들은 그 지역과 인접해 있던 덴마크, 스웨덴, 핀란드, 노르웨이 등으로 퍼져나가면서 전도했죠. 그 결과 루터교가 형성되었답니다.

반면 칼빈의 의견을 따르던 사람들은 프랑스에 있었는데, 프랑스 황실이 천주교 편에 서서 칼빈을 따르던 사람들을 가혹하게 탄압하자 스위스와 독일 남부로 피난해야 했어요. 그 결과, 칼빈을 따르던 사람들은 스위스에 정착하여 스위스 개혁교단을 만들었어요. 이들은 서쪽으로 퍼져나가면서 네덜란드에 들어가 네덜란드 개혁교단을 만들었죠. 그런데 칼빈의 제자들 가운데 스코틀랜드 출신 '존 낙스'라는 사람이 끼어 있었어요. 그는 스코틀랜드로 건너가서 칼빈의 가르침을 따라 교회를 지도했죠.

당시 영국은 천주교의 지배를 받고 있었는데, 영국 왕실이 천주교 본부인 로마 교황청과 사이가 좋지 않았어요. 그래서 영국 왕실은 로마 교황청이 영국의 천주교에 개입하지 못하도록 막아 버리고 직접 영국 천주교를 다스리기 시작했어요. 그렇게 해서 탄생한 교단이 '영국성공회'예요. 그 후 영국성공회가 미국에 건너가서 미국성공회를 세웠고, 한국에도 들어와 아주 작은 교단을 만들었답니다. 그런데 낙스는 국가가 교회를 지배하는 것이 잘못이라고 생각했어요. 그는 교회 목사는 국가가 아니라 교인들이 선택해야 하고, 교회운영도 교인들이 뽑은 대표자들인 장로들을 통하여 이루어져야 한다고 생각했죠. 이렇게 해서 장로교가 탄생한 거예요. 그 후 스코틀랜드의 장로교는 미국으로 건너가서 '프린스턴 신학교'를 중심으로 미국 장로교단을 세웠고, 한국에 들어와서는 한국 최대의 교단을 형성했어요.

한편, 루터의 종교개혁운동이 진행되던 무렵, 스위스에 '콘라드 그레벨'이라는 사람이 등장했어요. 그레벨은 당시 개신교가 실시하는 영아세례에 이의를 제기했어요. 당시의 개신교에서는 부모가 영아를 대신하여 신앙고백을 하면 세례를 줄 수 있다고 했거든요.

영아가 성인이 될 때까지는 부모가 자녀의 믿음을 책임져야 한다고 보았기 때문이죠. 반면, 그레벨은 '세례는 본인의 신앙고백이 반드시 있어야 한다'라고 생각했기 때문에 영아세례를 인정하지 않았어요. 따라서 어렸을 때 영아세례를 받은 사람은 성인이 된 후에 다시 세례를 받아야 한다고 주장했어요. 그래서 그레벨을 따르던 사람들을 '재세례파'라고 부르게 되었지요.

그런데 영국으로 건너간 재세례파 교인 중에서 새로운 주장이 하나 더 나왔어요. 그들은 진정한 세례는 예수님이 요단강 물에 들어갔다가 나오셨듯이 몸 전체를 물에 완전히 담가야 한다고 주장했죠. 그 주장에 동조하는 교인의 무리를 '침례교'라고 부르게 됐고, 침례교는 미국으로 건너가서 수천만 명의 교인을 거느린 미국 거대교단이 되었고 한국에도 전해졌답니다.

그 후, 18세기 영국교회들은 주님을 향한 뜨거운 열정이 싸늘하게 식어 버렸고, 사회의 가난하고 불쌍한 계층을 외면하고 있었어요. 이때 하나님으로부터 큰 은혜를 받고 열정적인 설교를 통하여 사람들 마음을 일으켜 세우고 가난한 자들을 돕는 사람이 등장했는데, 그들이 존 웨슬레와 찰스 웨슬레 형제예요. 당시에 많은 영국인이 웨슬레 형제를 따르기 시작했고, 그 결과 마침내 감리교가 탄생했답니다. 나중에는 영국의 감리교도들이 미국으로 건너가 전도하면서 미국에 감리교가 생겼고, 한국에도 전래되었죠.

또, 20세기에 들어와서 미국 캘리포니아 지역을 중심으로 새로운 운동이 탄생했어요. 이 운동은 아주 뜨겁게 기도하는 운동이었는데, 이 운동을 하는 사람들은 '봐라, 신약성경에 보면 기도를 열심히 하니까 성령충만도 받고, 병도 낫고, 방언도 받지 않았느냐? 우리도 기도하면 이런 은사들을 받을 수 있다'라는 생각으로 열심히 기도했어요. 그랬더니 정말로 성령의 충만함을 받았고, 병 고치는 은사와 방언의 은사도 받으면서 살아계신 하나님을 체험하기 시작했죠. 이 운동에 참여하는 사람들의 숫자가 폭발적으로 늘어났는데, 그 사람들을 바로 '오순절파,' 혹은 '순복음파'라고 부르게 되었답니다. 순복음파는 미국의 경우에 침례교와 더불어 수천만 명의 회원을 가진 미국 최대교단이 되었고, 한국뿐만 아니라 남미를 비롯하여 전 세계적으로 숫자가 늘어나서 현재는 세계에서 가장 큰 교단으로 발돋움했어요.

이렇게 다양한 교단을 여러분이 어떻게 받아들여야 하는가에 대하여 몇 가지 조언을 드릴게요.

첫째로, 기본적으로 사도신경을 믿고 고백하는 교단이라면 약간의 교리 차이가 있어도 크게 걱정하지 않아도 돼요.

둘째로, 개신교의 중요 교단들은 지리적인 여건이나 교리적인 차이로 나누어졌는데, 그런 일은 얼마든지 가능한 거예요. 하나의 교단만 있는 것보다는 조금씩 생각이 다른 교단들 덕분에 기독교의 풍부함과 다양성이 생기기도 했죠. 구원관에 있어서 근본적으로 잘못된 교리를 가르치는 이단이 아니라면 자기가 속한 교단에 자부심을 가지고 신앙생활을 하되 다른 교단들도 존중하면서 하나님 나라의 일을 열심히 하면 되는 거예요.

셋째로, 그러나 교리적인 차이가 없고, 나누어질 명분도 없는데 서로를 사랑하지 못하거나 교회 재산의 문제로 교회운영의 주도권을 차지하려고 싸우다가 분열되는 일은 분명히 잘못된 것이에요.

57

자유주의 신학이 뭔가요?

Q 어디선가 '자유주의 신학'이라는 말을 들었는데요. 자유주의 신학 때문에 기독교의 전통이 세속적으로 많이 변했다는 얘기를 들었어요. 자유주의 신학이 어떤 건가요? 그리고 신학에는 여러 입장이 있다는데, 왜 그런 건가요? 그게 중요한 건가요?

A 아주 중요한 질문을 하셨어요. 신학적 입장이라는 것이 왜 중요한지를 예를 들어서 설명하고 그다음에 자유주의 신학에 대하여 말씀드리도록 하죠.

사람을 죽이고 감옥에 들어오게 된 어떤 죄수가 있어요. 이 죄수는 사형판결을 받고 곧 사형될 사람이에요. 그런데 어느 날 두 사람이 이 사형수에게 전도하기 위해 감옥으로 들어왔어요. 첫 번째 사람은 사형수에게 이렇게 전도했어요. "아무리 큰 죄를 지어도 회개하고 예수님을 구주로 믿고 영접하기만 하면 모두 구원받습니다. 그러니 죽기 전에 빨리 회개하고 주님을 영접하세요." 사형수는 비록 자기가 범한 죄가 크지만 회개하고 주님을 영접하기만 하면 구원받는다는 소식을 듣고 회개하고 주님을 구주로 영접했어요. 그리고는 결국 구원의 확신을 가지고 죽음을 맞이했어요.

반면에 다른 한 사람은 이렇게 전도했어요. "하나님으로부터 구원받으려면 하나님이 보실 때 인정받을 만한 바른 삶을 살았어야 합니다. 바른 삶을 살아온 경력이 없으면 구원받을 수가 없어요. 그러니 이제부터라도 바른 삶을 살기 위해 노력하세요. 그러면 하나님이 구원해 주실 거예요." 이 말을 듣고 사형수는 자신의 삶을 돌아보니 도저히 하나님께 구원해 달라고 기도할 수가 없었어요. 이 말을 들은 직후부터라도 바른 삶을 살기 위해 노력하면 된다고 해도 자신은 너무나 큰 죄를 지었기 때문에 때는 이미 늦었다는 생각을 지울 수가 없었던 것이죠. 결국, 이러지도 못하고 저러지도 못하던 사형수는 끝내 아무런 결단도 내리지 못한 채 죽고 말았어요.

이 예화에서 첫 번째 사람이 전한 구원의 소식은 신학에서 '이신칭의론'으로 알려진 교리예요. '이신'이라는 말은 믿음을 통해서라는 뜻이고, '칭의'는 의롭다 칭함을 받는다는 말이에요. 즉, 하나님으로부터 의롭다는 칭함을 받는 것은 오직 예수님을 믿는 믿음을 통해 이루어진다는 말이지요. 반면, 두 번째 사람이 전한 구원의 소식은 신학에서 '행위구원론'이라고 알려진 교리예요. 하나님 앞에서 선한 행동을 해야만 구원받을 수 있다는 교리지요.

이 두 가지 교리로 전도했을 때, 사형수는 어떻게 되었나요? 첫 번째 전도자는 사형수를 천국으로 인도했어요. 그렇지만 두 번째 전도자는 사형수를 지옥으로 인도했죠! 자, 신학적 입장이라는 것이 왜 중요한지를 이제 아시겠어요? 이신칭의론을 전하여 천국으로 인도할 수 있었지만, 행위구원론을 전하자 지옥에 빠지게 했던 것처럼 신학적 입장의 차이가 한 사람의 운명을 완전히 갈라놓을 수 있답니다. 그러므로 구원의 복음을 전할 때는 말 한마디 한마디를 아주 신중하게 해야 해요. 말 한마디를 어떻게 하느냐에 따라서 인간의 운명이 영원히 결정되기 때문이에요.

이제 신학이 왜 중요하고, 신학자들이 왜 사소하고 아무것도 아닌 듯이 보이는 문제들을 붙들고 심각하게 논쟁하는지 아시겠죠? 그러면 이제 학생이 질문한 '자유주의 신학'에 대해서 이야기해 볼게요.

여러분은 학교에서 '칸트'라는 철학자 이름을 들어보았을 거예요. 칸트의 철학을 가리켜서 비판철학이라고 해요. 그는 무엇을 비판했을까요? 그는 인간의 이성을 비판했답니다. 칸트는 인간이 이성을 가지고 알 수 있는 한계가 어디까지인지 철저하게 따져보았어요. 그 결과, 사람들이 자연계 안에서 일어나는 현상은 이성적으로 이해할 수 있지만, 자연계를 초월해 계시는 하나님은 알 수가 없다고 결론을 내렸어요. 그뿐만 아니라 이성적으로는 천국이 정말 있는 건지 알 수 없고, 이해할 수도 없다고 생각했죠. 하지만 사람이 정말 이성적으로 하나님과 천국에 대해 이해할 수 없을까요? 우리는 하나님과 천국이 있는 것을 믿기 때문에 누군가는 신학을 공부하기도 하고, 예배를 드리며 하나님의 말씀을 들으려고 모이는 거잖아요? 그런데 이성적으로 하나님이나 천국을 알 수가 없다고 말한다면 신학은 아무 의미가 없는 학문이 되고 말죠. 또 사람이 하나님을 알지 못한다면 당연히 교회 설교도 필요 없어져 버리죠. 설교도 하나님과 천국에 관한 이야기이기 때문이죠.

칸트가 처음 비판철학을 제시했을 때는 칸트와 가까운 몇 사람 외에는 칸트의 비판철학을 이해하지 못했어요. 그러나 칸트와 가까운 몇 사람이 자신들과 만나는 사람들에게 칸트의 비판철학을 풀어서 설명해 주었고, 설명을 들은 사람들이 또 자기와 만나는 사람들에게 칸트 이야기를 해주는 형식으로 칸트의 사상이 전달되었어요. 그러다 100년쯤 지난 후인 19세기 말에는 유럽인들 전체가 칸트처럼 생각하게 되고 말았답니다. 칸트에 대해서 한 번도 들어본 일이 없는 시골 농부조차도 자기도 모르게 칸트의 영향을 받아서 "아하, 하나님이나 천국은 알 수가 없구나"라고 생각하게 되었지요.

자! 그럼 이제 교회에서 어떤 일이 벌어졌을까요? 목사님이 성도들 앞에서 하나님과 천국에 관해서 이야기하면 성도들은 속으로 이렇게 생각하게 되었죠. '하나님이나 천국은 알 수가 없는데 목사님이 구태의연한 옛날얘기만 하고 계시네.'

결국 목사들과 신학자들은 심각한 위기를 느끼게 되었어요. 성도들이 이렇게 생각하고 신학자들과 목사들을 비판적인 눈으로 바라보니까 더는 말씀을 전할 수도, 계속 연구할 수도 없게 되었고, 맥이 빠져서 설교도 할 수 없게 되어 버린 거예요.

이때 등장한 유명한 신학자가 자유주의 신학의 시조인 '슐라이에르마허'였어요. 그는 '어떻게 하면 이 사람들에게 흥미를 주고 설교를 재미있게 듣게 할 수 있을까?'를 고민하기 시작했죠. 고민 끝에 그에게 한 가지 생각이 떠올랐어요. '그래 그거야. 하나님이나 천국과 같이 사람들이 알 수 없다고 생각하는 것들에 대해서 말하지 말고 사람들이 경험할 수 있는 것들에 대해서 말하자. 그러면 사람들이 설교를 재미있게 들을 거야.' 그리고는 설교 시간에 경험이나 생활에 대해서 말하기 시작했어요.

그런데 처음의 의도와는 다르게 슐라이에르마허가 전혀 예상하지 못한 방향으로 사태가 전개되고 말았지요. 사람들이 목사나 신학자의 말을 더 안 듣게 된 거예요.

사람들은 이렇게 생각했어요. '목사님이 말하는 것을 잘 들어보니 내가 다 경험한 일들이네. 내가 다 경험해서 알고 있는 일들인데 뭐 하러 또 들어? 저런 이야기라면 교회가 아니라도 얼마든지

들을 수 있는 거잖아?' 결국엔 교인들이 교회를 떠나기 시작했어요. 교인들이 교회를 떠나기 시작하니까 삽시간에 썰물 빠지듯 교회가 텅텅 비기 시작했죠. 그리고 한번 교회를 떠난 사람들은 다시는 돌아오지 않았어요. 오늘날에도 유럽에는 근사하고 멋진 예배당들이 많이 있지만 그 예배당들의 98% 이상이 주일날 텅텅 비어 있고 교인들이 없어요. 목사와 신학자들은 혹을 떼려다가 오히려 혹을 하나 더 붙인 꼴이 되어버렸죠.

여러분, 무엇이 문제일까요? 사람들이 교회에 나오는 이유는 하나님에 관하여 듣고 싶어서 나오는 거예요. 그리고 천국이 어떤 곳인지, 어떻게 하면 하나님의 심판을 받지 않고 천국에서 영원히 행복하게 살 수 있는지를 알고 싶어서 교회에 나오는 거예요. 그냥 인생이나 경험에 대해서 배우려면 교회에 나올 필요가 없어요. 왜냐하면, 교회보다 훨씬 더 재미있게 삶이나 경험에 대하여 말해주는 사람들이 얼마든지 있기 때문이에요. 그런데도 교회가 하나님에 대하여 말하지 않고 경험이나 삶에 관해서만 이야기하니까 사람들은 더는 교회에 나올 필요가 없어진 거예요.

지금까지 말씀드린 슐라이에르마허의 새로운 신학의 경향을 자유주의 신학이라고 불러요. 왜 자유주의라고 부를까요? 신학책을 쓰거나 설교를 할 때 성경이 하나님에 관하여 가르친 내용을 함부로 그리고 자유롭게 사람 입맛에 맞추어서 폐기하거나 고치는 일을 서슴없이 한다는 의미에서 자유주의 신학이라고 부르는 거예요. 예수님이 바로 하나님이시고, 동시에 인간이기도 하셨다는 가르침이 사람들의 경험으로나 이성적으로 잘 이해되지 않는다고 해서 그런 진리를 버리고 말씀을 사람들의 입맛에 맞게 마음대로 뜯어고쳐서 '예수님은 훌륭한 성인일 뿐, 하나님은 아니다'라고 가르친 것이 자유주의 신학의 좋은 예지요.

교회는 하나님의 살아계심과 하나님께서 손수 만드신 천국이 존재한다는 사실을 성경을 통해 확신 있게 가르쳐야 해요. 예수님을 믿고 믿지 않음에 의해 천국과 지옥의 두 갈래 길 중 하나의 길로 간다는 진실을 이야기해 줘야 사람들이 교회로 모이게 되는 것이죠. 그 이유는 대부분 사람은 하나님이 정말 살아 계신지, 정말 영원한 생명이 있는지, 있다면 어떻게 영원한 생명을 얻을 수 있는지 그 방법을 알고 싶어 하기 때문이지요.

교회가 하나님에 대하여 그리고 영생에 이르는 길에 대하여 확신 있게 가르쳐 주지 못한다면 사람들은 교회를 떠나게 되어있어요. 자신들이 교회에 나온 목적을 충족시켜 주지 못하니까요. 천국에 대해서, 하나님에 대해서 알려야 하는데 친구가 내 이야기를 잘 이해하지 못하고 반대할까 봐 두려워서 하나님 대신 다른 이야기를 전하거나 복음을 내 멋대로 해석하고 바꿔서 전하고 있지는 않은지 생각해보세요. 우리는 늘 바른 복음을 전하기 위해 노력해야 한답니다.

58

애국가에 나오는 '하느님'이 '하나님'인가요?

 애국가에 '하느님이 보우하사'라는 가사가 나오잖아요. 그 가사에 있는 '하느님'이 우리가 믿는 기독교의 '하나님' 맞나요?

질문이 애국가 가사에 관한 것이니까 먼저 애국가에 대한 것을 얘기해볼게요. 애국가의 작곡가가 안익태 선생님이라는 것은 여러분도 잘 알고 있죠? 하지만 작사는 누가 했는지 확실하지 않아요. 윤치호 선생님이 작사가라는 점에 대체로 의견 일치를 보고 있지만, 결정적인 증거는 아직 없어요. 윤치호 선생님이 애국가 작사자라는 점에 대해 이의가 제기되는 이유는 그분이 돌아가시기 전에 친일활동을 했던 이력이 있기 때문이에요.

윤치호 선생님은 일본, 중국, 미국의 명문대학교를 두루 다니면서 많은 공부를 하신 분이에요. 특히 주목할 점은 중국에 있는 감리교 계통의 학교에 입학한 후 감리교로 개종했고, 미국에 가서는 감리교 계통의 대학교에서 공부했다는 거예요. 따라서 윤치호 선생님의 생각 속에 기독교 정신이 강하게 들어있었던 것은 분명해요. 윤치호 선생님이 연습 삼아 그리거나 써서 남겨 놓은 습작품에 보면 '하느님'이라고 되어 있는 곳도 있고, '하나님'이라고 되어 있는 곳도 있어요. 즉 애국가 작사자의 입장에서 하느님과 하나님 중 어느 한 가지 표현만이 옳다고 생각하지 않았다는 것을 알 수 있어요.

그렇다면 이 명칭들의 어원적 의미를 한번 살펴볼까요?
'하느님'이나 '하나님'이라는 용어들은 원래 우리말의 고어(옛말)인 '하ᄂᆞ님'을 현대 우리말로 번역하는 과정에서 나온 말이에요. 사실 '하ᄂᆞ님'은 당시 우리나라의 토속종교들에서 공통으로 가지고 있던 신에 대한 개념(명칭)이었죠. '하늘에 있는 신', 즉 '하눌(늘)님'이라는 뜻으로요. 그런데 이 '하ᄂᆞ님'이라는 이름에 담겨 있는 뜻은 '하늘을 초월한 존재'라는 뜻도 있지만, '하늘 그 자체'를 가리키는 경우도 많았어요. 토속종교들에서는 하늘 자체를 신으로 보고 있었기 때문이에요. 하늘에 있는 것들을 신으로 보았던 선조들은 해를 신이라고 생각해서 '해님', 달을 신으로 보아 '달님'이라고 표현하기도 했던 것처럼요.
그런데 여러분, 아무리 하늘에 있는 것들이라고 해도 피조물(하늘,

해, 달 등을 신과 동일시하는 것은 성경적인 관점이 아니라는 건 잘 알고 있죠? 하지만 성경을 번역할 때 우리 선조들은 성경에 기록된 신의 개념이 담긴 명칭이 필요했는데, 그중 가장 가까운 단어가 '하ᄂᆞ님'이었기 때문에 이 단어를 사용하게 되었답니다. 그 후 옛말이 현대 우리말로 바뀌게 되면서, '하ᄂᆞ님'이라는 단어에서 'ᄂᆞ'의 모음인 'ᆞ'가 현대 우리말에서는 '으'나 '아'로 번역이 되었는데 그 과정에서 천주교는 '으'로 번역하는 것을 선택해 '하느님'으로, 개신교는 '아'로 번역하는 것을 선택해 '하나님'이 된 것입니다.

이제 이해되시나요? 우리 선조들은 일반적으로 말하는 '하ᄂᆞ님'이라는 단어를 갖다 쓰되, 그 의미는 성경에 기록된 개념을 담아 하나님의 이름을 쓰기 시작한 것이지요. 그러므로 우리는 하느님이나 하나님이라는 용어를 접할 때, 한국의 토속종교가 원래 가지고 있던 개념이 아닌 성경이 말하는 개념을 담아서 사용하면 되는 거예요.

그럼 '하느님'과 '하나님' 중 무엇이 더 옳은 표현일까요? 사실 하느님이나 하나님이나 모두 '하ᄂᆞ님'을 현대 우리말로 옮긴 것이기 때문에 어느 한쪽만이 절대적으로 옳다고 말하기는 어려워요. 그래도 두 용어가 지닌 특징을 잘 살펴보면 하느님보다는 하나님이 더 적합한 용어라는 사실을 알 수 있죠. 그러면 차근차근 단어의 특징을 살펴볼까요?

먼저, 하느님은 '하늘에 계신 신'이라는 한국 토속종교의 관점이 깊이 들어가 있는 용어라고 볼 수 있어요. 물론 한국의 천주교가 토속종교에서 말하는 신의 개념을 그대로 사용하는 것이라고 단정하기는 어려워요. 하지만 천주교는 한국의 추기경이 석가탄신일에 축하 메시지를 보내고 불교의 승려를 성당에 초청하여 강론을 듣기도 하는 것에서 보듯이 다른 종교들에 대하여 매우 열린 태도를 지니고 있어서 하느님이라는 용어를 쓰는 것이 잘 어울리는 것은 사실이에요. 이런 배경들을 알고 나면 오직 예수 그리스도만이 유일한 구원의 길이고, 다른 종교들에는 구원의 길이 없다고 생각하는 우리 기독교의 입장에서는 하느님이라는 용어를 쓰는 데 부담이 생길 수밖에 없죠.

한편, 하나님이라는 용어도 사실은 '하ᄂ님'이라는 단어를 다르게 읽는 것뿐이기 때문에 의미상 큰 차이는 없어요. 그런데 '하ᄂ님'을 '하나님'으로 번역해 놓고 보니 '하나'를 숫자적인 '하나[1]'로 읽어도 문법적으로 문제가 없고 개념적으로도 '진정한 신은 오직 한 분뿐'이라는 기독교에서 매우 중요하게 여기는 신의 특징을 정확하게 표현할 수 있다는 것을 알게 되었죠. 그래서 지금은 하나님이 숫자적인 의미에서 하나의 신을 가리키는 표현이라는 것을 모든 사람이 인정하고 있어요. 이런 배경에서 볼 때 '하나님'이라는 표현은 '하느님'보다 성경에서 말하는 신의 개념을 더 잘 표현하는 적합한 단어라고 볼 수 있어요.

그러나 엄밀히 말하면 이 두 용어 모두 기독교에서 말하는 신의 개념을 완전하게 담아낸 것들은 아니에요. 왜냐하면 기독교에서 말하는 정확한 신의 개념은 삼위일체 하나님이기 때문이에요. 우리가 믿는 하나님은 성부와 성자와 성령, 즉 삼위일체로 존재하시는데 그런 점에서 하느님도, 하나님도 삼위일체 하나님을 다 담아낼 수 있는 표현은 아니죠.

그러면 이렇게 하는 것은 어떨까요? 애국가에 성부, 성자, 성령 삼위일체 하나님을 다 넣고, 특히 우리를 위하여 십자가 위에서 죽으셨다가 부활하신 예수님을 애국가에 넣는다면 말이에요. 유감스럽게도 그 일은 현실적으로 불가능하고 또 바람직하지도 않아요. 왜 그럴까요? 삼위일체 하나님이나 십자가 위에서 죽으셨다가 부활하신 예수님은 믿음이 있는 성도들만이 받을 수 있는 진리이기 때문이에요. 만일 온 국민이 모두 거듭나고 믿음을 가진 사람들이라면 모르겠지만, 그렇지 않음에도 불구하고 사람들이 애국가를 부를 때마다 삼위일체 하나님을 아무 의미 없이 입술로만 고백하는 것은 바람직하지 않죠.

그렇다면 '하느님'이라는 용어를 애국가에 넣어 부르는 건 괜찮을까요? 네! 그것은 아무런 문제가 없어요. 왜냐하면 하느님이나 하나님이라는 용어가 담고 있는 신의 개념은 믿는 사람이나 믿지 않는 사람이나 공유할 수 있는 것이기 때문이에요. 그 근거를 우리는 로마서 1장 19-20절에서 확인할 수 있어요. 먼저 19절은 이렇게 말하고 있어요. "이는 하나님을 알만한 것이 그들 속에 보임이라 하나님께서 이를 그들에게 보이셨느니라." 이 본문이 말하고자 하는 것은 그들 곧 이방인을 포함한 모든 인류의 마음속에 "하나님을 알 만한 것이" 있다는 것인데, 이 말은 모든 인류의 마음속에는 하나님이 존재하신다는 것을 아는 능력이 있다는 말이에요. 그러면 모든 인류는 무엇을 보고 하나님이 존재하신다는 것을 알 수 있을까요? 20절이 이렇게 말하고 있어요. "창세로부터 그의 보이지 아니하는 것들 곧 그의 영원하신 능력과 신성이 그가 만드신 만물에 분명히 보여 알려졌나니 그러므로 그들이 핑계하지 못할지니라." 이 말씀의 요지는 자연만물을 잘 살펴보면 이 자연만물을 만드신 전지전능하신 창조주 하나님의 존재를 보여주는 증거들이 있다는 말이에요. 마음속에 하나님을 알 수 있는 능력이 있는 모든 인류는 자연만물을 주의 깊게 관찰하면 창조주 하나님이 존재하신다는 사실을 얼마든지 알 수 있어요. 애국가에 들어있는 하느님이라는 표현은 삼위일체 하나님이나 구세주이신 예수님을 담지는 못하지만, 자연만물을 만드신 창조주 하나님이 존재하신다는 정도의 내용은 담을 수가 있고, 이 내용을 믿는 사람들과 믿지 않는 사람들이 함께 공유할 수 있는 거예요.

비록 애국가에 들어있는 하느님이라는 표현이 우리가 믿는 하나님의 개념을 다 전달하지 못한다고 할지라도, 믿지 않는 사람들과 함께 나눌 수 있는 표현으로는 적절하다고 생각해요. 만일 애국가에 다른 신의 이름이 들어있어서 우리 기독교인들이 의무적으로 그런 이름들을 불러야 했다면 얼마나 난감하겠어요? 하나님이든 하느님이든, 이 명칭이 믿지 않는 사람들을 포함하여 온 국민이 부르는 애국가 안에 들어가서 창조주 하나님에 대하여 함께 생각할 수 있게 되었다는 사실 자체만으로도 너무 다행하고 또 감사한 일이지 않을까요?

59

다른 종교에도 십계명과
비슷한 법이 있다는데요?

Q 학교에서 선생님께 고대 이집트의 '아톤'이라는 태양신에 대해 들었는데요. 그 신이 내린 법이 성경에 나오는 십계명과 아주 비슷하더라고요. 아톤의 법은 십계명이 나오기 80년 전부터 있었다고 하는데, 어떻게 이럴 수가 있죠?

A 우리 친구의 의문은 성경 안에 있는 십계명과 비슷한 도덕법이 어떻게 성경보다 더 빠른 시기에 이방 문화에 등장할 수가 있느냐 하는 의문인데요. 이 질문을 좀 더 일반화시켜서 말한다면 '다른 종교에 성경보다 더 일찍 도덕법이 등장했고, 성경보다 더 일찍 신을 경배한 증거들이 있다면 기독교는 다른 종교들보다 열등한 것이 아니냐?' 하는 것이지요. 그러나 그런 걱정은 하지 않아도 돼요. 이 질문에 대해서 어렵지 않게 답변할 수 있어요.

이 질문에 대한 답변은 로마서 2장 14절과 15절에 있어요. "율법 없는 이방인이 본성으로 율법의 일을 행할 때에는 이 사람은 율법이 없어도 자기가 자기에게 율법이 되나니 이런 이들은 그 양심이 증거가 되어 그 생각들이 서로 혹은 고발하며 혹은 변명하여 그 마음에 새긴 율법의 행위를 나타내느니라."

여러분, 이 본문을 이해하기가 매우 어렵지요? 이해하기 어려운 만큼 매우 중요한 본문이에요. 지금부터 제가 이 본문의 뜻을 설명해볼게요.

이 본문은 "율법 없는 이방인"이라는 말로 시작돼요. 여기서 말하는 "율법"은 십계명을 가리키는 거예요. 따라서 "율법 없는 이방인"은 성경에 있는 십계명을 읽어 본 일이 없는 이방인을 가리키지요. 그런데 십계명을 읽어 본 일이 없는 이방인들도 "율법의 일을 행한다"라고 말하고 있어요. 이상하게도 이방인들은 십계명을 읽어 본 일이 없는데도 십계명이 말하는 것과 비슷한 방법으로 사는 것이 바른 삶의 길이라는 사실을 아는 경우가 많아요.

십계명에 네 부모를 공경하라는 명령이 있어요. 그런데 십계명을 읽어 본 일이 없는 사람들도 부모를 공경하는 것이 사람의 바른 도리라는 것을 다 알고 있어요. 십계명에 살인하지 말라는 계명이 있어요. 그런데 십계명을 읽어 본 일이 없는 사람도 사람을 죽이는 것이 나쁜 일이라는 것을 잘 알지요. 다른 계명들도 마찬가지죠. 즉, 우리 친구가 알게 된 아톤 신을 숭배하는 종교만이 아니라 사실은 거의 모든 나라의 모든 사람이 십계명을 몰라도 대체로 비슷한 계명들을 알고 있어요.

그러면 이방인들은 도대체 누구로부터 이런 것들을 알게 되었을까요? 이 질문에 대해서 로마서 2장 15절은 두 개의 용어를 이용하여 답변하고 있어요. 하나는 "양심"이고, 다른 하나는 "마음에 새긴 율법의 행위"예요.

이 말이 무슨 말일까요? 하나님께서 모든 사람의 마음속에 '도덕법을 주셨다'라는 말이에요. 하나님께서 각 사람의 마음속에 도덕법칙을 심어놓으셨는데, 사람마다 양심을 통해 이것을 찾아내는 것이지요. 누구나 가슴에 손을 얹고 잘 생각해 보면 어떻게 사는 것이 바른 삶의 길인지 알 수 있다는 뜻이에요. 따라서 사람들은 성경의 십계명을 알기 이전에 이미 인간이 어떻게 살아야 바른 삶을 사는가를 알고 있었던 거예요.

하나님은 최초의 인간인 아담과 하와의 마음에 이 도덕법칙을 심어 두셨어요. 아담과 하와는 마음에 심겨 있는 도덕법칙만 가지고도 얼마든지 하나님과의 관계를 잘 맺을 수 있었고 사람과의 관계도, 자연과의 관계도 잘 맺을 수 있었어요. 그런데 문제가 생겼어요. 아담과 하와가 하나님의 명령을 어기고 선악과를 따먹고 죄를 범하자 하나님이 마음에 심어 두신 도덕법칙이 많이 손상된 거예요. 그리고 이 도덕법칙을 찾아내는 양심의 기능도 흐려져서 제 역할을 할 수 없게 되어버린 것이죠. 그 결과 죄로 인하여 흐려진 마음의 도덕법과 무디어진 양심을 가지고는 바르게 살기가 힘들어졌어요. 이제 흐려진 마음의 도덕법을 대신할 새로운 법이 필요하게 되었어요. 그래서 하나님께서는 흐려진 마음의 도덕법보다 분명하게 하나님의 뜻을 담고 있는 도덕법을 주셨는데 그것이 바로 십계명이에요. 그러니까 마음의 도덕법이 십계명보다 먼저 있었던 거지요.

그러면 모든 인류의 마음속에 있는 마음의 도덕법과 십계명과는 어떤 차이가 있을까요? 이 두 가지 법은 전혀 다른 내용을 가진 것이 아니에요. 같은 내용인데 마음의 도덕법은 양심이 제대로 찾을 수 없을 만큼 많이 흐려지고 손상되었지만, 십계명은 흐려짐이 없이 명료하게 기록되어 있다는 점에 차이가 있어요.

십계명은 열 개의 계명으로 이루어져 있지요. 1계명부터 4계명까지는 하나님과 사람과의 관계 안에서 바르게 행동하는 법을 기록하고 있어요. 5계명부터 10계명까지는 사람과 사람의 관계 안에서 바르게 행동하는 법을 기록하고 있어요. 제가 앞에서 마음의 도덕법과 십계명이 비슷하다는 것을 보여주기 위하여 몇 가지 예를 들었지요? 이 계명들은 모두 사람과 사람의 관계를 다룬 5계명부터 10계명까지를 예로 든 거예요. 사람과 사람의 관계를 다룬 부분에서는 내용이 매우 비슷해요. 다만 마음의 도덕법은 때도 많이 묻고 내용도 손상된 반면 십계명은 틀림이 없이 아주 분명하게 기록되어 있다는 특징이 있죠.

그런데 문제는 하나님께서 사람들 마음속에 심어놓으신 하나님과 사람과의 관계를 다룬 법이 사람들과의 관계를 다룬 법들보다 심각하게 손상이 되어 십계명에 있는 1계명부터 4계명의 내용과는 많이 차이가 나게 되었다는 거예요. 예를 들어서 1계명은 하나님 한 분만 섬기라고 했는데 사람들은 수많은 종류의 신을 섬기고 있어요. 2계명은 하나님을 형상화하지 말라고 했는데 사람들은 신상을 만들어 놓고 섬기는 경우가 많아요. 4계명은 일주일에 하루는 안식하고 쉬면서 예배드리라고 했어요. 일주일에 한 번 쉬는 것은 많은 문화권에서 나타나는데 쉬면서 예배드리는 사람들은 거의 없어요. 왜 그럴까요? 마음의 도덕법이 많이 흐려졌기 때문이에요.

정리하자면, 하나님이 심어놓으신 마음의 도덕법을 통해 사람들은 누구나 하나님을 믿고 섬기고, 예배하게 되어있고, 도덕적으로 바른 삶을 살도록 만들어졌던 거예요. 하지만 사람들의 마음에 있는 도덕법이 무디어지다 보니 하나님을 찾는 마음의 법칙을 잃어버리게 되고, 또 사람들 사이에서 양심적으로 바르게 살아가는 것 또한 멀리하게 된 거예요. 그래서 하나님께서는 사람들이 각자 마음의 법을 잊지 않고 지키도록 율법을 기록해서 만들어 주신 것이죠.

한편, 모세의 법보다 더 일찍 등장한 이방법 가운데 바빌로니아의 어느 왕이 만든 '함무라비 법전'이라는 유명한 법전이 있어요. 많은 사람이 함무라비 법전이 모세의 법보다 먼저 등장했기 때문에 모세의 율법은 함무라비 법전을 보고 만든 것이라고 주장해요. 그러나 이 학설은 매우 잘못된 거예요. 모세의 율법과 함무라비 법전이 비슷한 내용을 담고 있지만 중요한 부분에서 내용의 질이 너무나 차이가 나요. 예를 들어서 함무라비 법전은 사회를 귀족, 평민, 노예의 세 계급으로 나눈 다음에 평민들에게는 땅을 갖지 못하게 규정하고 있어요. 그러나 모세의 율법은 사람을 계급으로 나누지 않았어요. 그리고 평민들이 땅을 소유할 수 있도록 했어요. 또 함무라비 법전은 거짓으로 다른 사람을 헐뜯는 무고죄를 범하거나 도둑질을 하면 사형을 선고하고 있지만, 모세의 율법은 이런 죄를 범한 사람들에게 사형을 선고하라고 말하지 않아요. 즉, 함무라비 법전은 하나님이 모든 사람 안에 심어 주신 마음의 법에 기초하여 사람이 만들어낸 거예요. 그러나 모세의 법은 함무라비 법전을 베낀 것이 아니라 하나님이 모세에게 직접 말씀하신 것을 모세가 받은 것이지요.

자, 이제 아톤 신이 준 법이 왜 십계명과 내용이 비슷할 수 있는지 이해가 되나요?

60

이단인지 아닌지 어떻게 구분하죠?

Q 사람들이 요즘 말세라고 말하기도 하고, 이단을 조심하라고도 하는데요. 길에서나 집에 있을 때 성경말씀을 가지고 이야기하는 사람들을 만나면 이단인지 아닌지 구별을 못 하겠어요. 제가 성경을 전부 알지 못하니까 맞는 건지, 틀린 건지 판단하기도 어렵고요. 혹시 하나님의 기준으로 이단인지, 아닌지 구분하는 뚜렷한 방법이 있는지 궁금해요.

A 이단은 하나님과 구원의 길에 대한 잘못된 가르침을 주는 사람들과 그 공동체를 뜻해요. 유감스럽게도 기독교계 안에는 우리 친구들을 혼란에 빠뜨릴 수 있는 많은 잘못된 가르침들이 퍼져있죠. 사실, 기독교의 가르침에 대하여 이단이 등장하는 것은 자연스러운 일이고, 또 이단이 교회와 기독교인들에게 주는 유익도 있답니다.

먼저, 이단의 등장이 자연스러운 이유는 기독교의 가르침이 유일하고 참된 진리이기 때문이에요. 원래 값비싼 진품에는 언제나 모조품이 등장하기 마련이죠. 명품에는 짝퉁이 있고, 노래를 잘 부르는 유명한 가수에게는 모창 가수가 따라붙어요. 이처럼 기독교의 가르침에 대해 온갖 짝퉁 진리가 등장하는 것을 보면서 우리 친구들은 '아하, 기독교의 가르침이 참된 진리이구나!'라고 생각하면 되는 거예요.

그러면, 이단의 등장이 왜 기독교인들과 교회에 유익을 줄까요? 하나님은 우주보다도 더 크고 더 깊으신 분이에요. 하나님이 마련하신 구원의 진리도 아주 깊고 오묘하고 신비로운 내용을 가지고 있죠. 인간이 아무리 노력해도 하나님과 구원에 관한 가르침 전부를 인간의 말과 언어에 다 담을 수가 없어요. 그렇다 보니 하나님과 구원에 관한 가르침에는 늘 부족한 부분, 분명하게 표현되지 못한 부분, 설명이 충분히 제시되지 못한 부분이 있을 수밖에 없어요. 단순한 마음으로 하나님을 믿고 착하게 신앙생활을 하는 성도들은 이런 부분이 있어도 '사람이 하나님의 말씀을 100% 다 이해하지 못하는 것은 당연한 일이야'라고 생각하고 그냥 넘어가지요. 그러면 이 분명하지 못한 부분은 그대로 남아 있게 되고요. 교회와 신학자들도 겉으로 크게 문제가 되지 않으니까 안일하게 생각하고 그냥 지나가지요.

이단은 바로 이 약점을 공격하는 거예요. 이단은 이 부분을 꼬투리 잡아서 '그러니까 기독교의 가르침은 잘못되었다'라고 공격의 나팔을 불기 시작하지요. 그러면 교회는 화들짝 놀라면서 정신을 바짝 차리게 되고 부족했던 부분을 면밀하게 살펴보고 손질하기 시작해요. 그러면 이전보다 더 분명하고 잘 정리된 가르침이 나오는 거예요.

하나님이 이단을 등장하게 하시는 것은 정통교회가 게으름 속에 빠져서 꾸벅꾸벅 졸고 있을 때 양동이 한가득 찬물을 담아다가 확 퍼부어 정신을 번쩍 들게 하여 기독교의 가르침을 좀 더 분명하고 체계적인 가르침으로 가다듬게 하기 위한 것이에요.

그렇다면 어떤 가르침이 이단인지 아닌지를 알 수 있는 기준은 무엇일까요? 이단은 아주 복잡하고 다양해서 판별하는 기준도 매우 많이 제시할 수 있어요. 이 글에서는 그 많은 기준을 다 제시할 수는 없고, 우리 친구들이 어떤 경우에도 절대로 받아들여서는 안 되는 몇 가지 이단의 특징을 말씀드릴게요.

첫째로, 성경말씀이 하나님의 말씀이 아니라 인간이 생각하고 연구한 내용을 기록한 것이라든가, 이곳저곳에 흩어져 있던 고대의 문서들을 모아서 적당히 짜깁기하여 만든 책이라고 주장하면 이단이에요. 예를 들어서 모세의 율법은 모세 당시에 이미 있었던 바벨론 제국의 법전인 '우르남무 법전'이나 '함무라비 법전'을 가져다가 책상에 펼쳐 놓고 마음에 드는 내용을 뽑아 조금씩 손질해서 편집한 것이라고 주장하는 사람들이 있어요. 이것은 잘못된 성경관이에요. 모세의 율법은 하나님이 모세에게 직접 불러주시고 모세가 받아 적은 것이거든요. 모세의 율법을 읽어 보면 "여호와께서 모세에게 이르시되"라는 표현이 수십 번 이상 반복하여 등장하는데 이것은 모세의 율법이 하나님이 불러주신 것을 모세가 받아 적었음을 보여주는 거예요. 직접 받아 적은 경우가 아니라도 하나님께서 성경 기록자의 생각과 문체와 사상을 성령으로 움직이셔서 오류가 없도록 기록하게 하셨지요.

둘째로, 예수님이 인간에 지나지 않는다고 주장하면 이단이에요. 어떤 사람들은 예수님을 공자, 맹자, 소크라테스, 마호메트, 이순신처럼 아주 훌륭한 성인이라고 칭찬하기도 해요. 이 말을 듣고 '야, 그래도 예수님을 높이 평가하고 있구나!'라고 생각하면 안 돼요. 예수님을 아무리 높이 평가해도 예수님이 하나님이심을 인정하지 않으면 잘못된 가르침이에요. 옛날에 '아리우스'라는 사람이 이런 주장을 했다가 이단으로 정죄를 받았어요. 다른 한편으로 예수님이 인간이 아니라고 주장해도 이단이에요. 3세기경 '사벨리우스'라는 사람이 예수님은 겉모습만 인간일 뿐 속은 하나님이라고 주장하여 이단으로 정죄를 받았거든요. 오늘날에도 예수님이 하나님이심을 부인하거나 인간이심을 부인하는 주장들이 많이 있어요. 예수님은 100% 완전한 하나님인 동시에 100% 완전한 인간이라고 보아야만 바른 가르침이에요.

셋째로, 예수님이 십자가 위에서 우리를 위하여 대신 죽으셨다는 사실을 믿는 것만으로는 인간이 죄와 사망으로부터 구원받을 수 없다고 주장하면 이단이에요. 예수님 얘기는 아예 거론도 하지 않고 착하게 산 대가로 구원받는다고 주장하는 사람들이 있어요. 물론 잘못된 주장이에요. 또 어떤 사람들은 반은 예수님이 십자가 위에서 이루신 공로에 근거하여 구원을 받지만, 나머지 절반은 인간이 행한 선행으로 구원받는다고 주장하기도 해요. 또 어떤 사람은 이 세상에서 예수님을 구주로 영접할 때는 일단 구원을 받지만, 이 세상을 떠날 때 천국에 들어가느냐의 여부는 구원받은 이후에 어떻게 사느냐에 따라서 다시 결정된다고 주장하기도 해요. 이런 주장도 역시 이단이에요. 예수님을 구주로 영접할 때 영혼이 구원받는 것이나 세상 떠날 때 천국에 들어가는 것이나 세상 종말의 때에 몸까지도 신령한 새 몸을 입고 완전한 구원을 받는 것이나 모두 오직 예수 그리스도의 공로에만 의지하여 구원받는다고 말해야 바른 가르침이에요.

넷째로, 기성교회들의 부족한 부분들을 지적하고 개선을 제안하는 것은 필요하지만, 기성교회들은 모두 타락했으니 참된 성도가 되려면 교회에서 탈퇴하여 자신들이 운영하는 공동체 안에 들어와야 한다고 주장하면 이단이에요. 교회는 완전한 사람들이 모인 곳이 아니라 용서받은 죄인들이 모인 곳이에요. 용서받은 죄인들은 마지막 날까지 조금이라도 더 온전한 모습을 갖추어 가기 위하여 노력해야 하지만, 이 세상에서는 결코 완전한 단계에 이를 수 없어요. 죄인들이 모인 교회는 항상 불완전해요. 우리는 완전한 모습을 향하여 노력하되 언제나 불완전할 수밖에 없는 현실을 인정하고 이해하는 것이 필요해요.

다섯째로, 성경에 기록된 초자연적인 사건이나 약속을 부인하는 가르침도 이단이에요. 예수님이 처녀의 몸에서 탄생하셨다는 사실을 부인하거나, 보리떡 다섯 개와 물고기 두 마리를 가지고 남자만 오천 명이 넘는 사람들을 먹이신 사실을 부인하거나, 예수님이 물 위를 걸으셨다는 사실을 부인하거나, 죽었던 나사로를 살리셨다는 사실을 부인하거나, 사망 권세를 이기고 부활하셨다는 사실을 부인하거나, 믿는 자들도 예수님처럼 부활한다는 약속을 부인하는 것도 이단이에요. 성경에는 하나님이 기적적으로 행하신 일들이 아주 많이 기록되어 있는데, 이성적으로나 경험적으로 따져 볼 때 이해되지 않는다는 이유로 이 기록들을 부인하면 이단이 되는 거예요. 하나님은 전능하신 분이시므로 얼마든지 이런 기적들을 행하실 수 있다고 믿는 것이 바른 가르침이죠.

여섯째로, 예수님이 재림하시는 날짜를 구체적으로 지정하면 틀림없는 이단이에요. 예수님은 자신이 다시 오시는 날짜는 자신도 모르고 오직 아버지 하나님만이 아시는 지식이라고 말씀하셨어요 막 13:32; 행 1:7. 그리고 사람들에게 이 날짜를 알려고 하지 말라고 하셨어요. 예수님이 재림하시는 날은 반드시 온다고 가르쳐야 해요. 그러나 그 날짜를 지정해서 가르치면 안 돼요.

지금까지 말씀드린 여섯 가지 항목은 이단을 분별하는 가장 기본적이고 중요한 기준이니까 여러분이 기억해 두면 판단에 도움이 될 거예요. 우리 친구들이 기독교에 대한 잘못된 이단적인 가르침을 만날 때 당황하지 않고 침착한 태도로 지혜롭게 분별해내는 견실한 기독학생들이 되기를 바라요. 기독교의 가르침을 공격하는 이단을 잘 알고 대처하면 오히려 기독교를 더 잘 알게 되고 기독교가 왜 소중한지를 잘 알 수 있게 될 거예요.

61

이단기업의 제품을 이용하면 안 되나요?

Q 얼마 전 친구들과 이야기하다가 우리 주변에 이단에서 만든 제품이나 사업체들이 많다는 얘기를 들었는데요. 그런 이단 기업들이 만든 제품을 이용하면 안 되는 건가요?

A 먼저 우리 주위에 이단 종파에서 만든 제품들이 얼마나 퍼져있는지를 살펴보는 것이 좋을 것 같아요.

우선, 한국교회를 가장 크게 괴롭히는 이단 중에 '통일교'라는 큰 종파가 있어요. 통일교에서는 '일화'라는 이름의 아주 큰 기업을 운영하고 있죠. 일화에서는 주로 음료수 종류를 생산하고 있는데, 일화라는 이름으로 판매되는 것도 있고, 다른 회사를 통하여 판매되는 것도 있어요. 일화라는 이름을 분명히 밝히고 생산되는 제품이 56가지나 되고, '고려인삼차'를 비롯해 '고려'라는 이름이 붙은 것만 해도 30가지 이상, 약품만 해도 50가지 이상이라고 합니다. 게다가 통일교에 속한 기업체 수가 50개를 훨씬 넘는다고 해요. 통일교라는 이름 아래 만들어진 단체 역시 40개가 넘죠. '리틀 엔젤스'를 비롯해 '선문대학교,' '세계일보' 등은 통일교에 소속되어 있답니다.

이전에 '전도관'이라고 불리던 이단 종파인 '천부교'에서는 '시온'이라는 이름으로 제품을 만들어서 팔고 있어요. '롯데'라는 이름이 붙어 있지만, 그중에는 실제로 천부교에서 만들어서 파는 제품들이 많이 있죠. 예로 '롯데 야채크래커'와 '롯데샌드'가 있답니다.

'안식교'에서는 '삼육'이라는 이름으로 많은 제품을 생산하여 시중에 판매하고 있으며, 삼육대학교를 비롯하여 다수의 교육기관과 병원 등을 운영하고 있어요. 그 외에도 '구원파'라는 이단에서는 '세모'라는 이름의 주식회사를 설립하여 한강유람선을 띄우기도 하고 수많은 음료와 건강식품 등을 생산하고 있어요. 또, 유명한 '윤선생 영어교실'을 운영하는 윤균 씨는 여호와의 증인의 신도로 알려져 있어요.

이제 학생의 질문으로 넘어가죠. 기독교인이 이단이 만든 제품을 구매하는 것이 과연 옳은가 하는 문제에 대해서는 찬반 의견이 엇갈리고 있어요. 한편에서는 이단이 만든 제품을 구매하는 것은 교회에 해를 가하는 것이고, 이단의 악한 행동을 지원하는 것과 같으므로 구매해서는 안 된다고 주장하는 반면에, 다른 한 편에서는 이단이 만든 제품이라 하더라도 좋은 제품을 양심적으로 잘 만든다면 구태여 마다할 이유가 없으며, 이단과 이단이 만든 제품을 동일시하여 제품까지 정죄하는 것은 옳은 일이 아니라고 주장하고 있어요.

인터넷을 들여다보니 재미있는 비유가 하나 나와 있어요. '이단 종파에서 만든 제품을 사는 것과 이단 중의 이단인 이슬람교도들이 운영하는 중동의 산유국으로부터 원유를 사다가 쓰는 것이 무슨 차이가 있느냐? 이단 종파에서 만든 제품을 사지 않아야 한다면 중동의 산유국에서 원유를 사는 것도 해서는 안 되는 일이 아니냐?'라는 이야기이지요. 조금 애매한 문제이지요?

먼저, 우리는 제품과 사람을 구분할 필요가 있어요. 이단 종교를 가진 사람도 하나님의 형상으로 창조된 존엄한 인간이에요. 이단 종교를 가진 사람도 이 세상에 사는 동안 먹고살아야 하지요. 따라서 그들도 먹고살기 위해서 농사를 지을 수 있고, 농산물을 시장에 내다가 팔 수 있어요. 또, 기업을 운영할 수 있고 기업에서 생산한 물건을 시장에 내다가 팔 수도 있어요. 경제활동은 하나님을 믿든 안 믿든 가리지 않고 모든 사람이 세상에서 먹고 살 수 있도록 하나님이 마련해 주신 선물이에요. 기독교인들은 믿지 않는 사람들과 함께 어울려서 살아가는 동안에는 믿지 않는 사람들과 경제적인 교류를 하지 않을 수 없죠. 이단 종파를 믿는 사람을 포함하여 믿지 않는 사람이 생산해서 시장에 내놓은 물건이 질이 좋고 양심적으로 잘 만든 물건이라면 기독교인이라고 해서 구태여 구매를 꺼릴 필요는 없겠지요.

　문제는 이단 종파의 신자가 먹고살기 위해 경제활동을 하는 것과 이단 종파 단체에서 설립한 기업이 물건을 만들어서 판매하는 경우가 다르다는 점이에요. 우선, 종교단체는 기업 활동을 하기 위해 만든 단체가 아니에요. 교회든, 성당이든, 절이든 모든 종교단체는 돈을 버는 영리활동을 하지 못하게 되어있어요. 그것은 단체를 설립한 목적이나 취지와 맞지 않기 때문이죠. 종교단체가 영리활동을 한다면 사회를 속이는 행위예요. 문제가 되는 이단 종파들은 많은 기업체를 설립했는데, 이것은 사회를 속이는 잘못된 행동이라는 것이지요.

　이단 종파가 기업을 설립하는 이유는 이윤을 남겨서 기업에 속한 사람들을 먹여 살리고 사회나 이웃을 위하여 선한 일을 하려는 것이 아니에요. 그 기업들의 수익금은 대부분 종파를 설립한 교주들의 이익을 위하여 쓰이고 있죠. 대부분의 이단 종파의 교주들은 상상을 초월할 만큼 어마어마한 부자로 잘살고 있답니다. 기업에서 일하는 사원들이 피땀 흘려 벌어들인 수익금으로 백만장자나 억만장자처럼 살고 있어요. 이것은 너무나 불의한 일이에요. 게다가 그 기업의 수익금은 교회를 파괴하는 포교 활동의 밑천이 되고 있지요. 이단 종파에서 생산되는 제품을 구매한다면 불의를 조장하는 거예요.

　따라서, 기독교인들은 시장에서 물건을 살 때 물건을 생산한 기업이 과연 올바른 동기에서 설립되었는지, 그리고 올바른 목적을 위하여 수익금을 제대로 쓰는 기업인지를 살펴보고, 동기가 올바르지 않거나 수익금을 부당하게 사용하는 기업에서 생산한 물품이라면 이용하지 말아야 해요. 필요하다면 불매운동을 할 수도 있죠. 그런 기업인 것을 알면서도 눈감고 모르는 척하는 행동은 매우 무책임한 행동이에요. 이단 종파에서 설립한 기업들은 대부분 설립 동기가 잘못되었고, 수익금을 사용하는 방법도 매우 잘못된 경우가 많아요. 따라서 어떤 제품이 이단 종파에서 만든 제품이라는 사실을 분명하게 알게 된 이후에는 그 제품을 구매하지 않음으로써 경고를 표시하는 것이 바른 모습이에요.

그렇다면 중동의 산유국으로부터 원유를 구매해 오는 경우는 어떻게 생각해야 할까요? 물론 산유국의 원유생산을 하는 기업의 사원이나 경영자는 이슬람교도들일 거예요. 그러나 중동 산유국의 원유생산회사는 대부분 국영기업이에요. 우리나라가 산유국들로부터 원유를 들여올 때는 종교단체가 아닌 국가기관이 설립한 국영기업과 무역을 하는 거예요.

그리고 중동의 산유국으로부터 원유를 수입할 때 또 한 가지 고려할 점이 있어요. 만일 이슬람교도들이 장악하고 있는 중동국가들이 아닌 다른 나라 곧, 국민 대다수가 기독교를 믿는 국가로부터 원유를 구매하는 것이 가능하다면, 당연히 그렇게 해야겠지요. 그러나 현실적으로 중동의 산유국으로부터 수입하는 원유를 대신

할 수 있는 곳이 없는 데다가 원유가 없으면 당장 국가산업생산이 치명적인 피해를 보게 되고 많은 국민이 일자리를 잃고 에너지 부족으로 나라 전체가 혼란에 빠지는 것이 예상되는데도 단순히 이슬람국가라는 이유로 원유수입을 중단하는 것은 바람직한 행동이 아니에요.

정리하면, 이단종파에 속한 사람들이라 하더라도 생계를 위하여 설립한 기업에서 만든 제품이라면 구매해도 무방해요. 그러나 종교 활동을 해야 하는 이단종파 단체가 이단교주가 쓸 돈을 마련한다든가 수익금으로 포교활동을 하기 위한 목적으로 기업을 설립하고 물건을 만들어 판매하는 경우에는 구입하지 않는 것이 옳은 결정이에요.